DANZA SI PUEDES

Un Diccionario De Batallas Escocesas

MALCOLM ARCHIBALD

Traducido por
CECILIA PICCININI

Contenido

'Os he traído al ruedo, ahora bailad lo mejor que podáis'

- William Wallace, Falkirk, 1298

Para Cathy

Introducción

LA LIBERTAD ES UNA COSA NOBLE

La libertad es una cosa noble
- John Barbour c 1360

Las naciones pequeñas frecuentemente tienen que aceptar los términos dictados sobre ellos por sus vecinos más poderosos. Tienen que adaptarse para sobrevivir y usar el pragmatismo político como una herramienta para escapar a las consecuencias de su tamaño; inclinándose ante la voluntad del dragón en lugar de cambiar su ira. Hay algunas naciones pequeñas que no aceptan su papel en la vida, y reaccionan al insulto con insulto y a la agresión con represalias. Es, por lo menos, inevitable que la guerra puntualice su historia. Escocia es una de estas naciones.

Aun si los hubieran dejado en paz, los escoceses probablemente se hubieran convertido en un grupo obstinado. Viviendo en un país pequeño con un ambiente generalmente hostil y un clima que varía de imposible, en el peor de los casos, a temporalmente agradable, en el mejor de los casos, los escoceses siempre iban a tener dificultades para sobrevivir. Sin embargo, cuando el destino sumó vecinos que eran más grandes, más poderosos y a menudo agresivos, lo que se formó fue uno de los pueblos posiblemente más tercos y sanguinarios en la faz de la tierra.

Escocia está rodeada en tres lados por el mar y tiene una sola frontera de ciento cuarenta y pico kilómetros de largo con Inglaterra. Presume de una población de un poco más de cinco millones de personas; algunos de los paisajes más diversos del mundo, universidades de fama mundial y una perspectiva internacional. Una tierra de inviernos fríos y veranos húmedos. Sin embargo, la agricultura escocesa es líder mundial, mientras que sus pescadores desafían uno de los mares más impredecibles del mundo. Escocia ha producido una plétora de filósofos, una gavilla de científicos innovadores, una matriz de exploradores, ingenieros por mil, y soldados por el batallón. Hay un cierto orgullo en sus hijas e hijos, pero escasa comprensión de su historia; una aceptación de lo inevitable de las dificultades, pero un deseo de ayudar al menos afortunado. Los escoceses son un pueblo único cuyo coraje fue afilado en la rutina diaria de luchar por vivir en un suelo dolorosamente pobre, pero ilustrada por la conducta de los escoceses en cien campos de batalla.

Desde los desafiantes Caledonios que forzaron a Roma a retirarse a sus fortalezas de piedra hasta los guerreros de Malcolm II que lucharon en dos frentes contra los ingleses y los vikingos, desde los lanceros de Wallace que bailaron en el ruedo de Falkirk hasta los hombres de Verneuil que murieron por los aliados franceses que los habían abandonado, los soldados escoceses han ejercido su oficio. Aun así, los periodos de paz que interrumpieron su historia han mostrado que la agresividad de la guerra no fue intrínsecamente parte de su naturaleza. Luchar era algo que generalmente se les imponía y, cuando se les llamaba, hacían lo que podían, y algunas veces rompieron todas las probabilidades. Si no lo hubieran hecho, ahora no existiría Escocia.

Este libro tiene la intención de dar una breve descripción de cada batalla importante librada para Escocia y en Escocia desde el 83 DC hasta 1746, aumentado por una serie de escaramuzas y asedios menores. Aunque batallas como la de Flodden y Bannockburn están documentadas en una veintena de publicaciones, la mayoría de las batallas de clanes, emboscadas y asedios son apenas conocidos. Esperemos que este libro sirva para rectificar esta situación.

El título, *Danza si puedes*, está tomado de una supuesta declaración de William Wallace en la Batalla de Falkirk, cuando su fuerza de lanceros, respaldada por unos pocos arqueros calificados y un puñado de caballería poco confiable, enfrentaron al ejército de Edward Plantagenet de Inglaterra. Las palabras, sin embargo, pueden relacionarse con cualquier cuerpo de soldados escoceses, en cualquier combate del mundo. Una vez que se comprometieron, los hombres en el filo no tuvieron otra opción que hacerlo lo mejor posible. Sus oponentes, nórdicos, romanos, ingleses o los mismos escoceses, probablemente sentirían exactamente lo mismo. No había glamour en estas guerras, solo carnicería desesperada, y pocos hombres fueron héroes por elección.

El libro está dividido en tres secciones distintas. La primera sección es una breve descripción del tipo de armas, tácticas y equipamiento usados. La segunda sección, y la más larga, contiene una lista alfabética de las batallas escocesas, asedios y escaramuzas, mientras que la última es una cronología histórica destinada a poner las batallas en contexto.

No cabe duda de que algunas batallas y muchas escaramuzas habrán sido olvidadas. Durante la investigación, la misma batalla fue encontrada a menudo, recordada en distintas fechas, con diferentes resultados y, a menudo, en diferentes localidades. Donde sea posible, estas inconsistencias han sido subsanadas, o explicadas. Se espera que el resultado proporcione una guía aproximada de las batallas de Escocia y un recordatorio de que, por malo que parezca el mundo moderno, las cosas fueron probablemente mucho peores unos mil años atrás.

Finalmente, aclarar que este libro no intenta ser académico. Es una guía general que, con suerte, genere cierto interés en el tema y algún tipo de comprensión sobre los escoceses, que sufrieron tanto, durante un periodo de tiempo tan largo, para forjar el país en el que viven.

Malcolm Archibald

PARTE UNO

BAILA SI PUEDES: EL SOLDADO ESCOCÉS

Os he traído al ruedo; bailad lo mejor que podáis
- William Wallace, Falkirk, 1298

Romanos, pictos y vikingos

Los soldados escoceses han atraído respeto, desprecio, admiración, vilipendio y algunas veces miedo, pero quizás sobre todo fascinación. Cada enemigo que encontraron pareció comentar el atuendo, actitudes y métodos de lucha de los hombres del norte.

Cuando Julius Agrícola marchó con sus romanos hacia Caledonia a comienzos de los 80, su biógrafo, Tacitus, escribió comentarios sobre los miembros de la tribu que conoció. Los comentarios iniciales fueron apenas caritativos, dado que Tacitus calificó a los Caledonios como «una manada de cobardes sin espíritu», pero su práctica de guerra de guerrillas puso a prueba el temple incluso del ejército profesional de Roma.

A diferencia de los celtas del sur, antes de enfrentarse a Agrícola en una batalla campal,los Caledonios mandaron a sus mujeres y niños a un sitio seguro. Cuando se unió a la batalla, Tacitus ya no criticaba a su oponente:

Los británicos no querían habilidad ni resolución. Con sus largas espadas y las de empuñadura de cesta, lograban eludir las pesadas armas de los romanos, y, al mismo tiempo, descargar su propio voleo.

Los caledonios usaron el carruaje, que es un anacronismo en otra parte, pero fueron derrotados por las tácticas superiores de Roma. Sin embargo, incluso en retirada, «tuvieron momentos de coraje y mostraron su virtud y valiente desesperación. Huyeron al bosque y, tras reunir a sus soldados dispersos, rodearon a los romanos y los persiguieron con demasiado entusiasmo».

Otros invasores se encontraron con tácticas similares: los escoceses demostraron ser expertos en la salvaje incursión nocturna, la batalla, la retirada y la emboscada en montes o colinas. Calgacus, quien comandó a los Caledonios, casi podría haber escrito las reglas de procedimiento para futuras guerras escocesas.

Si uno acepta que los pictos fueron un pueblo celta, aunque eso no es seguro, entonces su forma de vida sería equivalente con otras sociedades a través de las Islas Británicas. En el ápice de la vida celta se encontraba una aristocracia guerrera cuyas hazañas fueron recordadas amorosamente por los bardos. Desafortunadamente, no quedan escritos bardos de ninguna de las naciones pictos, sino que en su lugar dejaron una de las mejores piedras talladas en Europa. Una piedra tallada en Aberlemmo, cerca de Forfar, puede referirse a la batalla de Dunnichen en 685, cuando los pictos rechazaron a los northumbrianos. La piedra representa una batalla entre dos grupos distintos de guerreros, unos con casco y otros sin él.

Hay varias escenas, pero las tácticas pictas parecen claras. Cuando enfrentaban a la caballería, la infantería parecía luchar en tres rangos disciplinados. El rango del frente tendía un escudo defensivo, con la espada lista para las represalias, el segundo empujaba su lanza hacia adelante para cubrir a los hombres de la primera fila, y el tercero aguardaba en reserva. En efecto, era una formación cerrada conocida como «schiltron», la misma táctica que usó Wallace en Falkir y no muy distinta de las cuadrículas de Waterloo o Ulundi, donde los escoceses también lucharon.

El enemigo llevaba espadas y lanzas, con escudos redondos y cascos del tipo que usaban los Northumbrianos. Los hombres a caballo usaban las lanzas para lanzar, pero no iban armados como lanceros, y el nivel de la equitación de los pictos debió haber sido alto para controlar sus caballos en una batalla cerrada. Armas y tácticas de la Alta Edad Media parecen haber sido similares en toda Escocia. Las piedras talladas de Orkney revelan hombres con lanzas no mucho más altas que ellos mismos, mientras que sus escudos eran pequeños y cuadrados, con el del jefe como el más adornado.

Otras evidencias vienen de un poema. *Y Gododdin* es una elegía bárdica que puede referirse a la batalla de Cattaeth, a pesar de que hay una fuerte posibilidad de que algunos de los versos fueran etiquetados en una fecha posterior. La historia trata sobre una gloriosa derrota en la que, naturalmente, todos los guerreros fueron héroes. Los versos hablan de hombres con nombres como Hyfeidd el Alto, Caradawg y Gwawrddur. *Y Gododdin* es acerca de una banda de guerra británica, el «séquito de Mynyddawg» que luchó contra los invasores anglicanos alrededor de los 600 DC. Vinieron del sur de la tierra de los pictos y fueron descritos como «una fuerza con corceles, armaduras y escudos azules, jabalinas en alto, lanzas entusiastas, y brillantes cotas de malla y espadas».Hay ecos de Arthur en las palabras, derrota inevitable contra probabilidades insufribles, una tragedia homeriana promulgada en las tierras húmedas de Britania.

Al oeste de las tierras bajas británicas, estaban los escoceses dalriádicos y, si lucharon como sus sangrientos hermanos de Irlanda, entonces debieron usar escudo y espada, la lanza larga conocida como «sleg» y la corta «bir» y *«foga»*. En los primeros días, cuando Roma era el enemigo, los héroes montaban carruajes para batallar y luchar por el honor y el ganado. Se gloriaban en combate singular y mostraban las cabezas de sus víctimas, pero en lugar de una cota de malla, ellos luchaban con armaduras de lino o incluso sin protección alguna.

Hay una obra del siglo X conocida como *Senchus Fer nAlban*, la historia de los escoceses, que incluye un estudio militar de Dalriada. Este texto revela que el reino fue dividido en tres sub-reinos, con una fuerza combatiente combinada de alrededor de 2.100 hombres. Como una isla y una nación costera, no es sorprendente que se esperara que los guerreros tomaran su lugar en los remos de los barcos además de luchando en la tierra.

Tales fueron los guerreros de la Alta Edad Media. En el siglo VIII, los Nórdicos llegaron al sur con grandes hachas, largas espadas y cotas de malla. Donde otras naciones cayeron ante la amenaza vikinga, las bandas guerreras de las naciones de Albán contraatacaron y, en las Tierras Altas al menos, los hombres adoptaron muchas de las tácticas de batalla de los Nórdicos.

En la batalla de Bruanburh, los escoceses lucharon con un estilo similar a sus aliados nórdicos. Lucharon de a pie, detrás de una pared de escudos. Esto se convirtió en una tradición escocesa, cabalgar hasta la batalla pero desmontar antes de empezar a luchar.

Medieval y renacentista

Llegados al siglo XII, la imagen es más clara, ya que los guerreros escoceses se enfrentaron a oponentes más letrados. El inglés-Normando fue poco respetado por los nativos escoceses, pero la expedición del rey David de 1126 juntó a los galeses con los hombres de Lothian, normandos con celtas. Mientras los lores normandos se acurrucaban alrededor del rey, a salvo en armaduras grises y escudos en forma de cometa, los galeses lucharon desnudos, o casi, con escudos y espadas de cuero, mientras que los hombres de las tierras bajas tenían el escudo más pequeño y la lanza más larga, la cual fue el arma principal de Escocia durante siglos. Cuando se acercaban, los lanceros escoceses eran feroces oponentes, pero los ingleses respondían con el arco largo que mataba a cien pasos de distancia.

En este período, la hueste escocesa estaba formada por cualquier hombre en forma física entre los dieciséis y los sesenta años de edad. Cuando el rey los comandaba, estaban obligados a servir por cuarenta días, sin recibir pago. El maormorlocal, luego conocido como un conde, dirigía a los hombres de su área, y de las Tierras Altas. El estatus de «jefes de clan» dependía del número de hombres en su cola de combate. Este método aseguraba que el rey tuviera el máximo número de mano de obra con el mínimo gasto, pero también dio lugar a un ejército sin entrenamiento y de corto plazo. Como sus antecesores de la Alta Edad Media, la mayoría de los escoceses luchaban a pie, y no fue hasta que se impusieron los estatutos de Robert I en 1318 que hubo algún intento oficial de proveer alguna protección contra el granizo asesino de los arqueros ingleses. Incluso el abrigo acolchado o la cota de malla de los ricos era poca defensa, mientras que los pobres, que valían menos de 10 libras, solo podían refugiarse detrás de su coraje.

A excepción de una corta guerra con Noruega, una rebelión en Moray y una invasión a Man, los caballeros escoceses tuvieron una pequeña oportunidad de mostrar sus proezas militares. Se estancaron en una Escocia relativamente pacífica. Los caballeros retuvieron la apariencia de las habilidades marciales, pero, cuando Edward de Inglaterra montó un desafío, todo lo que conocían era la carga convencional de la caballería, que fracasó ante la experiencia y la astucia de los veteranos comandantes ingleses. Wallace y Andrew Moray usaron el poder del pueblo, pero fue el rey Robert I quien retornó a las viejas tácticas celtas de atacar, huir y tender una emboscada. Su teniente, James of Douglas, se convirtió en el luchador de comando por excelencia, y generaciones de Borderers siguieron su liderazgo.

A finales de la Edad Media, hubo un grado de profesionalismo sobre el núcleo del ejército real, con artilleros de tiempo completo y quizá un número de ballesteros en los castillos reales. En 1429, el rey James I ordenó a los escoceses a aprender arquería, presumiblemente con la esperanza de que pudieran ganarle a los ingleses en su propio juego. Los escoceses probablemente pretendieron estar de acuerdo con la idea, pero retuvieron sus armas tradicionales. Durante el evento, la idea del rey les pareció sensata, pero obsoleta Para el siglo XV, ya no habría más matanzas rituales de ejércitos escoceses por arqueros galeses e ingleses.

Cada lugar de Escocia tendría un *wappenshaw*, literalmente, «una muestra de armas», donde en teoría cada hombre sería chequeado en su estado de preparación y mantenimiento para la guerra. El arma primaria de la infantería en las Tierras Bajas seguía siendo la lanza, algunas veces denominada «pica», y aquellos que podían pagar llevaban una espada. Los lanceros escoceses, sin embargo, no debían ser despreciados. Lucharon hombro con hombro en un erizo compacto conocido como «*schiltron*» que podía avanzar contra un enemigo horrorizado o repeler la carga de la caballería blindada. Si un número suficiente de lanceros podía alcanzar al enemigo,eran difíciles de vencer.

Mientras la clase noble proveía la caballería pesada, los Borders producían un gran número de jinetes ligeros, conocidos como «*prickers*». Estos hombres fueron invaluables para la exploración, para la guerra irregular y los rápidos asaltos de ataque-y-huida, que era la especialidad de los Borders. Tanto William Wallace como el rey Robert I usaron los arqueros de Ettrick, mientras parte de las Tierras Altas también mandaron arqueros, tal como el contingente de Argyil, a la batalla de Pinkie.

Los guerreros de las Tierras Altas y Bajas evolucionaron de forma diferente, probablemente debido a sus distintos trasfondos culturales. Escribiendo en 1420, Andrew Wyntoun describe a los combatientes de las Tierras Altas en la batalla de North Inch como luchando con «arco y hacha, cuchillo y espada». El arco fue un arma importante en el norte. En 1521, John Major dijo que los escoceses de las Tierras Altas:

Siempre llevaban un arco y flechas, una espada muy ancha con una pequeña alabarda, una gran daga, afilada en un solo lado, debajo del cinturón. En tiempos de guerra, cubrían su cuerpo entero con una camisa de malla o de anillos de hierro, y luchaban en eso.

Major se refería obviamente a las altas clases de la sociedad de las Tierras Altas, para lo que agrega que:

La gente común de las Tierras Altas escocesas se precipitaba en la batalla, llevando su cuerpo vestido con una prenda de lino cosida y pintada o embadurnada con brea, cubierto con una piel de venado.

En 1549, cuando los franceses estaban ayudando a eliminar a los últimos ingleses del sur de Escocia, el francés John de Beaugue escribió que el ejército escocés era:

Seguido por los escoceses de las Tierras Altas, y estos últimos van casi desnudos, con chalecos pintados y una especie de cubierta de lana de colores variados.

Los de las Tierras Bajas contaban también con infantería ligera, con una lanza o pica, un casco de hierro o acero y un chaleco de cuero o una chaqueta acolchada. En los Borders, al fin, se volvieron populares las armas de fuego en el siglo XVI.

Escribiendo en 1583, otro francés, Nicolay d'Arfeville, escribió que los de las Tierras Altas usaban:

El arco y las flechas y algunos dardos, los cuales arrojaban con gran destreza, una espada grande con una daga de un solo filo. Eran muy rápidos a pie, y no había caballo tan rápido como para superarlos.

A comienzos de 1570, Lindsay de Pitscottie denominó a los de las Tierras Altas como:

Tipo de gente muy grosera y alegre… llamados «Reidschankis» o escoceses salvajes… Sus armas eran arcos y dardos, con una espada ancha y una daga afilada en un solo lado.

Describir a los de las Tierras Altas como *«redshanks»* era común en ese tiempo. El nombre se refiere a sus piernas desnudas, y rememora al rey noruego, Magnus, quien se ganó el título Magnus Piernas Desnudas cuando adoptó el vestido Hebrido tras su campaña en el oeste.

George Buchanan, que escribió en 1582, mencionaba que los de las Tierras Altas tenían:

Un bonete de hierro y una cota de malla sin mangas… hasta sus talones. Sus armas… era arcos y flechas. Las flechas tenían, en su mayor parte, forma de gancho con un adorno a cada lado, como púas, las cuales una vez entraban dentro del cuerpo no se podían extraer a menos que se agrandara la herida. Algunos de ellos peleaban con anchas espadas y hachas.

La combinación de la infantería liviana y hombres blindados con hachas fue potente, causando problemas mayores en Harlaw, en 1411, y derrotando al ejército real en Inverlochy veinte años después. Las hachas parecen haber sido una especialidad de algunos guerreros del norte lejano y de las islas del oeste, las áreas más influenciadas por los nórdicos. Hubo un tradicional movimiento de guerreros del oeste de Escocia hacia Irlanda a partir del siglo XIII. Estos hombres fueron conocidos como «galloglaich» o «gallowglass», que significa «guerreros extranjeros». Los *gallowglasses* a menudo se establecían en Irlanda y participaron en la mayoría de los conflictos irlandeses hasta las guerras contra la reina

Elizabeth. Lucharon a pie, usando largas camisas de malla y empuñando un hacha de batalla de mango largo. Eran los hombres de lucha de élite de los jefes y reyes irlandeses.

Los escoceses de las Tierras Altas participaron fuertemente en las guerras del siglo XVI en Irlanda. En 1545, Donald Dubn envió a muchos de sus hombres, y un observador inglés reportó que eran:

> *Hombres muy altos, vestidos… sin mangas de malla, armados*
> *con largas espadas y largos arcos, pero con pocas pistolas. Los*
> *otros miles, altos marineros que remaban en galeras.*

Peregrine O'Cleaery, en La *vida de Hugh O'Donnell* describió a los escoceses de las Tierras Altas que lucharon contra Elizabeth como llevando:

> *Espadas con cuernos, grandes y militares, sobre sus hombros.*
> *Cuando un hombre tuvo que golpear con ella, se veía obligado a*
> *usar sus dos manos en el mango.*

En el otro extremo del país, los Borderers también crearon un tipo de guerra distintivo. Sus jinetes ligeros usualmente se llevaban la peor parte de cualquier invasión inglesa y, cuando no había guerra, eran a menudo involucrados en disputas de clanes o en la recuperación directa de ganado. En el siglo XIV, Froissart había comentado que los escoceses cabalgaban a la guerra, «la gente común en pequeños caballos de silla o castrados». Para el siglo XVI, los Borderers habían desarrollado su propia cultura del caballo y sus punzones fueron quizás los soldados más profesionales en Bretaña. La palabra «profesional» significa justo que cabalgaron y lucharon por ganancias, no por gloria u honor, y abandonarían un campo de batalla sin reparos si hubiera una posibilidad de ganar dinero rápido. Más bien como los soldados modernos que como sus contemporáneos, los jinetes Border eran supremamente funcionales. Desde el casco de acero que protegía sus cabezas, pasando por sus chaquetas acolchadas reforzadas, hasta sus botas de cuero, todo tenía un propósito, al igual que la lanza de tres metros, el sable y el par de pistolas que usaban con una destreza escalofriante.

Los soldados menos favorecidos que llenaron las filas de Flodden, Hadden y un ciento de olvidadas escaramuzas a lo largo de los siglos, llevaban una lanza larga o una cuenta más corta, con el personal de Jedburg o el hacha siendo una favorita local. Sabiendo que vivían en una de las fronteras más volátiles en Europa, los Borderers eran buenos en este trabajo. Tenían que serlo.

¿Pero cuán efectivos fueron los escoceses como hombres luchadores? En el siglo XVI, los ejércitos ingleses triunfaron en las batallas mayores tal como Flodden y Pinkie, pero fallaron en encuentros menores como Hadden Rigg y Ancrum. Escocia parecía agotar los deseos de Inglaterra de ir a la guerra, por lo que Inglaterra pensó que sería prudente envolver Berwick en algunas de las fortificaciones más impresionantes en Europa, mientras los gastos en las guerras escocesas drenaban el tesoro inglés. Las guerras en Escocia no pueden haber sido populares, dados el clima, la incierta y constante posibilidad de que hubiera un ejército escocés de represalia esperando sobre la siguiente colina.

Siglos XVII y XVIII

El siglo XVII fue un periodo seminal en la historia de la guerra en Escocia. La última guerra oficial con Inglaterra había finalizado, y el exceso de mano de obra escocesa probó sus habilidades al batallar las guerras de otros. No fue hasta finales de la década de 1630 que el horror regresó a Escocia, pero cuando lo hizo, duró años.

La década de 1640 y el principio de la década de 1650 fueron años sangrientos, con los ejércitos del rey y los aliados matándose unos a otros en el nombre de la religión o el poder. Cuando la primera Guerra de los Obispos estalló en 1639, el gobierno de Escocia creó un ejército más profesional, que retenía aún algunas características nacionales. La religión creó la guerra, como el rey Charles I intentó imponer la Iglesia episcopal, de la cual era líder, sobre la mayoría Presbiteriana en Escocia. En lugar del manso cumplimiento escocés, se encontró con los aliados y el desafío total. Los músicos adornaron el ejército que se reunió en Duns en 1639, pero los bonetes azules que Alexander Leslie condujo a través de la frontera el siguiente año logró sus objetivos militares con pequeños problemas.

Los ejércitos permanecieron compuestos por caballería e infantería, pero mejoras como el mosquete habían cambiado la imagen del campo de batalla. En común con otros estados europeos, Escocia entrenó dragoneantes, que eran poco más que infantería montada, y una fuerza de caballería medio blindada que David Leslie usó con el mismo efecto. Extrañamente, los piqueros fueron vistos como más honorables que los mosqueteros, y tuvieron que ser fuertes para manejar la larga pica de cinco metros de largo. En los primeros años, superaron en número a los mosqueteros por casi dos contra uno y, a pesar de que los mosqueteros podían mermar las filas del enemigo, ganaron la mayoría de las batallas fueron a «fuerza de picas». Sin embargo, a mitades del siglo, los mosqueteros eran más numerosos, sobrepasando más de la mitad de la infantería. La fortaleza de los soldados de infantería siguió siendo tan importante como lo había sido anteriormente.

Los mosqueteros no iban armados, sino que disparaban tras una pantalla de estacas, como los arqueros ingleses en Crecy. Disparaban un arcabuz, y eran responsables de asegurar que el mal tiempo o la falta de mantenimiento no apagaran la mecha. En ese periodo, sus mosquetes estaban apoyados en un soporte de madera y disparaban una bola de veintiocho gramos de peso con poca precisión y velocidad. Un buen mosquetero podía disparar cada dos minutos. Movimientos lentos, disparos lentos y lentitud de maniobra, los mosqueteros del siglo XVII no eran una figura de gracia. Sin embargo, su posición mejoró cuando empezaron a usar el mosquete con fusil de chispa.

A comienzos del siglo XVII, los mosqueteros luchaban en filas de diez para permitir un lanzamiento continuo de mosquetería. Cuando un hombre disparaba, retrocedía y su marca trasera tomaba su lugar. A medida que las armas mejoraron, las filas se redujeron a seis, y eventualmente a tres.

Se dijo que Montrose fue el primer comandante escocés que usó el método suizo *«salvee»*, que consistía en tener seis filas disparando salva al mismo tiempo. Normalmente, sus *salvees* conseguían debilitar las formaciones enemigas, para que la consiguiente carga de las Tierras Altas los destruyera. El Nuevo Ejército Modelo de Cromwell copió a Montrose, pero con un número de hombres mucho mayor.

Las tácticas de infantería eran relativamente simples. Un cuerpo de escaramuzadores, conocidos como la «esperanza desesperada», acosaba al enemigo hasta que los mosqueteros estuvieran en rango. Entonces, había un intercambio de mosquetería y, luego, el empuje de picas. La caballería lucharía entre sí, golpeando los flancos del enemigo, o perseguiría a un derrotado oponente.

En la década de 1640, esta infantería de lento movimiento se enfrentó a un enemigo terrorífico cuando el marqués de Montrose unió a los veteranos de Alasdair, MacColla; MacDonalds y Ustler, con los clanes de las Tierras Altas. Con movimientos rápidos, dedicados e implacables, los gaélicos se agacharon cuando los mosqueteros oponentes dispararon, avanzaron hacia delante rápidamente y descargaron un voleo letal a corta distancia antes de terminar con la espada ancha y el hacha Lochaber. William Cleland, veterano del puente Bothwell y Drumclog, escribió que los escoceses de las Tierras Altas de 1678 llevaban:

> *Una tabla de madera, clavos y pieles;*
> *Con una larga espada de dos manos.*

Lo mataron en Dunkeld, en 1689.

Fuerzas más convencionales encontraron tales adversarios como formidables oponentes, siempre y cuando estuvieran bien dirigidos. Fueron los Camerons quienes le dieron a

Cromwell el dolor de cabeza más grande después de haber derrotado a los ejércitos de los Covenants y, tenía en tanta estima a los MacLeans, que envió cinco buques de guerra del gobierno para arrestar a su jefe de diez años de edad.

Tras la restauración del rey Charles II, se estableció una legislación para levantar una milicia escocesa de 20.000 soldados de infantería y 20.000 soldados de caballería. Esta mano de obra, respaldada por un puñado de regimientos regulares, fue usada principalmente para reprimir disturbios domésticos. Los últimos Covenants, que se opusieron al intento del rey Charles deimponer el episcopado, fueron los principales objetivos. En las batallas de Rullion Green, Drumclog y Bothwell Brig, las tropas escocesas de casacas rojas se enfrentaron a los escoceses presbiterianos mal armados.

Para 1689, la situación había cambiado, cuando la intolerancia religiosa presenció el reemplazo del rey católico James VII por el protestante William de Orange. Entre ese año y 1746, las casacas rojas regulares de los regimientos de Escocia e Inglaterra se enfrentaron a los clanes de las Tierras Altas que apoyaban a los exiliados reyes Stuart. En esa época, las tácticas de las Tierras Altas eran anacrónicas. Luchaban de la misma forma que sus ancestros bajo Montrose, pero enfrentaban a una infantería que podía disparar más rápido y con más habilidad, apoyada por la artillería. No cabe duda de que eran hábiles y valientes. En 1688, William Sacheverell, gobernador de la Isla de Man, visitó las tierras Maclean de Mull y comentó que los soldados de las Tierras Altas tenían:

Un escudo redondo en sus espaldas, un bonete azul en sus cabezas, en una mano, una espada ancha, y un mosquete en la otra. Quizás ninguna nación iba mejor armada, y... ellos podían manejarlos con destreza.

El coraje y las espadas anchas de las Tierras Altas ganó la batalla de Killiecrankie, aunque con un gran costo, pero perdió contra los cameronianos en Dunkeld. Al ser mal dirigidos, los escoceses de las Tierras Altas solo pudieron empatar en Sherrifmuir en 1715, cuando se enfrentaron a las fuerzas regulares de Argyll. Cantaron victoria en Prestonpans gracias a un ataque al flanco, y lucharon duro y habilidosamente en Falkirk, pero Culloden fue un desastre. Después de soportar un bombardeo de artillería de media hora, los escoceses de las Tierras Altas lanzaron un ataque gradual contra el enemigo, que contaba con una infantería el doble de numerosa. La valentía no pudo detener el voleo masivo de mosquetes, ni el honor los salvo del rencor del duque de Cumberland.

Después de Culloden, no hubo más batallas en Escocia, solo disturbios civiles y alborotos. Sin embargo, no había paz, dado que los hombres de la nación fueron desviados para luchar en las guerras de Gran Bretaña.

SEGUNDA PARTE: TODO SU TIEMPO EN GUERRA

LAS BATALLAS ESCOCESAS EN ORDEN ALFABÉTICO

Los escoceses pasan todo su tiempo en guerras y, cuando no hay guerra, luchan entre sí
\- Don Pedro de Ayala, 1498

A

Abecorn Castle, 1455: West Lothian. Cuando el rey James II se dio cuenta de que la familia Douglas ambicionaba su corona, asesinó al conde William Douglas y comenzó una campaña militar contra los Douglas. Durante esta mini guerra civil, el rey sitió el castillo de Abercorn. Douglas y uno de sus partidarios, Hamilton de Cadzow, llegaron con un ejército que pareció inclinar la balanza contra James, hasta que Hamilton cambió de bando. Douglas huyó y, cuando el castillo se rindió en mayo, James colgó a la guarnición.

Aberdeen, marzo de 1644: Aberdeen Sire. En marzo de 1644, durante la guerra civil que arrasó Escocia en la mitad del siglo XVII, los realistas, bajo *sir* John Gordon de Haddo, allanaron la ciudad de Aberdeen. Secuestraron a algunos ciudadanos importantes, incluido el alcalde. Los prisioneros fueron retenidos por un corto lapso en el castillo de Strathbogie, pero fueron liberados cuando los Gordons se enteraron de que un ejército de los Covenants dirigido por el duque de Argyll se dirigía hacia el norte.

· · ·

Aberdeen; 13 de septiembre de 1644. Esta batalla fue librada durante la gran guerra civil del siglo XVII. Un ejército realista dirigido por el marqués de Montrose luchó contra una fuerza de Covenants a las afueras de Aberdeen.

Después de una temprana victoria sobre los Covenants de lord Elcho en la batalla de Tippermuir a las afueras de Perth, muchos de los escoceses de Montrose abandonaron su ejército. Tras terminar con alrededor de 1.500 hombres, principalmente los ultonianos de Alasdair MacDonaldy los escoceses de las Tierras Altas, Montrose marchó hacia el norte. Lord Burleigh dirigió a una fuerza de Covenants para encontrarse con los realistas en los Justice Mills, a las afueras de Aberdeen. Montrose envió un tamborilero para exigir la rendición del pueblo, pero un aberdoniano le disparó. La batalla resultante tuvo lugar en Two Mile Cross, cerca del actual parque comercial de Brig o Dee.

Los Covenants comenzaron la batalla con una carga de caballería, que Montrose repelió con su propia fuerza de hombres montados a caballo. Cuando los flancos de los Covenants se desmoronaron, Montrose ordenó a su infantería que se adelantaran, haciendo así retroceder a los Covenants tras una dura lucha de más de una hora. Los hombres de Ustler y los de las Tierras Altas saquearon entonces el pueblo por tres días. Quizás 200 personas fueron asesinadas, con muchas más violaciones y saqueos. No hay monumento para esta batalla, que es también conocida como «*Justice Mills*» o «*Crabstane Rout*».

Aberfoyle, Pass of, 1653, 32 kilómetros al oeste de Stirling, 40 kilómetros al norte de Glasgow, en Stirlingshire. Durante el levantamiento de Glencairn contra la invasión de los cromwelianos de 1653, hubo una escaramuza en el Pass of

Aberfoyle. Graham de Duchray parece haber estancado el avance de los Ccromwelianos.

Achdalieu, 1654, situado a unos tres kilómetros y medio al este de Corpach, cerca de Fort William, Lochaber, las Tierras Altas. El clan Cameron derrotó las fuerzas de Cromwell. Durante la ocupación cromweliana de Escocia, el clan Cameron, bajo el mando de Edwan Cameron, fue probablemente el clan realista que hizo más daño al invasor. El general Monck, hombre de Cromwell en Escocia, intentó sofocar a los camerons. Cinco buques cromwelianos llevaron dos mil tropas de Cromwell a Inverlochy y emprendieron la construcción de un fuerte que luego se convirtió en Fort William. Ewan sacó a su gente y observó las fuerzas de Cromwell con solo treinta y dos hombres.

De acuerdo con la historia de Cameron, cuando un grupo de hombres de Cromwell se aventuró a cortar madera y saquear las casas locales, Ewan Cameron condujo a sus hombres en una carga contra los 150 soldados del enemigo. Se estima que unos cuarenta o cincuenta cromwelianos fueron asesinados, y el resto huyó. Fue en esta lucha que Ewan Cameron luchó mano a mano con un oficial inglés y le mordió la garganta. Cuando los camerons se rindieron, un inglés disparó a Ewan y, entonces, los camerons terminaron con el enemigo. Solo dos ingleses escaparon, y cinco camerons fueron asesinados. Después de la batalla, los camerons examinaron los cuerpos para ver si los ingleses tenían cola, porque su comportamiento los hacía parecer más cómo demonios encarnados que hombres.

Achintore c 1654: una vez fue un pueblo separado, pero ahora es parte de Fort Wlliam, Lochaber, las Tierras Altas.

Esta fue otra batalla entre la guarnición del fuerte Cromwell en Inverlochy, hoy conocido como Fort William, y el clan cameron, en cuyas tierras los cromwelianos se entrometieron. Los camerons les tendieron una emboscada y derrotaron a una fuerza de hombres de Cromwell que estaba recolectando madera.

Achnashellach, c 1505: cerca de Lochlsh, Sutherland, las Tierras Altas. Este conflicto entre clanes se batalló a treinta y dos kilómetros del castillo de Strone en Lochalsh. Esta es una de las muchas batallas libradas en Escocia en la que los detalles son vagos, pero los escritos sugieren que un cuerpo de camerons, bajo su jefe Ewan Cameron, derrotó a los munros y mackays. Es más, parece que *sir* Willlian Munro de Foulis fue asesinado.

Alitan-Beath, 1542, Sutherland; escaramuzas entre el clan mackay y Sutherland. Donald Mackay de Strathnaver había asumido recientemente el papel de jefe del clan y, cuando Adam, conde de Sutherland, murió, invadió Sutherland con un cuerpo de hombres. Incendió el municipio de Knockartoll y saqueó Strathbrora. *Sir* Hugh Kennedy de Griffen Mains, Gilbert Gordon de Garty y Hutcheon Murray de Abirscors reunieron una fuerza y atacaron a Mackay en Ailtan-Beath.

Los mackays perdieron la batalla que siguió, y John Maclan-MacAnguus fue asesinado, junto a muchos de los mackays. Donald Mackay luchó bien, matando a William Sutherland antes de huir con los otros, aunque fue capturado más tarde y encarcelado en el castillo de Fowlis en Ross.

·   ·   ·

Airds Moss, 22 de julio de 1680: cerca de Muirkirk, al este de Ayrshire. Las fuerzas del gobierno derrotaron a los covenants. El 22 de junio de 1680, el covenant radical Richard Cameron, conocido como el «león del covenant», su hermano Michael y veinte jinetes entraron en Sanquhar y colgaron una declaración del Mercat Cross. Esta establecía que los covenants intentarían «repudiar a Charles Stuart, quien ha estado reinando, o más bien… tiranizando sobre el trono de Escocia». El jueves 22 de julio, el capitán Bruce de Earlshall, el comandante de las tropas de dragoneantes de Claverhouse, encontró a Cameron y a sus 40 seguidores en Airds Moss cerca de Muirkirk, en Ayrshire. Bruce llevó 120 hombres de la tropa del gobierno para capturarlo.

Cameron llevó sus hombres a la batalla con la llamada «Señor, salva a los verdes y llévate a los maduros». En la escaramuza que siguió, Richard y Michael Cameron fueron asesinados, junto con siete de sus seguidores. El resto se dispersó. El nombre de Cameron vivió en el regimiento cameroniano del ejército que fue creado en 1689. Hay un monumento de piedra tallada que recuerda a Cameron y a sus hombres.

Alchuith, 756: Dumbarton, Strathclyde. Esta batalla fue peleada en el fuerte de Dumbarton Rock. En la época en la que Alchuith fue la capital del reino británico de Strathclyde, los británicos fueron derrotaron por Oengus MacFergus y su aliado Eadberht, rey de Northumbria. Los británicos habían fingido rendirse diez días antes de la batalla y, luego, atacaron sin aviso previo, derrotando a los aliados.

Aldy-Charrish, 1487, también conocido como Aldicharrish: Wester Ross. Esto fue una batalla de clanes en la que los mackays derrotaron a los rosses. Hombres del clan Ross habían asesinado a Angus Mackay en Tarbat, y John Riabhach Mackay, el hijo de Angus, le pidió al conde de Sutherland, su superior feudal, ayuda para vengar su muerte. Sutherland envió a Rober Sutherland y un cuerpo de hombres para reforzar a los mackays.

La fuerza combinada de Mackay y Sutherland desbastó Strathcarron y Strathoykel. El jefe ross, Alexander Ross de Balnagown, trajo a sus hombres y atacó a los aliados en Aldicharris. Esta fue una dura batalla que los mackay y los sutherlands ganaron finalmente. Ross de Balnagown y diecisiete caballeros fueron asesinados.

Alford, 2 de julio de 1645, 40 kilómetros al este de Aberdeen, junto al río Don. Esta fue una batalla significativa en la guerra civil entre los partidarios del rey Charles I y los partidarios del covenant. El marqués de Montrose y el ejército realista derrotaron a los covenants bajo el liderazgo del general William Baillie. Los covenants tenían alrededor de 2.000 hombres de infantería, incluyendo una gran cantidad de veteranos, y alrededor de 300 soldados de caballería. Montrose tenía el mismo número de infantería, pero quizá solo 200 soldados de caballería.

Tras derrotar al general Hurry en Auldearn, Montrose dedicó su tiempo a amagar al ejército de Baillie. Después, los ejércitos se encontraron en Aberdeenshire, y Baillie posiblemente intentó evitar que Montrose atacara Aberdeen. Aunque Montrose tenía marginalmente el ejército más pequeño, Baillie tenía sus propios problemas. El Comité de los Estados era un cuerpo de políticos eclesiásticos sin experiencia militar, pero que tenían el poder suficiente como para anular las decisiones de Baillie. El comité había ordenado también que 1.000 de los hombres más experimentados de Baillie se unieran a las fuerzas del general Lindsay, en lugar de ofrecerle una cantidad de inexpertos locales.

Montrose se posicionó a sí mismo en una colina baja, posiblemente Gallows Hill con vista al río Don, con sus escoceses de las Tierras Altas en el centro. Los miembros del comité urgieron a Baillie a atacar y, cuando el ejército covenant estaba dividido, con la caballería a un lado del río y la infantería del otro, Montrose se puso en contra ataque. Empujó la caballería covenant, y luego atacó a la infantería covenant con su infantería y caballería. No es sorprendente que los covenants cedieran con alrededor de 1.000 bajas, pero Montrose había perdido a lord Gordon, que había cargado al frente para vengar los estragos que los covenants habían causado en sus tierras.

Algunos escritores sugieren que había una piedra conmemorativa conocida como «Gordon Stone», sobre la cual Lord Gordon había sido asesinado. Sin embargo, esta piedra, que podría haber sido una piedra prehistórica sin relevancia en la batalla, ahora había desaparecido. Para agregar a la incertidumbre, hay informes contradictorios sobre el paradero exacto de la batalla, pero puede que la acción tuviera lugar en el lado norte de Gallows Hill.

Allantonplains, mayo de 1307, al este de Ayrshire, Strathclyde, veinticinco kilómetros al nordeste de Ayr. Esta fue una escaramuza menor en la primera guerra escocesa por la independencia. Robert Bruce atacó una fuerza de ingleses dirigidos por Ralph de Montherner, Conde de Gloucester, y lo persiguió de vuelta a Ayr.

Allt Camhna, 1586, Caithness. Los condados de Sutherland y Caithness estaban en disputa con el clan gunn, quienes decididamente eran los principales alborotadores en Caithness. Los condes enviaron dos cuerpos de hombres contra los gunns en Caithness, uno comandado por John Gordon de Backies y James MacRorie, el otro por Henry Sinclair, primo del conde de Caithness. El ejército de Henry Sinclair fue el primero en encontrar a los gunns en Allt Camhna. Los gunns fueron superados en número, pero tenían a algunos de los soldados del clan Mackay con ellos y la ventaja de una pequeña colina llamada Bingrime. Parecía que luchaban sin tácticas, pero los hombres de Sinclair dispararon las primeras flechas, que quedaron cortas. El clan gunn esperó hasta que se encontraran a tiro y sus flechas causaron una gran devastación. Henry Sinclair y 120 de sus hombres murieron, y el resto huyó, aunque algunos fueron asesinados mientras huían.

Alnwick, 13 de noviembre de 1093: Northumberland, Inglaterra. Después de que los ingleses incrementaran las fortificaciones del castillo Carlisle, Malcolm III (Canmore) los invadió. Había estado librando guerras intermitentes para detener la extensión de la influencia inglesa en Escocia. El ejército de Malcolm saqueó Northumberland y acampó cerca de Alnwick, pero Robert de Mowbray, el gobernador del castillo de Bamburgh salió y atacó a los escoceses, tomándolos por sorpresa. Malcolm fue asesinado en la lucha, al igual que su hijo Edward. Cuenta la leyenda que Mowbray atacó mientras estaban en una tregua.

Un monumento, «Cruz de Malcolm», fue erigido en 1774 y marca el lugar donde fue asesinado el rey. Está un kilómetro al norte de Ainwick.

· · ·

Ainwick, 1174, Northumberland. Mientras Inglaterra lidiaba con los disturbios causados por la guerra civil, el rey William I (el León) de Escocia se unió al hijo del rey Henry (el Joven Henry). En lo que podría verse como el precursor de la Alianza Auld, William invadió Inglaterra para distraer al rey francés, quien también se había aliado al Joven Henry. Uchtres y Gilbert de Galloway se aliaron con el rey William.

El rey William condujo a un ejército de galeses, caballeros Normado-escoceses y guerreros de Galloway hacia el norte de Inglaterra. Los ingleses los acusaron, quizás con razón, de varias atrocidades, pero cuando los escoceses no pudieron tomar el castillo de Carlisle, incursionaron el norte de Inglaterra. El rey William llevó una pequeña fuerza a Alnwick e intentó asediar el castillo, pero la guarnición inglesa más grande, reforzada por otra fuerza dirigida por Ralf de Glanvil, salió. Parece ser que había niebla, y el rey William se aproximó a un cuerpo de caballería, pensando que eran sus propios hombres. Cuando se dio cuenta de que eran ingleses, arrojó su lanza, gritando «Ahora se verá quien sabe ser caballero» y cargó contra ellos. Durante la escaramuza, el caballo de William cayó y rodó sobre él, y él fue capturado. El subsecuente Tratado de Falaise salió caro porque William aceptó convertirse en el teniente del rey inglés para toda Escocia.

El tratado no fue cancelado hasta 1189, cuando el Tratado de Canterbury restauró la independencia de Escocia a cambio de 4.000 marcos, que ya el rey Ricardo de Inglaterra necesitaba el dinero para financiar su parte en la tercera cruzada.

Altimarlach, 13 de julio de 1680. La tradición ubica esta batalla en una granja situada justo a las afueras de Wick, Caithness. También se dijo que fue la última batalla librada en Escocia. Sin embargo, algunos historiadores están en desacuerdo. El nombre puede que provenga del gaélico, *Ulit na Muirleach*, «la quema de los ladrones» porque los cuerpos de los muertos fueron robados.

Sir John Campbell de Glenorchy reclamó la propiedad de las Islas de Gringoe y el condado de Caithness. Parece ser que el 6° conde de Caithness no había pagado un préstamo hecho a Campbell de Glenorchy. En respuesta, Glenorchy fue luego nombrado conde de Caithness, lord de Berriedale y Glenorchy.

Glenorchy reunió sus tropas en Perth y marchó hacia Braemore, en Caithness y, luego, hacia la colina de Yarrows. Pudo haber tenido alrededor de 800 hombres, incluyendo a los Campbells y otros clanes auxiliares como los MacGregors, bajo el liderazgo de John MacGregor. Glenorchy marchó hacia Wick bajo la niebla, pero cuando la niebla clareó las fuerzas de Sinclair, vieron la llegada de Glenorchy, y se corrió la alarma.

De acuerdo con varios relatos, Glenorchy marchó a Stirkoke y Altimarlach, donde dividió su ejército en dos, ocultando algunos soldados en el canal, pero dejando al resto a la vista en la tierra alta. Cuando los hombres en la tierra alta atacaron a los sinclairs, los que estaban ocultos se levantaron en una emboscada. Con el fuego detrás de ellos y los hombres de Glenorchy, los sinclairs fueron maltratados, perdiendo alrededor de 300 hombres. Se dice que Finlay Ban MacIvor compuso la melodía para gaita *Vienen los campbells* cuando el ejército de Glenorchy marchó a Caithness, y *La reunión de Breadakbane* también se dice que data de esta campaña.

Sin embargo, se ha reportado que los sinclairs pasaron la noche antes de la batalla bebiendo en las hosterías de Wick, pero esto puede ser descontado, al igual que la leyenda que reclama la batalla por Allt a Mhullaich en Argyll. Hay una cruz conmemorativa en un sitio cercano a Wick.

. . .

Ancrum Moor, 27 de enero de 1545, unos seis kilómetros al norte de Jedburgh, fronteras escocesas. El conde de Angus derrotó a una fuerza inglesa bajo *sir* Eure y *sir* Brian Layton. Esta batalla fue librada durante el llamado rough wooing o «cortejo duro», cuando Henry VIII intentó hacer que Mary de Escocia se casara con su hijo Edward para destruir a Escocia tanto como pudiera. No es sorprendente que los escoceses tomaran represalias. *Sir* Ralph Eure comandó los 3.000 hombres más fuertes de la fuerza inglesa que se abrieron camino a través del sur de Escocia. Eure había destrozado la tumba del difunto Douglas en Melrose Abbey, lo que enfureció al conde Douglas de Angus. Eure también había incendiado la torre de Broomhouse, matando a un anciano y a su familia.

Eure hizo una incursión nocturna desde Jedburgh contra en conde de Angus y Scott de Buccleuch, quien tenía unos 300 hombres, más algunos de caballería, bajo Norman Leslie de Rothes. Angus y sus jinetes permanecieron en las colinas y exploraron las fuerzas de Eure hasta que estuvieron en el páramo justo al norte de Ancrum, a ocho kilómetros desde Jedburgh. Angus flanqueó las líneas de marcha de Eure, desmontando sus jinetes y usando el terreno para ocultar cuántos hombres tenía.

Los ingleses y sus aliados escoceses estaban cargados de botines cuando Angus los emboscó. Los ingleses cargaron hacia adelante, pero Angus había posicionado a sus hombres en el oeste para que la puesta del sol les diera de cara a los ingleses. El viento también soplo el humo de las armas sobre sus ojos, por lo que no podían ver la extensión de las fuerzas escocesas. Las lanzas escocesas convirtieron la carga inglesa en un caos.

Cuando Eure retiró a los escoceses borderers, y posiblemente algunos de las Tierras Altas, que habían estado luchando contra los ingleses, se arrancaron los signos de la cruz de Saint George que los identificaba como «escoceses asegurados» y atacaron a sus antiguos aliados. Cientos de ingleses, incluidos los líderes Eure y Laiton, fueron asesinados, y otros miles fueron capturados. Al hablar sobre Eure, James Hamilton, el conde de Arran dijo: «Dios tenga misericordia de él, porque fue un hombre cruel y ha caído».

Esta batalla tuvo un tremendo efecto de propaganda, elevando la moral en Escocia y Francia. Las leyendas mencionan a una mujer local llamada Lilliard que se unió a la acción, luchando aun cuando le cortaron las piernas. Se levantó un monumento en el sitio, conocido como la «tumba de Maiden» que conmemora su participación. Asimismo, hay un sendero a lo largo de la calle Dere que accede al campo de batalla.

Annan, 17 de diciembre de 1332: Dumfries y Galloway. Los patriotas escoceses echaron a Edward Balliot y a sus partidarios pro-ingleses de Escocia. Tras la muerte de Robert I, los ingleses interfirieron nuevamente en los asuntos escoceses al enviar al norte un ejército para apoyar a su rey marioneta, Edward Balliot. Cuando Balliot decidió pasar la Navidad en Annan, en el centro de su base de poder en el sudoeste de Escocia, el guardián *sir* Archibald Douglas y el conde de Moray reunieron a los patriotas en Moffat. Cabalgaron hacia el sur por la noche y atacaron al amanecer, aplastando a los hombres de Balliot y matando a muchos mientras dormían. *Sir* John Mowbray y *sir* Walter Comyn fueron asesinados, pero Edward Balliot hizo un agujero en la pared de su cámara y consiguió escapar, cabalgando desnudo hacia Inglaterra.

. . .

Antonine Wall, c184: las Tierras Bajas de Escocia entre el Forth y Clyde. Las tribus de las Tierras Bajas de Escocia se rebelaron contra los romanos y vencieron el muro. Un hombre llamado Corvus, que murió en esta campaña, pudo haber sido un antecesor de los posteriores reyes de Strathclyde. A pesar de sus tácticas superiores y armas, los romanos, bajo el gobernador Ulpius Marcellus, tuvieron que hacer tres campañas antes de poder empujar a los británicos hacia atrás. Esta debió haber sido una guerra singular, dado que Commodus ganó el título de *Britannicus* tras esta victoria. Sin embargo, los romanos abandonaron el muro antes de finales del siglo.

Apardion, 1153: posiblemente en Aberdeen. En esta época, un líder noruego llamado Eystein atacó un pueblo escocés, el cual él nombró «Apardion», en el que fue posiblemente el último asalto significativo de los nórdicos en el este de Escocia.

Arbroath, 23 de enero de 1445: Angus. Esta batalla fue librada por el control de Arbrosth Abbey. Tuvo lugar justo a las afueras de Arbroath cuando el hijo del 2° conde de Crawford derrotó a los ogilvies y a *sir* Alexander Seton.

Sir Alexander Lindsay, señorito de Crawford, fue el «magistrado de los privilegios reales» de Arbroath. Había adquirido un gran número de seguidores armados, pagados por el monasterio, pero su conducta había «molestado al convento», por lo que el cabildo nombró a Alexander Ogilvy de Inverquharity como su sucesor. Crawford se negó a entregar su título y tomó el control de Arbroath y la abadía. El conde de Dougals mandó a cien hombres desde Clydesdale para apoyar a Crawford, y los Hamiltons también mandaron refuerzos a Crawford. Mientras tanto, *sir* Alexander Seton, lord de Gordon, había llegado a Inverqueharity en su camino a Strathbogie. Viajaba con la usual banda de seguidores armados. Por tradición escocesa, la lucha del anfitrión se convierte en la lucha del invitado, por lo que Seton y algunos de los otros Lores locales se unieron al ejército de Ogilvy mientras marchaban sobre Arbroath.

Los lindsay, que fueron firmes aliados de los crawfords, se pusieron en formación de batalla al frente de Arbroath. Siendo su esposa una ogilvie, el conde de Crawford, padre del señorito, corrió entre las filas para tratar de hacer las paces, hasta que la lanza de un ogilvie lo atravesó, quizá sin saber quién era. El conde cayó mortalmente herido. Los lindsays cargaron y ganaron la batalla. Hubo cerca de 100 bajas lindsay y quizá 600 ogilvies. Inverquharity fue herido y capturado, su hermano y Seton huyeron. Inverquharity fue llevado al castillo de Finhaven, sede del conde de Crawford, para ser ahogado con una almohada por la esposa del conde de Crawford. El conde murió por sus heridas una semana después.

Ardcorran, 627. La ubicación de esta batalla es incierta. Fue librada ya sea en el norte de Irlanda o en Kintyre, en un tiempo en el que el reino de Escocia de Dalriada mantenía todavía un punto de apoyo en Ulster. Conadd Cerr de Dalriada derrotó a Fiachna MacDemain, un rey de Ulster.

Ardde-anesbi o Airdeanesbi, quizás en Argyll: 719; guerra civil. Según *Los anales de Tigernach:* «La batalla de Ardde-anesbi en el mar, entre Duncan Bec, con la tribu de gabran, y Selbach, con la tribu de loarn; en la que Selbacha fue derrotado». Como el *Cenel Gabrain* (el clan o familia de Gabrain) controlaba lo que es hoy Kintyre y Cowal, y Loarn controlaba Lorne, puede que la batalla se librara en el mar de Argyll, o en uno de los lagos de mar. Esta es la primera batalla marítima que se recuerda en la historia británica y concierne a una lucha dinástica dentro de Dalriada.

Ardnary, 1586, Ulster: Esta fue una batalla que se desarrolló en mitad de una situación confusa cuando el clan Donald se expandió en Ulster después de perder tierras y prestigio en el oeste de Escocia. Los locales O'Neills se aliaron con los ingleses en una campaña para frenar a los MacDonalds y en esto encontraron varias victorias.

Ardoch, 83 DC; Strathearn, Perthshire, supuesto lugar en el que los Caledonios atacaron a la Legio IX Hispanade Agrícola. De acuerdo con Tacitus, los caledonios atacaron de noche, «sorprendiendo y derribando a los centinelas, que estaban dormidos o en pánico, cuando el enemigo irrumpió en el campamento». Agrícola repelió eventualmente a los asaltantes, pero estos «pensando que habían sido engañados, no tanto por su valor como por sus habilidades generales, no perdieron nada de su arrogancia». Agrícola no avanzó más ese año.

Ard Rannoch, 1685, Perthshire. Esta fue una escaramuza menor que ocurrió durante el ascenso de Argyll, cuando una patrulla nocturna de camerons accidentalmente mató a algunos de los soldados del conde de Atholl Perthshire Horse. Ambas unidades estaban en el lado real contra Argyll.

. . .

Ardscull, 1316; cerca de Athy, condado de Kildare, Irlanda. Esta batalla fue librada durante la primera guerra de la independencia. Cuando Edward Bruce abrió un nuevo frente contra los ingleses en Irlanda, se coronó a sí mismo como rey supremo de Irlanda y ganó una serie de victorias. Una de ellas fue en Ardscul, donde derrotó al anglo-irlandés Lord Justice *sir* Edmund Butler. Bruce fue superado en número, pero las fuerzas angloirlandesas fueron divididas por disputas internas.

Ardvorlich House, 1620. Sur del lago Earn, Perthshire. Una escaramuza menor cuando un ejército de Glencoe MacDonalds atacó a los stewarts de Ardvorlich en el lado sur del lago Earn. Los stewarts repelieron a los macDonalds, matando a siete. Una piedra marca el sitio del encuentro.

Ardvreck Castle, 1672: Assynt, Sutherland. Originalmente el castillo de los MacLeods, en 1672 los mackenzies lo atacaron y capturaron cuando tomaron control de Assynt. El castillo es ahora una ruina pintoresca en un lugar espléndido.

Argoed Liwyfain, c 588: ubicación incierta, pero posiblemente en el sudoeste de Escocia. Esta fue una batalla legendaria en la cual Owain del reino británico de Rheged aparentemente derrotó al príncipe Sajón de un pequeño estado llamado Fflamddwyn. Rheged se basó en el Solway Firth.

Arkinholm, 1 de mayo de 1455, Langholm, Dumfriesshire. Las fuerzas reales derrotaron al ejército de los Douglas. La familia Douglas había alcanzado gradualmente el poder en el sur de Escocia, ya que *sir* James de Douglas había ayudado al rey Robert I a mantener la posición de Escocesas como una nación independiente. Para la mitad del siglo XV, los Douglas fueron lo suficientemente poderosos como para amenazar la corona. En 1440, el joven rey James II, asesorado por *sir* William Crichton y *sir* Alexander Livingstone, atrajo a la cabeza de familia, William Douglas de Edimburgh, a donde fue decapitado. Veinte años más tarde, en 1452, los Douglas se negaron a romper la alianza con el lord de las islas y cabalgaron hacia Stirling para ver al rey bajo un salvoconducto. El rey lo asesinó. No es sorprendente que los Douglas, liderados por James el 9° Conde, se rebelaran contra el rey. Los tres hermanos del conde, los lords de Moray, Ormond y Balvenie, lideraron el ejército de Douglas.

Los reyes escoceses no solían tener un ejército real, pero requerían la lealtad de los nobles para enlistar a sus hombres. El terrateniente de Johnstone convocó a sus propios hombres y a algunos de los líderes de las familias fronterizas, y derrotaron a los Douglas en Arkimholm, en el río Esk cerca de Langholm.

Belvenie huyó hacia Inglaterra, el conde de Ormond fue herido, capturado y ejecutado. Archibald Douglas, conde de Moray fue asesinado, y su cabeza cercenada fue enviada al rey como presente. La derrota marcó la caída de la rama *Black Douglas* de la familia.

Arthuret, 573 DC, posiblemente librada en el sudoeste de Escocia o el noroeste de Inglaterra. Esta fue una de las batallas más interesantes de la Alta Edad Media, que puede haber tenido alguna relación con la tradición artúrica y podría haber marcado un punto de inflexión para la victoria del cristianismo sobre el paganismo.

En una versión, el rey cristiano Rhydderch Hael de Strathclyde derrotó a su rival británico pagano. La tradición galesa afirma que la batalla fue librada entre los príncipes británicos rivales, Gwenddoleu y sus primos Gwrgi y Peredur, y Gwenddoleu fue asesinado. La tradición siempre reclama que la batalla fue librada por «un nido de alondras», posiblemente Caerlaverock, un puerto estratégico comandando el acercamiento al Solway. El lugar de la batalla puede que se encuentre cerca de la villa de Arthuret, a las afueras de Longtown.

También se rumorea que Myrddin, quien podría haber sido el bardo doméstico de Gwenddoleu y posiblemente un prototipo para el legendario Merlín, luchó en la batalla y ganó unos torques de oro. Se decía que Myrddin se había vuelto loco en la batalla y se había ido a vivir como un ermitaño al bosque de Celyddon en Escocia. Hay muchos «quizás» en esta batalla, pero si cualquier erudito medieval puede desenredar la red, ¡menuda fascinante historia se puede encontrar!

Asreth c584: en Circinn, que posiblemente en la actualidad sea Angus. Una de las batallas legendarias más tempranas, en la cual el rey picto Bridei (Brude Mac Maelchon) fue asesinado, o bien en una guerra civil o en una batalla contra un rival de la dinastía picta o del reino.

Athelstaneford: al este de Lothian. Esta fue una batalla legendaria que posiblemente nunca tuvo lugar. De acuerdo con la leyenda, Angus MacFergus rey de los pictos, aliado con Eochaidh el Venenoso, rey de los escoceses dalriadic, derrotó a los anglos. La leyenda cuenta que Angus MacFergus y Eochaidh estaban retornando de un exitoso asalto en Northumbria, cuando un ejército inglés los capturó en los bancos del río Tyne. Algunas narraciones cuentan que el rey Athelstan (925-940) lideraba a los anglos. Es posible que hubiera una batalla con una fuerza inglesa, pero si así fuera, el famoso rey Athelstan casi seguro que no estuvo involucrado. Quizás un segmento de este ejército fuera derrotado, o un guerrero con un nombre similar liderara a los anglos.

No hay dudas de que, en los siglos VIII y IX, Lothian fue una zona fronteriza, con los pictos en el norte, los británicos Strathclyde por el oeste y los anglos en residencia.

La parte más interesante de esta leyenda es el nacimiento de la bandera nacional escocesa. Aparentemente, los pictos y los escoceses rezaron por la victoria, y una *saltire* (cruz en diagonal blanca) apareció en el cielo azul. Después de la victoria, los aliados reemplazaron la tradicional bandera nacional con la cabeza del jabalí por el *saltire*, y St. Andrew comenzó a ser el santo patrón. Cuando Athelstan murió en la batalla, el lugar fue nombrado Athelstaneford.

La *saltire* escocesa flamea permanentemente en lo alto de la villa, junto a un monumento mostrando los ejércitos rivales y una cruz en el cielo.

Auchencloy Moor, 17 de diciembre de 1684. Back Water de Dee, Kirkcudbrightshire. A finales del siglo XVII, los seguidores de la fe presbiteriana entraron en conflicto directo con la religión episcopal oficial del rey de Escocia e Inglaterra. Los presbiterianos se reusaron a acordar que el rey fuera la cabeza de su iglesia, manteniendo que el único Dios mantenía esa posición. Algunos de los presbiterianos más extremos fueron conocidos como covenants debido al pacto que habían firmado con Dios. Las autoridades multaron, torturaron, ahorcaron y persiguieron a los covenants.

En 1684, un grupo de covenants de 100 miembros invadió Kirkcudbright, liberaron a los prisioneros presbiterianos en la cabina del paso y mataron al centinela. Graham de Claverhouse, un notorio seguidor del rey, atrapó a un pequeño cuerpo de covenants en el páramo de Auchencloy, y hubo una escaramuza. Cinco covenants fueron asesinados y tres capturados. Hay un monumento de piedra para los hombres muertos.

Auchenreoch: cerca de Brechin, Angus. Según la leyenda, allí se libró una batalla en el siglo XII entre el ejército de David I de Escocia y el *mormaer* o conde del mar de Moray.

Auchindoon or Auchindoun, 1640: tres kilómetros al este de Dufftown, Moray. Aquí tuvo lugar una escaramuza menor entre los covenants y los realistas durante los problemas religiosos en el siglo XVII.

Auchindoun Castle, 1592: tres kilómetros al este de Dufftown, Moray. En 1592, los Mackintoshes capturaron y destruyeron el castillo de Auchindoun en represalia por el asesinato de Gordon, el Hermoso Conde de Moray, quien era su aliado. Hay baladas conmemorativas de ambos eventos. El castillo en sí mismo, una casa-torre en forma de L, se erige como una ruina dentro de una fortaleza de la Edad de Hierro.

Auchtertool, 1316 o 1317: unos tres kilómetros al este de Kirkcaldy, Fife. Los escoceses derrotaron a los ingleses en la batalla librada durante la primera guerra de la independencia. Una pequeña flota inglesa navegó desde el Humber y amarró en Inverkeithing. Una fuerza escocesa, bajo el liderazgo del alguacil de Fife y posiblemente el conde Duncan de Fife, se retiró cuando los ingleses tocaron tierra. William Sinclair, el obispo de Dunkles y hermano de *sir* Henry Sinclair de Roslin se enojó ante la conducta del alguacil y reunió una pequeña fuerza. Cuando vio a los ingleses, se dice que agarró una lanza y atacó inmediatamente. Los ingleses se dirigieron atrás hacia el mar, muchos fueron asesinados por los escoceses y otros ahogados cuando sus botes zozobraron mientras intentaban escapar.

Auldearn, 9 de mayo de 1645: unos tes kilómetros a las afueras de Nairn, las Tierras Altas. Esta batalla fue librada durante las guerras civiles del siglo XVII.

El marqués de Montrose y su ejército realista derrotaron a los covenants bajo el liderazgo del teniente general John Hurry. Montrose habían saqueado la costa este, pero Hurry y el General Baillie llevaron dos fuerzas covenants para atraparlo. Montrose, con cerca de 1.500 hombres, evadió a Baillie, y esperaba derrotar a Hurry, que tenía alrededor de 3.000 soldados de infantería y 3.000 soldados de caballería. La mayoría de los covenants eran veteranos de Marston Moor. La batalla tuvo lugar en suelo pantanoso, donde quizá estaban mejor situados los escoceses de las Tierras Altas de Montrose y los hombres de Ulster que las tropas equipadas pesadamente de los covenants.

Montrose mandó a sus hombres al este de Auldearn; Hurry atacó desde el este con su infantería; su empuje inicial consiguió que los hombres de Ulster retrocedieran, hasta que su líder, Alasdair MacDonald, los condujo a su primera carga.

En un tiempo en el que la carga de los escoceses de las Tierras Altas era virtualmente irresistible, dice mucho sobre la infantería covenant que sus piqueros lucharan con gran coraje cerca de las porquerizas del pueblo. Los covenants solo fueron derrotados cuando Aboyne llevó a los Gordons al ataque. Sin embargo, es posible que un error de la caballería covenant, que cargó contra su propia infantería, ayudara también a la causa realista, pero Montrose, que tenía la esperanza de capturar Inverness, giró para enfrentar al general Baillie.

Ahora hay un panel de interpretación en un monte al lado de un palomar en el noroeste del pueblo, con un pequeño estacionamiento y la posada Covenanters donde los dos ejércitos tomaron contacto por primera vez. La vieja iglesia de Auldrean también tiene un monumento para los covenants que fueron asesinados.

Auldgown, 1586: también conocido como Aldgown. Esta batalla de clanes fue librada en los límites de Sutherland y Caithness por los Gunns y los Mackays en un lado, y los Sinclairs en el otro.

A finales del siglo XVI, los condes de Caithness y Sutherland eran enemigos, pero en 1586 acordaron una tregua y decidieron atacar al clan Gunn para echarlos del área. Afortunadamente, los Gunns se enteraron de que iban a ser atacados y se aliaron con William Mackay, el hermano de Hugh Mackay de Strathnaver. La fuerza combinada de Gunn-Mackay encontró a las fuerzas del conde de Caithness en Auldgown, y los embistieron antes que el conde de Sutherland pudiera ayudarlos. Los aliados mataron a Henry Sinclair, el primo del conde de Caithness, y alrededor de 140 de los soldados Sinclairs. En pequeñas represalias, el conde de Caithness colgó a John Gunn, uno de los nobles del clan a quien había mantenido prisionero en el castillo de Girnigoe.

. . .

Ayr, 836, Ayrshire, Strathclyde. Esta batalla es más mitológica que histórica, pero la historia dice que los británicos de Strathclyde derrotaron al ejército de Dalriadan.

Ayr, Barns of, mayo de 1297. Ayrshire, Strathclyde. En las primeras etapas de la guerra de la independencia, William Wallace atacó y quemó los graneros de los alrededores de Ayr, donde las guarniciones inglesas estaban durmiendo. Dijo que actuaba en venganza porque los ingleses habían matado una cantidad de caballeros locales, incluyendo al tío de Wallace. Se dice que murieron cerca de 500 ingleses, lo que parece una cifra muy alta y, según la leyenda, Wallace dijo, «los graneros de Ayr arden bien». Este evento ocurrió aproximadamente en lo que hoy en día es Mill Street en Ayr, y el monumento Barnweil, supuestamente marca el lugar donde Wallace se paró para mirar el incendio.

B

Baingle Brae, 844; Tullibody, Clackmannanshire; batalla legendaria en la cual Kenneth MacAlpin se dijo que había derrotado a los pictos, comenzando así la unificación de los escoceses.

Si esta batalla hubiera ocurrido realmente, se podría haber sido una de las más significativas de la historia escocesa.

Desafortunadamente, aparece más como una tradición que en cualquier documento histórico. En 843, Kenneth MacAlpin se convirtió en rey de Dalriada, posiblemente porque los pictos mataron a su padre. De acuerdo con la leyenda, reunió un ejército y marchó contra Kenneth. Los pictos acamparon en el banco norte del Forth, mientras Kenneth acampó en el este del río Devon, en un lugar conocido como Baingle Brae. Los escoceses juraron no bajar los brazos hasta que estuvieran muertos o victoriosos.

Al día siguiente, los dos ejércitos se encontraron en el lugar donde se alzaría la futura Abadía de Cambuskenneth, y los escoceses ganaron el día. De nuevo, según la leyenda, esta batalla unió a los escoceses y los pictos en una única nación que comenzó a ser conocida como Escocia. Es una bonita historia, pero probablemente apócrifa. No hay nada que pruebe que Kenneth gobernó incluso un Reino Unido, pero él tenía tanto sangre picta como escocesa, y movió la sede del reino de Dalridia al este, a lo que había sido territorio picto.

Ballyshannon, 1247: Condado de Donegal, Irlanda. Esta batalla parecería que fue peleada entre una alianza de galeses de Escocia e Irlanda por un lado, y los anglo-normandos por otro. Los anglo-normandos asesinaron al escocés Macsomairle mientras luchaba junto a Mael Sechlainn O'Donnell, rey de Cenel Conaill.

Balgillo, 1548; a las afueras de Dndee; esta fue una pequeña escaramuza durante el «cortejo duro», cuando la guarnición inglesa del castillo Broughty capturó al soldado francés D'Estanges.

Ballindalloch Castle, 2 de noviembre de 1590, catorce kilómetros al noreste de Grantown-on Spey. Durante las luchas religiosas del final del siglo XVI, el conde Gordon de Huntly asedio y tomó el castillo Grant de Ballindalloch.

Bann, 723; los anales de Tigernach recuerdan: «Flaithbertach llevó a la flota de Dalriada a Irlanda, y allí los masacró… y muchos se ahogaron en el río que es llamado Bann». Esta entrada parece recordar una incursión desastrosa de los escoceses de Dalriada en Irlanda.

· · ·

Bannockburn, 23 de junio de 1314: cerca de Stirling. Los escoceses, bajo el liderazgo del rey Robert I, derrotaron a los ingleses, liderados por el rey Edward II. Este fue el clímax militar de la guerra de la independencia y uno de los momentos definitorios de la historia escocesa.

El hermano del rey Robert, Edward Bruce, había estado asediando a los ingleses en el castillo de Stirling y había acordado con la guarnición que, a menos que fuera sustituido antes del Día de San Juan de 1314, el castillo se rendiría. Sabiendo que el honor obligaría al rey Robert a enfrentarlo en batalla abierta, Edward II reunió un ejército de un estimado de 20.000 hombres y marchó al norte. Robert podría contar con alrededor de 5.000 hombres.

Los caballeros ingleses fueron respaldados por alrededor de 15.000 hombres de infantería; muchos de ellos arqueros galeses. En contraste, los escoceses tenían pocos caballeros armados y quizás unos 500 hombres montados bajo el liderazgo del Mariscal Keith. La infantería escocesa probablemente representaba todas las partes del país, incluidas las Tierras Altas, Galloway y Hebrides. Los pocos arqueros escoceses eran del bosque Ettrick.

El rey Robert había intentado igualar las probabilidades eligiendo un campo de batalla con un terreno bastante suave para la caballería inglesa y el bosque de Torwood a sus espaldas en caso de retirada. Su posición también tenía el New Park para una cobertura cercana y el Bannock Burn en el centro. Ordenó a sus hombres que cavaran pozos entre el New Park y el Bannock Burn para atrapar a la caballería. También había *caltrops*, cuatro picas en punta que fueron diseñadas para empalar los cascos de los caballos y actuaron como un campo minado medieval.

La infantería escocesa se formó en cuatro anillos de lanceros, conocidos como *schiltrons*, que estaban posicionados entre el pantanoso Carse de Stirling y Torwood. La caballería no pudo penetrar los lanceros, pero la infantería proveyó blancos perfectos para los arqueros. El rey Robert lideró a los escoceses en persona, pero fue hábilmente respaldado por Thomas Randolph, el conde de Moray, Walter el Steward y James de Douglas. Edward Bruce, el último hermano sobreviviente del rey también comandó un *schiltron*.

Edward II de Inglaterra comandó el ejército inglés, con los condes de Gloucester y Hereford en la vanguardia inglesa. Cuando se movieron hacia delante, los arqueros de Ettrick se retiraron, alentando a los caballeros ingleses en una carga de galope. Después de que Bruce derrotara al caballero líder, Henry de Bohun, en un combate singular que debió haber asombrado a sus hombres, *sir* Robert Clifford condujo a 300 caballeros a través del Carse, pero los lanceros de Randolph bloquearon sus caminos hacia el castillo. Los ingleses se retiraron, habiendo perdido el primer asalto de la batalla.

La noche que los ingleses acamparon en el Carse, celebraron misa temprano por la mañana, seguido por un desayuno de pan y agua, y observaron mientras los escoceses avanzaban, cruzando el Carse. Cuando los escoceses se detuvieron, quizás para vestir sus filas o para recibir una bendición final, el rey inglés creyó que estaban esperando misericordia.

Debido al campo de batalla que Robert había elegido, la caballería inglesa no pudo reunir el impulso suficiente para una carga, y los lanceros escoceses los hicieron retroceder. El conde de Gloucester fue solo uno de los cientos que murió en las puntas de las lanzas. Como la infantería escocesa los obligó a retroceder, los ingleses fueron comprimidos en un espacio aún más limitado, pero sus arqueros comenzaron a pasarle factura a los escoceses.

Durante lo que quizás fue el punto crucial de la batalla, la caballería ligera de Keith dispersó a los arqueros ingleses, que habían demostrado ser los mayores ganadores de batallas en encuentros previos. Después de esto, el campo de batalla se convirtió en poco más que una escena de matanza.

Habiéndose deshecho de los arqueros, Bruce usó a los escoceses de las Tierras Altas Pero, aunque los escoceses fueran ganando, todavía eran superados en número. Los escoceses presionaban, gritando «a por ellos, a por ellos, fallarán»"

No había reservas escocesas, pero los seguidores campesinos, una multitud abigarrada de mujeres, comerciantes y los desarmados, se unieron al ataque. Según la leyenda, gritaron, «A por ellos ahora, todos morirán»" Esto fue suficiente para romper el espíritu inglés, que comenzó a retirarse.

De todos sus miles de hombres, solo 500 permanecieron para escoltar la huida del rey Edward hacia Dunbar, desde donde agarró un barco y navegó a la seguridad de Inglaterra. Un gran número de caballeros y Lores ingleses fueron capturados, 35 nobles ingleses fueron asesinados, con más de 200 caballeros y 700 nobles menores e incontables plebeyos. El rey Robert capturó también el castillo de Stirling. Esta fue posiblemente la victoria escocesa más grande contra los ingleses, y ciertamente la mejor recordada.

Hay una bella estatua ecuestre (de Pilkington Jackson) de Robert Bruce en el que habría sido en sitio de la batalla, y el National Trust for Scotland tiene un centro de interpretación con un comercio para el visitante interesado. Tiene instalaciones para discapacitados y niños. Sin embargo, más allá de la importancia de Bannockburn, los historiadores discuten la ubicación real de la batalla.

Barry, 1010: cerca de Carnouslie, Angus. En esta presunta batalla, los escoceses, liderados por Malcolm II, derrotaron a los daneses, liderados por Camus. Los daneses habían anclado su flota en la bahía de Lunan, al norte de Montrose, y habían tocado tierra en Red Head. Fallaron en un asalto al castillo de Brechin, pero le prendieron fuego al pueblo y a la iglesia antes de dirigirse hacia el este. Incendiaron los pueblos de Panbride y Arbirlot, y acamparon en Carnoustie, desde donde podían amenazar a todo Angus y el fértil Strathmore.

El rey Malcolm II ensambló su ejército en Dundee. Contaba con muchos caballeros locales, con quienes marchó hacia el norte, hacia Barry, donde posicionó su formación de batalla a una milla de los daneses. La lucha fue larga y sangrienta, pero finalmente los daneses se rindieron y huyeron. La leyenda local cuenta que su líder, Camus, fue asesinado en las alturas de Monikie, cerca del actual Country Park, mientras el río Lotchty Burn corría de color rojo por la sangre durante días.

«Lotchy, Lotchy es rojo, rojo, rojo
Porque ha corrido tres días con sangre»

La Cruz de Camus, en Monikie, en el Panmure Estate, seis kilómetros tierra adentro; se dice que conmemora la tumba del líder nórdico, pero la interpretación está abierta a dudas.

Bass Rock, Siege of the, 1691: Estuario de Forth. Bass Rock se encuentra a un kilómetro y medio de la costa, tres kilómetros al este de North Berwick. Hay un castillo que solía ser usado como una prisión real y fue objeto de ataques abortivos de parte de los ingleses en 1548 y 1549, pero posiblemente sus años más dramáticos fueron a finales del siglo XVII.

Cuando el rey Willian de Orange ascendió al trono en 1689, los jacobitas se rebelaron. La guarnición del castillo de Bass, bajo el liderazgo de *sir* Charles Maitland, se rindió por hambre en 1690, pero cuatro jacobitas fueron arrojados a las mazmorras. En junio de 1691, escaparon y encerraron a la guarnición. Cuando diecisiete jacobitas más dejaron el este de Lothian para reunirse con ellos, y los franceses les suministraron un par de botes, el Bass se convirtió en una notable amenaza para el transporte en el Forth. Los hannoverianos enviaron dos barcos de guerra para bloquear el acantilado de Rock, pero no fue hasta 1694 que los jacobitas accedieron a marcharse, con un indulto y un pasaje a Francia.

The Scottish Birdwatching Centre en el North Berwick tiene puntos de observación envidiables para observar la prolífica vida de las aves en el Bass, y en el verano hay viajes alrededor de la roca. Si el clima lo permite, es posible llegar a tierra.

Batayle Dormag (Batalla de Casting Stone), 1334: Isla de Bute. Esta escaramuza fue librada durante la segunda guerra de la independencia. Después de que Robert Steward capturara el castillo de Dunoon de los ingleses, John Gibson lideró a sus seguidores para atacar el castillo Rothesay en Bute. Alan de Lisle, el alguacil inglés, lanzó el primer ataque contra los escoceses, pero estos solo se retiraron hasta Barone Hill. Reunidos en un antiguo fuerte de la Edad de Hierro, los escoceses juntaron rocas y atacaron de nuevo. Una lluvia de piedras dispersó a los ingleses y, entonces, los hombres de Gibson tomaron las armas inglesas y el castillo también.

Barone Hill es un punto de referencia prominente en Bufe y, si lo escalas, ofrece vistas variadas, pero no hay un monumento que conmemore la escaramuza.

Bauds, the, alrededor de 962: páramo de Findochty, Banffshire. Indulf, rey de los escoceses, derrotó a Eric

Bloodaxe y a los daneses. Es posible que Indulf fuera asesinado o severamente herido durante la batalla porque murió muy poco después y fue enterrado en Iona. The Kings Cairn, en Findochty Moor, se dice que marca el lugar donde Indulf fue asesinado, o al menos herido.

Bauge, 21 de marzo de 1421, se libró al este de Angers, Francia. Los escoceses y los franceses derrotaron a los ingleses. Esta batalla fue librada en Easter Eve; los escoceses bajo el liderazgo de John Stewart, conde de Buchan, Wigtown, y *sir* John Stewart de Darnlwy; y los franceses bajo el señor de Lafayette. El duque de Clarence, presunto heredero de la corona inglesa, comandaba a los ingleses. Estaba entre los muertos.

Los ingleses tenían alrededor de 3.000 hombres, pero se habían dispersado para saquear botines. Un grupo de saqueadores capturó a un solitario caballero escocés y lo llevó frente al duque de Clarence. Hasta entonces, los ingleses desconocían la presencia de los escoceses. Clarence decidió atacar enseguida, aunque casi había oscurecido totalmente. El ejército inglés enfrentó a la vanguardia escocesa en el puente de Vieil-Bauge. Los ingleses trataron de flanquear a los escoceses, por lo que Clarence lideró una carga que hizo incursiones en los flancos escoceses y los empujó hacia el pueblo de Bauge.

Cuando llegó el cuerpo principal escocés, apoyado por los franceses, Clarence continuó su ataque, cargando colina arriba. Los escoceses avanzaron para encontrarse con ellos, y *sir* Alexander Buchanan mató al Duque de Clarence. El ejército inglés fue malamente derrotado, y perdieron a *sir* Gilbert Umfraville y a lord Ros, mientras que los escoceses capturaron al conde de Somerset y al conde de Huntingdon. El conde de Salisbury se retiró con los sobrevivientes.

Cuando el papa Martín V escuchó las noticias, supuestamente comentó que los escoceses actuaron como un antídoto contra los ingleses. Se dijo que el delfín de Francia le había preguntado a algunos detractores de los escoceses «¿qué piensan ahora de los comedores de cordero y bebedores de vino escoceses?». El conde de Bochan fue nombrado alguacil de Francia, y a John Stewart de Darnley se le concedió el señorío de Concressault.

La alianza franco-escocesa, una organización dedicada a recordar la Auld Aliance, ha erigido una placa en la iglesia de St. Symphorium, Vieil Bauge.

Benburb; junio de 1646. Esta batalla se libró en sur de Tyrone, Irlanda. Los confederados irlandeses derrotaron al ejército de los covenants escoceses.

En la década de 1640, un ejército de covenants escoceses fue enviado a Ulster para proteger a los colonos escoceses presbiterianos de los ataques irlandeses. Los covenants lograron empujar a los irlandeses más allá de sus plantaciones, pero, en 1646, hubo una escasez de alimentos.

El nuncio papal en Irlanda, Giovanni Rinuccini, ordenó al ejército irlandés, liderado por el veterano Owen Roe ONeill, que avanzaran contra los escoceses. El coronel Robert Munro lideró a los covenants en una expedición en búsqueda de alimentos, y los dos ejércitos se encontraron en Benburb.

Ambas partes buscaban una pelea, pero, mientras los escoceses estaban cansados tras una larga marcha, los irlandeses estaban frescos. La batalla comenzó al final de la tarde, cuando Munro le dio una paliza a los irlandeses con la artillería. O'Neil había experimentado en la guerra de Europa y había entrenado a sus tropas bien, por lo que su infantería repelió el ataque de la caballería escocesa. Cuando la luz se desvaneció, ONeill ordenó a su infantería que avanzara, y los escoceses se retiraron y quedaron atrapados en los bancos del río Blackwater. Cuando la infantería y la caballería escocesas se mezclaron en la oscuridad, el retiro se convirtió en pánico, y tuvieron que abandonar su artillería y muchos de sus mosquetes. Los escoceses perdieron alrededor de 2.500 hombres, mientras que los irlandeses solo perdieron 300, y la mayoría de las bajas escocesas ocurrieron durante la retirada.

El papa y Giovanni Rinuccini estaban jubilosos, esperando un renacimiento católico en Irlanda, pero los escoceses que permanecían en Ulster lograron consolidar su posición. El centro de visitantes en Benburb, situado en una fábrica de tejidos al lado del Old Ulster Canal, tiene muestras de esta gran victoria irlandesa.

Benquhillin, 1601: Isla de Skye. En esta batalla de Clanes, los macDonalds de Sleat derrotaron a os macLeod de Dunvengan. MacDonald de Sleat se había casado con la hermana de MacLeod de Dunvegan, pero se divorció de ella en favor de una hermana de Mackenzie de Kintail. Enfurecido por este desaire a su familia, MacLeod reunió a su clan y acosó las tierras de MacDonald en Trotternish. Para vengarse, MacDonals desbastó las islas de MacLeod en Harris, matando a mucha gente y, luego, atacando las tierras de MacLeod en Skye. Los macLeods se encontraron con los macDonalds en una montaña llamada Benquhillin. Los macDonalds derrotaron a los macLeods, y capturaron a su líder, Alexander, el hermano del jefe, y a treinta hombres también.

.   .   .

Bealach Glasleathaid, alrededor de 1485. Se libró cerca de Kintail, las Tierras Altas, durante una disputa entre los mackenzies y los macLeods de Gairloch. En esta batalla, los mackenzies de Hector Roy y los Macraes derrotaron a MacLeod de Gairkoch. La batalla se destaca por las hazañas de Donnacha Mor na Tuagh (Big Duncan del hacha de la batalla) y su hijo Douglas, ambos eran Macraes.

Bealach na Broige, tanto la fecha como el lugar de esta batalla están en disputa. Ha sido fechada en 1299, 1369 y 1452, y la localización ha sido dada como cerca del lago Broom y hacia el noroeste de Ben Wyvis. El vencedor es incierto también. Aparte de estas dificultades menores, recibe también diferentes nombres, tales como Bealach nam Broig, Bealach Nam Borg, Beallighne-Broig y Beakach na Broige, pero todos parecen significar «paso del Brogue». Es posible, pero no menos cierto, que se luchara cerca de Fodderty en el paso entre Ben Wyvis y Carn More.

Los participantes, sin embargo, son bastante constantes. Por un lado estaban los clanes de Wester Ross, y por el otro el conde de Ross con los munros y los dingwalls. Hubo una disputa entre los clanes del oeste y los del conde, que vivía en el este, y los del conde respondieron apresando a uno de los jefes de los clanes del oeste, quien no queda claro, pero algunos lo nombran como Donald Garve MacIver. Los clanes del oeste tomaron represalias y capturaron a una persona importante, posiblemente el hijo del conde de Ross, y se retiraron hacia el oeste. Los clanes del oeste pueden haber sido los mackenzies y los macraes. Los munros y los dingwalls los persiguieron, y las dos fuerzas se encontraron en un lugar llamado Bealach na Broige. Hubo una lucha terrible con muchas bajas; un relato reportó que William Dingwall de

Kildun y 140 dingwalls fueron asesinados, así como once munros de Foulis, mientras que los macIvers, los macAulays y los macLeays casi fueron aniquilados. Los prisioneros fueron rescatados.

Otra versión mucho más romántica cuenta que la batalla tuvo lugar por el deseo de Euphemia, condesa de Ross, de casarse con el jefe de los mackenzies, con los aditivos usuales de tortura, intriga, prisión y un valiente hombre defendiendo un pase contra un ejército que lo persigue.

Benrig, 1382. Esta escaramuza menor fue librada cerca de St. Boswells, Roxburghshire, fronteras escocesas. Los escoceses, bajo el liderazgo de George Dunbar, conde de Dunbar y March, derrotó a los ingleses.

En este periodo, los ingleses ocupaban el castillo de Roxburgh, uno de los más poderosamente fortificados en el sur de Escocia. Ralph Baron de Gaistock marchó desde Inglaterra para convertirse en el nuevo gobernador del castillo, cuando el conde de March atacó su caravana y lo tomó prisionero. El conde retuvo al inglés por un rescate.

Bern Bige, 1598 Islay: Esta batalla ocurrió durante una disputa de larga data entre los macDonalds y los macLeans. Héctor Mor MacLean de Duart lideró una combinación de clanes, incluyendo los macLeods de Harris, los macNeil de Barra y los macKinnons, para derrotar a los macDonalds de Dunyveg. Esta fue parte de la disputa entre los macDonalds de Islay y los MacLean de Duart.

Berwick upon Tweed

Hoy en día, Berwick se encuentra a unos pocos kilómetros al sur de la frontera inglesa, con un formidable anillo de muros de piedra isabelinos que guardan su centro histórico. La ciudad ha cambiado de manos entre escoceses e ingleses catorce veces, haciéndola posiblemente la ciudad medieval más deseada de Europa. Los escoceses la reclamaron en 1018, y se convirtió en la más próspera de todas las ciudades en Escocia hasta 1296, cuando Edward I de Inglaterra empezó siglos de guerras. En 1482, Inglaterra la reclamó por última vez. A pesar de que la estación de tren ahora se encuentra en el lugar donde se alzaba el castillo medieval, hay fragmentos del castillo al costado del río Tweed, y las murallas de Berwick del siglo XVI son un recordatorio de los días en los que esta ciudad fue una de las fronteras más disputadas en Europa.

Algunos de los encuentros más notables se detallan a continuación:

Berwick, 1216. El rey John de Inglaterra capturó y saqueó la ciudad. Había habido problemas unos años antes cuando los ingleses intentaron construir un castillo en Tweedmouth, enfrente de la ciudad escocesa, por lo que ya entonces Berwick se estaba convirtiendo en un típico asentamiento fronterizo.

Berwick, 30 de marzo de 1296. Después de una disputa sobre quien debía ser el rey de los escoceses tras la muerte de Alexander III, Edward Plantagenet de Inglaterra reclamó que él era el lord supremo de Escocia. Cuando el rey John Balliol finalmente disputó el reclamo, Edward invadió.

Un ejército inglés veterano arribó antes a Berwick, el puerto principal de Escocia y el centro del comercio de la lana. En este periodo, los escoceses no estaban acostumbrados a la guerra y se burlaron del ejército inglés. Edward Plantagenet montó a Bayard, su caballo favorito, a través de la endeble zanja defensiva y atravesó la empalizada en el primer asalto. Los ingleses no tuvieron dificultades para sobrepasar las defensas escocesas. La más seria resistencia vino de parte de un grupo de mercaderes flamencos que defendían el Red Halla y habían matado al primo de Edward Richard de Cornwall. Como Berwick había resistido, Edward le dio permiso a su ejército para saquear la ciudad. Al menos 7.000 civiles fueron asesinados en el castillo, comandados por *sir* William Douglas *le Hardi*, quien se entregó sin resistirse.

La matanza en Berwick agrió las relaciones entre Escocia e Inglaterra por generaciones.

Berwick, 1317/18. Durante las guerras de laiIndependencia, el inglés *sir* Robert Neville, conocido como «el pavo real del norte», dijo que atacaría a *sir* James Douglas. Douglas llevó a un grupo de hombres a las afueras de Berwick y plantó su estandarte a forma de un desafío. Neville sacó a sus hombres después del amanecer, pero, cuando vio a Douglas, se movió a una colina cercana y esperó a que los escoceses atacaran. Cuando Douglas avanzo hacia arriba, Neville se movió colina abajo, y las dos fuerzas se encontraron. Douglas mató a Neville, capturó a sus dos hermanos y derrotó a los ingleses, después de lo cual hizo una incursión en Inglaterra.

Berwick, 2 de abril de 1318. Durante las guerras de la independencia, los escoceses volvieron a capturar la ciudad de manos de los ingleses. Robert I bloqueó Berwick tan cerradamente que los habitantes tuvieron que comerse a sus caballos, mientras el ingeniero flamenco John Crabbe comandaba a los corsarios flamencos para detener a los barcos de abastecimiento ingleses. En el evento, un burgués inglés ayudó a James Douglas y a Thomas Randolph a atravesar el muro y tomar la ciudad, y el castillo se rindió poco tiempo después.

Berwick, julio de 1319. Edward II rodeó Berwick, pero Walter Steward y John Crabbe repelieron cada ataque. El rey Robert llevó una fuerza a Inglaterra con la intención de capturar a la reina de Edward en York. Los ingleses del norte se retiraron del asedio para defender sus tierras, y Edward fue dejado con un ejército demasiado pequeño como para ganar, por lo que tuvo que abandonar el asedio.

Berwick, 1333. Cuando la segunda guerra de la independencia empezó en 1332, los ingleses de nuevo asediaron Berwick. El asedio fue largo, y los ingleses recibieron ayuda del ingeniero flamenco John Crabbe. Una combinación de asaltos por tierra y mar fallaron, sin embargo, los barcos ingleses aprovecharon la marea alta y, en un intento de destruirlos con fuego, incendió una parte de Berwick. La ciudad solo se rindió cuando un ejército de relevo escocés fue aniquilado en Halidon Hill..

Berwick, 1482. En su retirada de otra invasión a Escocia, los ingleses capturaron Berwick por última vez. La ciudad aún permanece en manos inglesas.

Blackearnside, 1298: norte de Fife. Esta batalla fue librada durante la primera guerra de la independencia. Edward I de Inglaterra ordenó una doble invasión de Escocia tras la derrota inglesa en el puente de Stirling. Una parte del ejército, bajo el liderazgo de Aymer de Valance, desembarcó en Tentsmuir, en Fife, y marchó hacia Perth. De acuerdo con Blind Harry, Wallace se refugió cerca de Lindores y convocó a los hombres de Fife para defenderse de la invasión.

Los escoceses interceptaron a los ingleses en Blackearnside y los derrotaron en lo que parece haber sido un pequeño encuentro salvaje. *Sir* Duncan Balfour fue asesinado por el lado escocés.

Blackford, 1297. Se libró en Strathearn, Perthshire. Fue una supuesta victoria de William Wallace sobre una pequeña fuerza inglesa que estaba cruzando el vado de Allan Water en Blackford.

Blair Castle, 1746: Blair Atholl, Perthshire. Este castillo tan alterado es el hogar del duque de Atholl y cuenta con el único ejército privado de Europa. Los hombres de Cromwell lo capturaron a comienzos de la década de 1650, pero es bien conocido por su papel durante el alzamiento jacobita en 1745. Primero lo ocuparon los hannoverianos después de que Charles Edward Stuart marchara al sur, y en 1746 lord George Murray lo asedió para los jacobitas. Es recordado por haber disparado siete balas de cañón a través del techo. Blair Castle tiene el elogio de ser el último castillo en ser asediado en Bretaña.

El castillo está abierto al público.

Blar- Tannie alrededor de 1438, Caithness. La tradición habla de una batalla de clanes en la cual los keiths y los mackays derrotaron a los hombres de Caithness, posiblemente los sinclairs. Los keiths tenían una disputa con los hombres de Caithness y le pidieron ayuda a los mackays. Angus Mackay de Strathnaver y John Mor Maclan-Riabhaich desde Assynt lideró a los mackays cuando se unieron a los keiths e invadieron Caithness. Los hombres locales se encontraron con ellos en una ubicación desconocida, conocida como Blar-Tannie, y allí hubo una batalla con muchas bajas en ambos bandos. Los keiths salieron victoriosos, y los mackays afirmaron que John Mor Maclan-Riabhaich jugó una parte principal en el conflicto.

Blar-na-Leine, 15 de julio de 1544. El nombre se traduce como «el campo de camisas», llamado así porque los combatientes lucharon vestidos solo con sus camisas, pero también se lo conoce como «*Kin-Loch Lochy*» porque se libró en la cabecera del lago Lochy cerca de Inverness, en las Tierras Altas.

La batalla fue librada entre el clan ranald y los frasers en una disputa sobre la propiedad de la tierra. Ganó el clan ranald al matar a lord Lovat y a su hijo y heredero, pero Ranald Gallda, del clan ranald, también fue asesinado. Alrededor de 800 hombres se involucraron y, de acuerdo con la tradición, solo catorce estaban vivos al anochecer. La tradición también dice que se dejaron 80 viudas embarazadas, y cada una de ellas produjo un hijo para reponer el clan fraser. De acuerdo a la leyenda, se decía que estos ochenta hombres se encontraron en Tomnahurich en 1574 cuando el Regente Moray ordenó al nuevo lord Lovat reunir a su clan contra Huntly.

Blai na park, 1491, aunque otras fuentes dicen 1476 0 1488. Esta batalla fue librada a un kilómetro al oeste de Strathpeffer, en Easter Ross, cerca de lo que actualmente es

Jamestown. Como es frecuente en las batallas de clanes, diferentes fuentes dan diferentes interpretaciones de la batalla, pero están de acuerdo en que los mackenzies derrotaron a los macDonalds.

Los relatos más consistentes dicen que, después de que un músico irlandés asesinara a Angus Og MacDonald en Inverness, *sir* Alexander MacDonald de Lochalsh, Alasdair Mac Gilleasbuig, reunió una fuerza y marchó al este para recuperar el condado de Ross. En este tiempo también hubo una disputa entre los macDonalds y los mackenzies, que había empezado tras un intercambio de insultos entre los jefes y continuó cuando Kenneth Mackenzie había enviado a su esposa MacDonald tuerta de regreso con su padre, montada en un caballo tuerto y con un sirviente tuerto.

Alexander MacDonald lideró a 1.500 hombres, incluyendo un contingente, desde Islay hacia Kinellan, en Strathpeffer, e incendió la iglesia de Contin. La congregación se encontraba en su interior en ese momento. Kenneth Mackenzie reunió 600 hombres y luchó contra los macDonalds en Blair na Parc, cerca de Jamestown. Duncan MacRae, uno de los campeones de Mackenzie, luchó hacha contra hacha con Lachlan Mac Thearlaich MacLean en un combate personal, y MacRae ganó. Los mackenzies ganaron la batalla y persiguieron a los macDonalds hasta Strathconon.

Blathlvag, 12 de agosto del año 729; noreste de Pitlochry, Perthshire. Esta batalla fue entre Oengus MacFergus y Drostan, que fueron competidores por el reino de los pictos. Como es usual con las batallas de esa era, hay poca información al respecto, pero parece que Oengus salió victorioso.

· · ·

Bloody Bay, 1480 o 1481, se libró a las afueras de Mull. La fecha y la localización exacta de esta batalla marítima está en disputa, pero fue una lucha de poder entre John, lord de las islas, y su hijo Angus por el control del señorío. Fue posiblemente la última pelea entre galeras a gran escala en las islas. Por este tiempo, la corona estaba comenzando a erosionar el poder de macDonald sobre las islas, y John había estado regalando tierras a los clanes que lo apoyaban, mientras el clan donald apoyaba a su hijo ilegítimo Angus Og.

Angus Og reunió a sus galeras, pero el mal clima lo mantuvo en la costa norte de Ardnamurchan. Cuando el clima mejoró, rodeó el punto y navegó hacia el lago Sunart. Vio una galera que creyó que provenía de MacLean, pero era realmente de Ardgour ya que la flota de John se había reunido para apoyarlo. Sobrevino una lucha general, con un número desconocido de galeras. Angus Og tenía al menos cuatro, posiblemente más, y había al menos cinco del bando de John. Cuando las fuerzas de John se quebraron, dos galeras persiguieron el barco de MacNeil de Barra.

Angus Og MacDonald salió victorioso. Sus fuerzas hirieron severamente al heredero de MacLeod y asesinaron a MacLeod de Harris durante la batalla. Angus Og se convirtió efectivamente en la cabeza del clan macDonald, y John se convirtió en un protegido de la corona. Angus Og fue el último macDonald lord de las islas cuando el rey James IV perdió el título unos pocos años después.

Bloody Mire, 1164: ver Renfrew.

Bloody Pits, 953 o 1004, cerca de Gamrie, hoy conocido como Gardenstown, Aberdeenshire. Los escoceses derrotaron a los daneses. Después de sufrir una derrota más al sur, una fuerza de asalto danesa tuvo que retirarse hacia Caithness. Una tormenta los forzó a adentrarse en la bahía Gamrie, donde mandaron una fuerza a tierra para atacar. Quizás 600 hombres desembarcaron en Braid Sands para una orgía de saqueo, antes de retirarse con sus barcos. Sin embargo, el terrateniente local, Mermane, Mormaer de Buchan, había reunido sus fuerzas y esperaba en Castle Hill. Los nórdicos se retiraron a una distancia segura e intentaron distraer a los escoceses para que abandonaran sus posiciones defensivas.

Sabiendo que la mayoría de sus hombres solo eran granjeros, mientras que los nórdicos eran asaltantes profesionales, se dijo que Mermane había rezado por ayuda, jurando construir una iglesia si le fuera otorgada la victoria. Mientras enviaba a la mitad de su ejército alrededor de Mhor Head para permanecer arriba de los daneses, él lideró a los restantes en un ataque a través de un valle poco profundo. Los daneses se retiraron a la cima de Mhor Head cuando las flotas Nórdicas desembarcaron refuerzos. Los daneses cargaron, llevando a los escoceses colina abajo, pero noticias de la invasión se habían dispersado, y arribaron los refuerzos escoceses. Los escoceses hicieron retroceder a los nórdicos, atrapándolos en el punto de Head, donde fueron reducidos. Después de la batalla, los cuerpos daneses fueron clavados en picas, donde los lobos se los comieron, por lo que la batalla comenzó a conocerse como «picas sangrientas». Una iglesia fue construida en el lugar de la batalla, dedicada a St. John, pero a menudo conocida como la «Iglesia de las Calaveras» después que las calaveras de tres daneses fueran exhibidas allí.

Bloody Vespers, 1 de enero de 1555, lucha en la catedral de Elgin, Moray, entre los seguidores de William Innes y los de Alexander Dunbar. Cerca de 80 dunbars lucharon contra 120 hombres del clan innes en y alrededor de la catedral. Parece que William, el 15° jefe de los inneses, intentó asesinar a Alexander Dunbar, el prior de la abadía de Pluscarden, este incidente menor es presuntamente lo que dio inicio a la disputa.

Bonnymuir, abril de 1820; cerca de Falkirk. Un cuerpo de tejedores radicales de Glasgow fue derrotado cerca de Falkirk por destacamentos de húsares y un cuerpo de caballería voluntaria.

Escocia tiene una larga tradición radical, pero el gobierno británico, siempre temeroso de la propagación de las tendencias revolucionarias de Francia, reprimió con la fuerza cualquier intento de republicanismo. Durante y después de la guerra napoleónica, las condiciones en Escocia se deterioraron para muchos trabajadores, pero los tejedores manuales sufrieron particularmente. Después de una serie de huelgas, los radicales que esperaban reformas políticas se reunieron en varias ocasiones. Hubo disturbios en Paisley, y agitación a lo largo del país. Algunos hombres hablaron de establecer una república escocesa, pero otros solo de una huelga general. En abril de 1820, se dio una orden para una huelga general, o bien por los radicales, o por los agitadores del gobierno. Hubo más disturbios y, en Bonnumuir, el cuerpo de caballería voluntaria de Stirlingshire y unos pocos de los húsares se encontraron con una pequeña partida de radicales y capturaron a la mayoría.

En total hubo 88 hombres acusados de traición, pero los jurados simpatizantes absolvieron a la mayoría. Tres hombres fueron ejecutados, incluyendo la última decapitación en Escocia, y veinte fueron transportados a Australia.

. . .

Boroughmuir, 30 de julio de 1335, Edimburgo. Durante la segunda guerra de la independencia, la especialidad del conde de Moray fue atacar las columnas de abastecimiento inglés. Tenía también una red de patriotas, y uno de ellos le dijo que Guy de Namur, primo de la reina Philipa, estaba liderando una fuerza para unirse al ejército principal inglés en el centro de Escocia. Moray, con el conde de Dunbar, *sir* Alexander Ramsay, y Lawrence Preston interceptó al enemigo en Boroughmuir. *Sir* William Douglas y sus hombres, que se habían refugiado en Pentland Hills, se unieron a Moray.

Los escoceses forzaron a Namur a retroceder hasta el castillo de Edimburgo, que estaba en ruinas. Namur y los ingleses mataron a sus caballos e hicieron una barricada con los cadáveres, pero fueron forzados a rendirse al día siguiente.

Moray acordó con Namur no luchar en Escocia otra vez y lo escoltó caballerosamente hacia la frontera. En el regreso de Moray a Edimburgo, los ingleses los emboscaron, y estuvo prisionero durante cinco años.

Boroughmuir, 1571, Edinburgh, escaramuza librada durante la guerra civil entre los kingsmen y los queensmen. Los kigsmen apoyaban al joven rey James VI, y los queensmen apoyaban a la reina católica Mary.

Sir William Kirkcaldy de Grange guardó el castillo de Edimburgo para la reina y envió a 200 hombres desde el castillo para atacar al kigsmen regente Morton cerca de Powburn. Los hombres de Morton rechazaron el asalto con pérdidas.

Borthwick Castle, 1567: Midlothian, cerca de dieciséis kilómetros al sur de Edimburgo. Los Lores confederados que apoyaban a los escoceses protestantes sitiaron a la reina católica Mary y a Bothwell dentro del castillo. Cuando la reina Mary se casó con James Hepburn, conde de Bothwell, se volvió más impopular. Además, Bothwell era sospechoso de asociación en el asesinato del segundo marido de Mary, lord Darnley. Los recién casados huyeron al castillo de Borthwick. Una fuerza de alrededor de mil hombres sitió el castillo, demandando que Bothwell se rindiera y Mary encontrara otro marido. Bothwell huyó hacia la libertad, dejando a Mary atrás. Disfrazándose como un hombre, Mary bajó el muro del castillo y escapó, pero la tragedia de su reinado continuó.

Borthwick Castle, 1650: Midlothian. Este corto asedio ocurrió durante la invasión de Cromwell a Escocia. El ejército cromweliano asedió el castillo, que luego se rindió tras un breve bombardeo de artillería, pero las cicatrices aún se pueden ver.

Bothwell Bridge, 22 de junio de 1679: sudeste de Bothwell, Lanarkshire, Strathclyde. A finales del siglo XVII, el rey Charles II quería que todos sus reinos fueran episcopales y ordenó la persecución de los escoceses presbiterianos. Los presbiterianos del sudeste de Escocia incluían un gran número de covenants dedicados, hombres que habían formado una alianza con el lord y se rehusaban a reconocer a cualquier rey o autoridad por encima de su iglesia.

La batalla fue librada cuando las campañas anti-covenants estaban en su apogeo. Los covenants habían derrotado a una fuerza real bajo el liderazgo de Graham de Claverhouse y, después, habían marchado hacia Glasgow. Claverhouse repelió el ataque en la ciudad. Preocupado de que la insurgencia se diseminara, el gobierno convocó a la milicia.

Los covenants se reunieron en Rutherglen, y el duque de Monmouth tomó el control del ejército escocés. El 19 de junio, Monmouth marchó al corazón del terreno covenant en el oeste del país. Cerca de 5.000 covenants bajo el liderazgo de Hackston de Rathillet esperaban en el puente de Bothwell. Eran principalmente de infantería, con John Balfour de Kinloch comandando los caballos que tenían. Monmouth tenía cerca de 2.000 soldados.

Cuando Hackston levantó una barricada en el puente, Monmouth ordenó un cañoneo, a lo que el único cañón de los covenants apenas pudo responder. Sin embargo, los covenants mantuvieron su posición hasta que la guardia de infantería avanzó, cuando la caballería covenant se quebró y huyó. La infantería luchó lo mejor que pudo, enfrentando a los dragoneantes de Claverhouse, así como la infantería y artillería real, hasta que también cayeron. El ejército real capturó cerca de 1.200 covenants, enviando a muchos de ellos como esclavos a las plantaciones americanas.

Hay un obelisco tallado en el norte del puente, marcando el sitio donde se libró la batalla.

Bothwell Castle, 1298-1299: lanarkshire, Strathclyde. Este castillo estratégicamente posicionado comandaba uno de los principales puntos de cruce de Clyde. Construido en el comienzo de la mitad del siglo XIII, estaba destinado supuestamente a ser uno de los más bellos castillos en Christendom y no fue probado en la guerra hasta el final de ese siglo, cuando Edward Plantagenet de Inglaterra inició siglos de amargas peleas. En 1296, los ingleses invadieron Escocia y ocuparon la mayoría de los castillos, incluyendo Bothwell. Después de la sorpresa inicial causada por la invasión, los escoceses gradualmente se reafirmaron a ellos mismos con una lenta campaña de reconquista. Los escoceses asediaron a los ingleses en Bothwell durante catorce meses antes que el castillo famélico se rindió.

Bothwell Castle, septiembre de 1301, Lanarkshire, Strathclyde. Edward Plantagenet de Inglaterra invadió Escocia nuevamente. Tomó un ejército de cerca de 7.000 hombres y el *belfry*, uno de los instrumentos de asedio que le encantaba usar, para atacar el castillo de Bothwell. El *belfry* era una máquina alta que le permitía a los atacantes alcanzar la parte superior de la torre principal sin usar escaleras laterales. Los ingleses capturaron el castillo en tres semanas y mantuvieron el castillo hasta 1314, cuando se rindieron a raíz de la victoria escocesa de Bannockburn.

Bothwell Castle, octubre de 1336, Lanarkshire, Strathclyde. Con el rey Robert I y su banda de capitanes veteranos ya muertos, los ingleses invadieron Escocia otra vez. Capturaron el castillo Bothwell una vez más, y Edward III de Inglaterra usó el castillo como su cuartel general.

Bothwell Castle, 1337: Lanarkshire, Strathclyde. Andrew Murray de Bothwell capturó el castillo para los escoceses y destruyó gran parte de las construcciones para negarle el uso a los ingleses.

Boutree Church, 1390: Aberdeenshire. Durante los disturbios de la década de 1390, el rey Keith asedió a su propia tía en el castillo Fyvie. Su tío, Lindsay de Crawford, reunió un ejército de 500 hombres con reputación y marchó para liberar Fyvie. Las dos fuerzas se encontraron en batalla en la iglesia de Bourtree, en el Garioch, y Keith fue derrotado con una pérdida de cincuenta hombres.

Borve, Castle of, alrededor de 1555. Strathnaver, Sutherland. Cuando los mackays devastaron Sutherland, sus jefes fueron convocados para aparecer ante el regente de la reina. Cuando no aparecieron, el regente de la reina envió una comisión con el conde de Sutherland contra ellos. El conde invadió el país de Mackay de Strathnaver, asaltando el castillo de Borve y colgando al capitán del castillo. Mackay también fue capturado y aprisionado en Edimburgo.

Boyne: cerca de Banff. Legendaria batalla entre los escoceses y los nórdicos en la llanura costera al oeste de Banff. Posiblemente lucharon cerca de Boyndie, en un pequeño río llamado Boyne; y los nórdicos ciertamente arrasaron esta costa.

Braes, Batalla de Skye, 19 de abril de 1882. Arrendatarios lucharon por el derecho a las tierras. Después de un siglo de autorizaciones y gastos, en la década de 1880, los escoceses de las Tierras Altas y los isleños estaban amargados, desmoralizados, despoblados y resentidos. En el Braes, un área al sur de Portree, en Skye, la facción de Macdonald había retirado tierra comunal para usar en la caza de ciervos. Cuando varios municipios habían sido privados de su pastoreo en Ben Lee, los arrendatarios retuvieron sus alquileres en protesta, demandaron que sus tierras de pastoreo fueran devueltas y destruyeron las órdenes de desalojo de lord Macdonald.

Macdonald llamó a la policía desde Glasgow, pero los arrendatarios se encontraron con ellos con un granizo de piedras y rocas. La policía tomó represalia con una carga de bastonazos, pero los arrendatarios y sus esposas respondieron con postes y palos, aunque la policía hirió a algunos de ellos. La policía arrestó a cinco hombres de Braes, pero hubo apoyo a nivel nacional para los arrendatarios, y una suscripción juntó dinero para pagar sus multas.

Se llegó a un acuerdo cuando los arrendatarios retornaron con sus animales a Ben Lee, pero ahora tenían que pagar la renta. Otros arrendatarios siguieron el ejemplo del Braes para exigir una tenencia de la tierra más justa. Con la opinión pública ahora del lado de los arrendatarios, el gobierno estaba preocupado por la rebelión escocesa. Una comisión de investigación liderada por la participación de los arrendatarios actuó en 1886 y ayudó a la seguridad de la tenencia. Hay un monumento para este incidente cerca del ayuntamiento de Breas.

Breas of Atol, 17 de marzo de 1746: al norte de Pentshire. Este episodio es también conocido como «la redada de Atholl. Ocurrió cuando los jacobitas se retiraron hacia el norte después de su intento de rebelión en 1745. Lord George Murray y Cluny Macpherson atacaron a los puestos de la milicia de Hannover en Braes of Atholl, en Strathtay. Los jacobitas salieron completamente victoriosos porque mataron a unos pocos milicianos de los campbell y capturaron a los restantes sin perder ni un solo hombre.

Braes of Strathdearn, 1645: Strathdearn, las Tierras Altas. Una escaramuza de clanes cuando una redada de ganado por los camerons en Moyness, cerca de Auldearn, en

Moray, salió muy mal. Los grants, que eran propietarios del ganado, persiguieron a los camerons y los atraparon en Strathdearna. Los grants mataron al menos a ocho camerons e hirieron gravemente a otros doce.

Braemar Castle, 1689: Upper Deeside, 80 kilómetros al norte de Perth. Este castillo fue construido en 1628 y, durante el levantamiento jacobita de 1689, John Farquharson, el coronel Black de Inverey, atacó, matando al gobernador, John Erskine.

Brander, Pass of, cabecera del lago Awe, Argyll. Esta batalla fue librada durante la primera guerra de la independencia. En el proceso de derrotar a sus enemigos domésticos para poder concentrarse en los ingleses, el rey Robert I marchó hacia el oeste para dominar a los macDougalls de Argyll, que eran aliados de los ingleses. Los macDougalls, bajo John, hijo del jefe, tomaron una posición alta en el paso de Brander, donde Ben Cruachan se junta con eñ lago Awe. No había otro camino a través de las colinas, y los macDougalls esperaban en la ladera, arriba de un camino estrecho. John de Lorne estaba enfermo, por lo que miraba la lucha desde una galera en el lago.

El rey Robert envió a James Douglas y a un grupo de escoceses de las Tierras Altas a la cresta del paso por encima de la posición de MacDougall, mientras él marchaba con su fuerza principal a lo largo del camino. Cuando los macDougalls atacaron al cuerpo principal del rey, Douglas llevó a sus escoceses abajo en una inesperada emboscada, los hombres de Robert y Douglas persiguieron a los macDougalls a través del río Awe hacia los muros de Dunstaffnage pero John MacDougall de Lorne escapó por el lago.

. . .

Brechin, or Huntly Hill, 18 de mayo de 1452; librada tres kilómetros al noreste de Brechin, Angus. Escocia se encontraba en una guerra civil cuando el rey James II escuchó que el conde de Douglas había hecho un pacto con el lord de las islas para dividir Escocia entre ellos. El rey invitó al conde a encontrarse con él bajo un salvoconducto y lo asesinó. El conde «Beardie» Crawford estaba en el bando de los douglases durante la rebelión subsecuente y convocó a sus kingsmen y seguidores en Angus. El rey ordenó al conde de Huntly a marchar al sur, mientras él lideraba un ejército al norte.

Crawford tenía a los lindsays y a Collace de Balnamood en su fuerza, y se encontró con el ejército de Huntly en el Haercairn, tres kilómetros al noreste de Brechin. Al principio, Crawford salió victorioso, pero discutió con lord Collace, quien cambió de bando rápidamente, junto con sus 300 seguidores. La traición le costó a Crawford la batalla. Entre las bajas del bando de Crawford estaban *sir* John de Brechin y el terrateniente de Pitcairlie. El conde Crawford se retiró hacia el castillo Finhaven, donde declaró que en lugar de perder la batalla «se contentaba con siete años en el infierno con latigazos». Los linsays también lamentaron la derrota. Ellos habían ido vestidos de verde y una rima posterior decía que:

«Un Lindsay con verde
nunca debe ser visto»

Después de la batalla, Crawford devastó las tierras de Collace.

Brechin, Bourd of 1572. Angus. Durante la guerra civil entre los seguidores de la reina católica Mary y el rey protestante James VI, Adam Gordon de Auchindown luchó por Mary. Tras derrotar a los forbeses en Craibstane, Auchindoun llevó a sus hombres al Mearns y comenzó a quemar y destruir. Como él había asediado al castillo de Glenbervie, el conde de Crawford, lord Grey, lord Ogilvy y lord Glamis se reunieron en un ejército y marcharon para luchar contra él.

Crawford acampó en Brechin, pero Auchindoun llegó por la noche, mató a sus centinelas y capturó tanto la torre como el castillo. Crawford se retiró rápidamente, pero cuando se dio cuenta de que su ejército superaba con creces al de Auchindoun, reunió a sus hombres. Los ejércitos lucharon una segunda vez, pero los gordons de Auchindoun dispersaron a los hombres de Crawford en la primera carga. Cerca de 80 hombres de Crawford fueron asesinados y muchos capturados, incluido lord Glamis.

Bressay Sound, 13 de junio de 1640: a las afueras de Shetland. En un tiempo cuando España y los Países Bajos estaban en guerra, diez barcos españoles atacaron a un barco de guerra holandés y a tres veleros holandeses que se ocultaban en Bressay Sound. El barco de guerra holandés se entregó, dos de los veleros holandeses fueron hundidos, y el otro encalló en Brunthamarsland.

Bressay Sound, 1655: a las afueras de Shetland. Durante la guerra anglo-holandesa, hubo una escaramuza menor entre los navíos ingleses y holandeses en Bressay Sound. Los ingleses salieron victoriosos.

. . .

Bressay Sound, 1702, Shetland. Durante la guerra del rey William entre los holandeses y los franceses, seis barcos de guerra franceses atacaron a la flota de arenque holandesa en Bressay Sound. Cuatro barcos holandeses escoltaron a la flota de arenques, pero solo uno era un barco de guerra, el resto eran mercaderes armados. Cuando los franceses hundieron el barco insignia holandés, los escoltas restantes huyeron. Los franceses incendiaron al menos 150 barcos pesqueros holandeses.

Brig o' Dee, 18 y 19 de junio de 1639: en las afueras de Aberdeen. Esta fue una de las primeras batallas en la secuencia de las guerras civiles que atormentaron a Escocia a mediados del siglo XVII. Ostensiblemente sobre religión, las guerras fueron también libradas para limitar los poderes del rey. En esta escaramuza abierta, James Graham de Montrose, que entonces luchaba para los covenanters, se encontró con el marqués de Huntly y una fuerza Realista que estaba guardando el Brid o' Dee para bloquear el camino a Aberdeen. Ningún comandante sabía que la paz había sido declarada, y Montrose dispersó a los hombres de Huntly.

Brodick, 1306/1307: Isla de Arran, Strathclyde. La tradición relata que hubo una escaramuza en Brodick durante la primera guerra de la independencia. Tras las derrotas en Methven y Dalrigh, el rey Robert y sus seguidores se habían retirado hacia las islas orientales, o posiblemente la isla de Rathlin en el norte de Irlanda. Antes de retornar a la tierra principal, desembarcaron en Arran en algún momento a finales de 1306 y enviaron una fuerza para reconocer el terreno en Ayrshire. Algunos de los escoceses se escondían cerca del castillo de Brodick, que estaba ocupado por los ingleses.

Sir Robert Boyd y James Douglas se ocultaron ellos mismos entre el castillo y la costa, y esperaron hasta que el director adjunto del castillo y tres barcos de suministros arribaran. Los escoceses atacaron cuando los ingleses fueron por sus víveres. Los escoceses hicieron retroceder a los guardias y se apoderaron de sus víveres. Los hombres pusieron los botes en el mar tan rápido que dos barcos ingleses fueron capturados.

Brodick Castle, 1455: Isla de Arran, Strathclyde. Esta fue una escaramuza durante la rebelión del clan donald. Donald Balloch de Dunyveg capturó el castillo y tenía 5 o— 6.000 hombres en diez galleras, más John Douglas, hijo ilegítimo de Archibald, 4° conde de douglas. Los problemas del castillo continuaron en el siglo XVII, con los campbells primero, luego los hamiltons, y finalmente los ejércitos de cromwell que lo capturaron y ocuparon. Hoy quedan pocos restos del viejo castillo, ya que una modernización extensiva en el siglo XIX creó una majestuosa casa. Sin embargo, hay una habitación oculta, que fue descubierta en 1977, y siempre hay fantasmas que buscar.

Brora, c1588: Sutherland, las Tierras Altas. Este episodio ocurrió durante la disputa entre los condes de Caithness y Sutherland. En esta batalla de clanes, Mackay de Strathnaver y John Gordon de Kilcolmkil, que eran aliados de Sutherland, derrotaron a los sinclairs, que apoyaban a Caithness.

Broughton 1571, Edimburgo. Durante la guerra civil entre los kingsmen que apoyaban al rey protestante James VI y los queensmen que seguían a la reina católica Mary, el castillo de edinburgh soportó un largo asedio. Era común que las salidas del castillo chocaran con los sitiadores, y una de tales escaramuzas tuvo lugar en el pueblo de Broughton, hoy parte de Edimburgo.

Broughty Castle, 1547 – 1550: Dundee. Esta serie de encuentros ocurrieron durante los intentos de Henry VIII de forzar a Mary, reina de Escocia, a que se casara con su hijo. Trató de alentar a los escoceses por la invasión, matanza, devastación y asesinatos. Quizás no fuera sorprendente que los escoceses resistieran su cortejo. Cerca del fin de septiembre, el inglés *sir* Andrew Dudley ocupó el castillo de Broughty cuando el propietario, lord Gray, lo entregó. Los ataques de los condes de Arran y el conde de Argyle fallaron para retomarlo. Los ingleses también fortificaron la colina de Balgillo y ocuparon y saquearon Dundee. Los franceses bajo d'Esse ocuparon Dundee, pero fallaron también al tomar el castillo Broughty. El castillo cayó finalmente en febrero de 1550, después de un asedio de los escoceses y los franceses.

El castillo Broughty no tiene placas contando el asedio, pero vale la pena visitarlo por su situación y las exhibiciones de su museo.

Brunanburh, 937: probablemente se luchó en el norte-oeste de Inglaterra. Athelstan de Wessex, el abuelo de Alfred el Grande, parece haber sido uno de los primeros reyes ingleses que tuvo visiones de convertirse en gobernante de todas las Islas Británicas. Constantine II, rey de los escoceses, le había dado asilo al hijo rebelde de Athelstan, y el rey inglés usó esto como excusa para invadirlos.

Aliándose con el nórdico Olaf Gothfrithsson y Owen de Strathclyde, Constantine marchó para atacar a Athelstan, quien había retrocedido a un lugar conocido como

Bruanburth. Es probable que los aliados intentaran frenar las ambiciones de Athelstan y expulsarlo de Northumbria.

Como Athelstan ganó la batalla, los aliados perdieron, pero el imperio de Athelstan estaba debilitado. El sitio de la batalla está perdido, pero pueden haber peleado en o cerca de una colina de cima plana llamada Burnswark, justo al sudeste de Lockerbie, pero esto no es seguro. Esta batalla es conocida en Gaélico como «*Dun Brunde*».

Buittle Castle, 29 de junio de 1308. Esta batalla de la primera guerra de la independencia fue librada cerca del castillo en los bancos del río Dee, en Galloway. Edward Bruce derrotó a los ingleses y sus simpatizantes noruegos, liderados por el ex guardián de Escocia, Ingram de Umfraville, y un caballero llamado Aymer St John. Los comandantes ingleses huyeron al castillo Buittle por seguridad. Por esto, y por su furiosa «»violación de Gallooway», el rey Robert hizo a Edward Bruce lord de Galloway en lugar de a John Balliol.

El castillo original ahora ya no existe, aunque una casa de la torre, espléndidamente restaurada, se encuentra cerca.

Butts, the, 1544: Glasgow. Esta escaramuza tuvo lugar durante la minoría de Mary, reina de Escocia, cuando el regente James Hamilton, el conde de Araan y los condes de Lennox y Glencairn se disputaban el poder en Escocia, en un lugar llamado el Butts, en el Gallowmuir, entonces a las afueras de Glasgow, Glencairn, y cerca de 800 hombres atacaron a las fuerzas de Hamilton. Al principio, Glencairn fue exitoso, pero Robert Boyd de Kilmarnock arribó con un pequeño cuerpo de caballería y apoyó al regente. Su ataque dio vuelta a la marea, y Glencairn fue derrotado. Se dijo que la combinación mató a alrededor de 300 hombres.

. . .

Byland, Old, 14 de octubre de 132, también conocido como «Rievaulx», se libró cerca de Thirsk, en Yorkshire, durante la primera guerra de la independencia. Los ingleses habían invadido las tierras hasta Edimburgo, pero el rey Robert había usado tácticas de «tierra arrasada» para dejar sin alimentos al país. Después de que un número desconocido de ingleses muriera de hambre y disentería, los restantes retrocedieron, incendiando las abadías Border y asesinando a los sacerdotes a modo de despedida. En respuesta, Robert I invadió Inglaterra. Una poderosa fuerza inglesa, liderada por John de Brittany, el conde de Richmond, bloqueó el avance escocés en Scawton Moor.

Moray y Douglas cargaron colina arriba mientras Robert I enviaba una partida de escoceses a escalar los acantilados en el flanco inglés y atacar a Richmond en la retaguardia. Al principio, los ingleses, bajo el liderazgo de *sir* Thomas Ughtres y *sir* Ralph Cobhan retuvieron el ataque de Douglas, pero los escoceses empujaron a Cobham hacia atrás y capturaron a Ughtred. Cuando los ingleses escucharon el ruido de los escoceses peleando en su retaguardia, dudaron y se quebraron.

Los escoceses capturaron a Richmond, a Henry de Sully, gran mayordomo de Francia, a *sir* Ralph Cobham «el mejor caballero en Inglaterra» y a *sir* Thomas Ughtred. El rey Edward II encontró un caballo rápido y huyó a York, mientras que su reina Isabella tomó un barco en Tynemouth. Los escoceses capturaron también a Seignior Sully, un francés enviado a Edward, pero lo liberaron sin rescate. Esta victoria, en lo profundo de Inglaterra, fue una de las mejores de Bruce.

Hay una capilla católica romana cerca y, al costado, hay grupos de abetos que se dice que marcan los últimos lugares de descanso de los escoceses que murieron en la batalla. El lugar es bien conocido como «Scotch Corner». Después de una corta caminata, hay un montículo cubierto de árboles mucho más grande que se dice que mantiene a los ingleses muertos.

C

Caerlaverock Castle 1300: Dumfries y Galloway. Este asedio tuvo lugar durante la primera guerra por la independencia. Tras la victoria inglesa en Falkirk, Edward Plantagenet, conocido como «Zanquilargo», marchó a través de Escocia, pero solo encontró tierra devastada y hostilidad, por lo que incendió los centros religiosos de St Andrews y se retiró. No fue hasta el 1300 que retornó y atacó Galloway. Llevó 87 caballeros y 3.000 hombres al asedio de Caerlaverock Castle y ordenó máquinas de asedio desde el sur de Escocia y el norte de Inglaterra. Cuando lord Maxwell y sus 60 fuertes guardias escoceses se rindieron, Plantagenet colgó a varios de ellos prontamente. Los ingleses permanecieron a cargo hasta 1312, cuando el comandante, *sir* Eustace Maxwell, cambió su lealtad al rey Robert I. Este sobrevivió a un posterior asedio inglés, pero el castillo fue destruido para prevenir que los ingleses lo usaran.

Propiedad de Historic Scotland, el castillo Caerlaverock tiene un estacionamiento, comercios y baños. Aunque el castillo ha sido durante mucho tiempo una ruina, su ubicación dentro de una fosa y el edificio en sí sigue siendo impresionante.

. . .

Caerlaverock Castle, 1356: Dumfries y Galloway. Inseguro de la lealtad de lord Maxwell, quien controlaba esta estratégica fortaleza de frontera, un ejército escocés asedió y capturó el castillo en caso de que se uniera a los ingleses.

Caerlaverock Castle, 1544 y 1545: Dumfries y Galloway. Durante el «cortejo duro», cuando Henry VIII de Inglaterra intentó forzar a la reina Mary de Escocia a casarse con su hijo, los ingleses capturaron el castillo, solo para que los escoceses lo tomaran de vuelta al año siguiente. Hubo un nuevo ataque inglés en 1570.

Caerlaverock Castle, 1640: Dumfries y Galloway. Durante las guerras de religión y autoridad real que desfiguraron la mitad de los años del siglo XVII, un ejército covenant asedió Caerlaverock. El castillo resistió por trece semanas antes de rendirse.

Caimburgh, 1504: Islas Treshnish, a las afueras de Mull, Inner Hebrides. En un momento en que el rey James IV estaba determinado a impresionar a los jefes de las Hébridas con su poder, envió una flota real a las islas. Además de capturar a varios jefes, bombardeó el castillo Cairnburg hasta que se rindieron.

Cairnburg Mor: 1691: Islas Treshnish, a las afueras de Mull, Inner Hebrides. Esta escaramuza fue una de las últimas acciones del primer levantamiento jacobita. Los cacleans habían resistido contra la autoridad del rey William, pero su última fortaleza en las Islas Treshnish fue reducida en ese año.

Cairnwell, 1602, 1606, o posiblemente 1644: entre Braemar y Glenshee, Perthshire. Esta escaramuza fue un asunto confuso con más leyendas que hechos concretos. Parece que un grupo de ladrones de ganado vinieron de Aygyll y devastaron Glen Shee y Glen Isla. En al menos un relato, estas personas fueron llamadas «los limpiadores», y la fecha era 1644. El clan local macThomas juntó y derrotó a los ladrones en Cairnswell. La leyenda dice que durante la lucha un arquero de Braemar conocido como «*Cam Ruadh*» mató a muchos de los limpiadores. Sin embargo, cerca del final de la lucha, una flecha golpeó a Cam Ruadh en su trasero. Cuando retornó a Braemar, la gente le informó: «Cam Ruadh, tienes una flecha en tu parte trasera». Él respondía: «Yo mismo lo sé». Cuando llegó a su casa, su esposa le extrajo la flecha.

Caislem Credi, 728. La ubicación de esta batalla picta es incierta. Durante un periodo en el que había demandantes rivales por la corona picta, Nechtan derrotó a Alpin, quien perdió sus tierras. Alpin estaba teniendo un mal año y había perdido sus señoríos de los pictos en Oengus unos pocos meses antes.

Calathros, 634 o 678: Callander, Stirlingshire, Central. Otra de las muchas raramente recordadas batallas legendarias cuando los reinos menores de la Alta Edad Media escocesa se estaban estableciendo. En este encuentro, se dice que Oswald, rey de Northumbria, había derrotado a Domnall Brecc de Dalriada. Es conocido que Oswald fue un poderoso rey de Northumbria, pero parece que se había aliado, o incluso era el señor de Dalriada, entonces es posible que esta batalla que realmente fue librada entre Dalriada y Strathclyde, sí, de hecho, tuviera lugar. Es, sin embargo, mencionada en ambos anales, el de Ulster y el de Tigernach.

Camelon, legendario lugar de batalla cerca de Falkirk, Central, donde Medraut, rey de los pictos, derrotó y asesinó al rey Arthur. Hay una leyenda persistente que dice que Arthur estaba basado en Escocia, y hay ciertamente muchos sitios escoceses que reclaman conexiones arturianas. Una versión de la historia dice que Arthur era un príncipe de los celtas británicos que intentó detener las invasiones anglo-sajonas del siglo VI. Este particular Arthur estaba basado en un fuerte romano, en el muro Antonine, que era conocido como «Ad Vallum» o algunas veces como «Camelon», que es hoy un pueblo situado cerca de Falkirk. Algunos relatos cuentan que Arthur fue asesinado en la batalla de Camlann, otra batalla mítica que algunas veces se cree que se libró cerca de Stirling.

Camuston, 1010, batalla legendaria que posiblemente se libró en Camus Stone, en Inverugie, un kilómetro al sur de Hopeman, en Moray, en la cual Malcolm II, rey de Escocia, derrotó a los daneses, liderados por Camus. Malcolm fue uno de los comandantes escoceses más exitosos militarmente, ganando no menos de cinco batallas contra los daneses e ingleses. Sus victorias aseguraron que Escocia fuera libre del conquistador danés en un tiempo en el que el rey danés, Knut, estaba construyendo un imperio.

Carberry Hill, 1567: tres kilómetros desde Musselburgh, Lothian del este. Es más una confrontación que una batalla real. James Douglas, conde de Morton, lideró un ejército contra

Mary, reina de Escocia. Morton esperaba arrestar al tercer esposo de Mary, lord Bothwell, sospechoso de estar involucrado en el asesinato de su predecesor en el lecho marital, lord Darnler. Tras un periodo de negociación, Mary estuvo de acuerdo en colgar a su actual marido, pero más que caminar a su probable ejecución, Bothwell tomó un barco a Orkney. Mary fue arrestada y encarcelada en el castillo Loch Leven.

Hay un monumento que conmemora esta batalla, si no te importa buscarlo. Hay una pared en la base de una colina con una pequeña abertura marcada por una placa. Esa abertura da acceso directo al monumento. La ruta alternativa está a medio kilómetro caminando a través de los bosques de Carberry. Al momento de escribir esto, hay también un panel de información en el bosque.

Carbisdale, o Invercharron, 27 de abril de 1650. Se libró al noreste de Tain, al este de Sutherland. El coronel Strachan derrotó al marqués de Montrose. Tras su derrota en Philliphaugh en 1645, el realista James Graham, marqués de Montrose, huyó a Escocia. En 1650, reunió unos pocos cientos de mercenarios daneses, sumado a algunos cientos de germanos, y desembarcó en Orkney, donde cerca de un millar de orcadianos se unieron a su ejército. Enviando al general Hurry a capturar el castillo Dunbeath en Caithness, Montrose siguió adelante con la parte más voluminosa de su ejército. Marchó al sur, esperando refuerzos de los clanes realistas, pero no sabía que los locales munros y roses habían cambiado justo su lealtad de los stewarts hacia los covenants.

Los covenants tenían dos ejércitos buscándolos. El conde de Sutherland marchó desde el norte mientras el coronel Archibald Strachan comandaba una pequeña fuerza en el sur. Montrose encontró una fuerte posición defensiva en una colina con vista a Carbisdale y formó a sus 1.200 soldados de infantería y los 40 de caballería. El coronel Strachan, con 220 hombres de caballería, pero solo un puñado de mosqueteros y cerca de 400 rosses y munros, permitió a Montrose ver una sola compañía de su caballería y mantuvo a sus escoceses ocultos.

Cuando Montrose avanzó contra la caballería, Strachman lanzó su propio ataque. El orkneymen quebró de inmediato y, luego, los munros y los rosses se unieron a la pelea. Los daneses se retiraron a un bosque cercano, pero pronto se rindieron a los escoceses. Cientos de realistas fueron asesinados, aunque solo un covenant. Montrose huyó, pero unos pocos días después, fue traicionado, capturado y llevado al sur para ser ejecutado.

Carham 1018: norte de Northumberland, tres kilómetros al oeste de Cornhill. Carham es una de las batallas históricas más importantes de Escocia. Malcolm II, o Mael Coluim Mac Cinaeda, con la ayuda de Owen el Calvo, último rey de Strathclyde, derrotó a Uhtred de Bamburg, rey de Bernicia. Malcolm II fue uno de los reyes más exitosos de Escocia, y parece que estaba tratando o bien de extender la influencia escocesa en Northumbria, o de mantener la posición escocesa allí.

Las *Crónicas escocesas* dicen que Malcolm «libró una gran batalla en Carham», mientras que la *Historia de la iglesia de Durham* reclama que los bernicianos tuvieron grandes pérdidas. Desafortunadamente parece no haber detalles de tácticas o números. Por este período, el rey de Escocia había controlado Lothian por al menos una generación, entonces, decir que Carham aseguraba el área para Escocia parece incorrecto. Sin embargo, como muchos de los documentos históricos escoceses fueron destruidos o saqueados por diversos invasores, la posición está lejos de ser clara.

Carham, 1370: Northumberland. Esta fue una de las muchas escaramuzas viciosas que animaron la frontera entre Escocia e Inglaterra. Después de que una incursión inglesa devastara sus tierras, *sir* John Gordon tomó represalias con una expedición a Northumberland. Un gran ejército inglés liderado por *sir* John Liburn interceptó a los escoceses en Carham y las dos fuerzas se encontraron en el día lleno de matanzas. Los escoceses salieron victoriosos. *Sir* John Gordon parece haber sido un excelente guerrero porque estuvo activo el año siguiente, cuando derrotó a otra fuerza inglesa y capturó a *sir* Thomas Musgrave, el gobernador inglés de Berwick. Gordon también tomó parte en la victoria de Otterburn, donde fue asesinado.

Carnish, c 1603, se libró en el norte de Uist, en las Hébridas exteriores, durante una disputa entre Macleod de Harris y MacDonald de Skye. Los macLeods arrasaron las tierras de macDonals de Uist, desembarcando cerca de Kallin, y saquearon la isla. Maclain Mic Sheumais lideró el contraataque de MacDonald, emboscando a los macLeods con un preliminar voleo de flechas. Alrededor de sesenta macLeods fueron asesinados en una batalla que duró horas. La ferocidad de estas batallas de clanes está ilustrada por un ejemplo. En una etapa, Donald Glas MacLeod, primo del jefe, luchó con Maclain cara a cara, y parece que iba ganando, especialmente cuando dos macDonalds más se le unieron. Sin embargo, MacLeod lo mató con un golpe de espada, pero otro MacDonald apuñaló a MacLeod desde atrás.

Domhnal Maclain MhicShaumais fue herido por varias flechas durante la lucha. La tradición dice que, mientras la mujer sacaba las flechas de su cuerpo, compusieron una *Waulking song* (canción que tradicionalmente es cantada por mujeres mientras trabajan la ropa con calor) que sigue existiendo a día de hoy.

Carrickfergus Castle, 1315-16. Ulster. Después de ser derrotado por Edward Bruce en Conor, un grupo de ingleses tomó refugio en el castillo Carrickfergus. Los escoceses asediaron el castillo y eventualmente lo capturaron.

El castillo tiene un centro de visitantes y merece una visita.

Cat Stone, c1652, cerca de Corrie, isla de Arran, Strathclyde. Durante la ocupación cromwelliana de Escocia, una guarnición fue puesta en el castillo Brodick, en Arran. Hubo una cantidad de escaramuzas con los isleños locales, incluyendo unos en Cat Stone, donde los hombres de Arran salieron victoriosos.

Catacol, 1652, Isla de Arran. Esta fue otra escaramuza entre los hombres de Cromwell y los locales, aunque es posible que esta batalla y la de arriba, sean idénticas.

Cath Droma Deirg Blathug, quizás cerca de 746. La ubicación es desconocida. Esta batalla fue una de muchas libradas cuando una cantidad de príncipes disputaron el señorío de los pictos. En este encuentro, Oengus derrotó a Drust. Existe la posibilidad de que este encuentro sea el mismo que la batalla de Cato.

Cato, alrededor de 750. Esta fue una de las muchas batallas de la Alta Edad Media sobre la que hay poca información. Parece que Oengus de los pictos derrotó a los británicos de Strathclyde, pero perdió a su hermano Talorgan en la lucha.

Cattraeth, c 600. Esta batalla puede haber sido librada en Catterick, Yorkshire. A diferencia de muchos de los encuentros de la Alta Edad Media, este fue bien documentado en una poesía bárdica conocida como *el Gododdin*. Una teoría sugiere que los jefes británicos de la corte cristiana de Mynyddawg de Gododdin y Din Eidyn (Edimburgo) con guerreros desde Ayrshire, Elmet en Yorkshire y posiblemente los pictos y hombres del norte de Gales se unieron para detener la expansión de los sajones paganos. Hubo posiblemente 300 guerreros seleccionados en el ejército inglés en total.

Hubo una batalla en Cattraeth, que puede haber sido Catterick, un centro estratégico importante que controlaba las tierras bajas de Yorkshire y amenazaba al reino británico de Rheged, que estaba centrado cerca del estuario de Solway. Los británicos pudieron haber sido derrotados. Sin embargo, el historiador John Koch ha sugerido que Urien de Rheged ganó la batalla, que él creía que se luchó en los años 570.

Ceochan na Fola, cerca de 1480: lado norte del lago Rannoch, Perthshire. Esta escaramuza menor supuestamente ayudó a establecer a los macGregors en Rannoch.

Después de haber sido expulsados desde el lago Londside por los Campbell, los macGregors arribaron a Rannoch cerca de 1440. Cuarenta años después, una banda fuera de la ley conocida como el clan Iain Buidhe, (clan de John del pelo amarillo) asesinó a dos stewarts. Stewart de Appin envió un grupo para buscar revancha, y recolectaron algunos macGregors en Glen Lyon como refuerzo. Juntos, los stewarts y los macGregors cayeron sobre el clan Iain Bhuide en un pequeño arroyo cercano a Dunan. Los aliados masacraron a los asesinos, y el nombre del arroyo fue cambiado a *Ceochan Na Fola*, el vapor de la sangre. A los macGregors les gustó el área tanto que se asentaron en Rannoch en lugar de en el clan Bhuindhe.

Chaseabout Raid: 1565. Cuando la reina Mary de Escocia se casó con Henry Darnley, muchos escoceses temían que los realistas forzaran el catolicismo romano en Escocia. El conde de Moray dijo que él buscaba mantener «la verdadera religión«», el protestantismo, y reunió una fuerza de Lores casi dispuestos y a sus seguidores en Ayrshire. La reina Mary dejó la casa de Holyrood y se dirigió al oeste con un ejército. Al mismo tiempo, Moray y sus miles marchaban en otra dirección y llegaron a Edimburgo el 31 de agosto. Cuando se apoderaron de la ciudad, la guarnición de la reina en el castillo abrió fuego sobre ellos.

Moray decidió que era mejor irse unos pocos días antes de que la reina marchara con su ejército. Moray se retiró a Dumfries. Mary, que cargaba ahora con una pistola personal, se movió primero a Glasgow y, luego, a Stirling. Moray le pidió ayuda a los protestantes ingleses. Los ingleses aceptaron enviar al capitán Anthony Jenkinson. Su barco, *The Aide*, navegó en el estuario con un envío de armas, pero volvieron y huyeron cuando la artillería de la reina en Inchkeith abrió fuego. Retrocedieron hasta Berwick y, aparentemente, patrullaron la costa, esperando detener a los barcos franceses dirigidos por lord Seton que llevaban armas para la reina Mary.

En el evento, Moray huyó de vuelta a Inglaterra, y la rebelión terminó, pero no sin derramar sangre. La reina Mary pronto invitó a Moray a que regresara a Escocia, y él estuvo en el consejo privado de mayo de 1566. Tal es la forma de ser de los realistas y políticos.

Chirchind, c600 DC. Una batalla legendaria que supuestamente fue librada en el norte de Angus o el sur de Kincardineshire. Los detalles se han perdido, pero los relatos dicen que los pictos derrotaron a los escoceses dalriadicos bajo el liderazgo de Aidan.

Cindelgthen, 621: junto al lago Fyne, Argyll. Otra batalla de la Alta Edad Media sobre la cual se conoce poco. Sin embargo, los relatos dicen que Conal MacSuibne derrotó a Canaing, presumiblemente en un choque entre familias rivales en Dalriada.

Circinn, c 596 o 598, posiblemente en Angus o el Mearns. Aedan de Dalriada libró esta batalla, quizá contra los Miathi. Sus hijos, llamados Bran, Domangart; Eochaid Find y Artir, fueron asesinados y Aedan fue derrotado. Es posible que Aedan estuviera tratando de expandir el control de Dalriada sobre el área. Puede que esta sea otra versión de la batalla de Chirchind. Esta batalla es otro de esos encuentros donde la mitología cubre a la verdad. Algunas versiones sugieren que esta batalla fue llamada Camlann o Manann y dicen que el legendario rey Arthur luchó contra Mordred. Adomman, quien escribió sobre esta batalla en el siglo VII, la llamó «Miathi», que puede ser el nombre de la nación picta involucrada. Es posible que los miathi vivieran alrededor de Ochil Hills, donde algunas autoridades dicen que este Dumyatt es el fuerte de los Miathi.

. . .

Clachnaharry; junto a Kessock, Inverness, las Tierras Altas. Varias fechas han sido dadas para esta batalla entre los mackintoshes y los munros, desde 1278, 1333, 1434; o más probable 1454. Después de que su jefe fuera insultado, 350 munros de Easter Ross robaron el ganado a Strathardle y retornaron a través de las tierras de Mackintosh. Cuando los mackintoshes demandaron parte de botín como tributo y «rodaja del camino», los munroes se rehusaron y siguieron avanzando. Los mackintoshes siguieron una corta ruta y emboscaron a los munroes en Clachnaharry. La tradición dice que los arqueros munro causaron muchas bajas a los mackintosh. Ambos lados sufrieron bajas, y el jefe Mackintosh murió en la batalla, pero la tradición dice que Malcolm, su capitán en la pelea, terminó casándose con Janer, hermana de John, quien lideraba a los munroes.

El mayor Hugh Duff de Muirtown erigió una columna rematada con una estatua al lado del campo de batalla, con barandillas de hierro en forma de hachas de batalla. Parte de este monumento sobrevive hoy en día.

Cleamse the Causeway, 1520, Edinburgh High Street. Tras la muerte del rey James IV en Flodden, varias facciones intentaron tomar el control de Escocia. Dos de los contendientes más importantes fueron el conde Douglas de Angus y el conde Hamilton de Arran. En abril de 1520, las dos facciones se enfrentaron una contra la otra en Edinburgh High Street. Los douglases ganaron la viciada escaramuza que costó setenta y dos vidas. James Beaton, arzobispo de Glasgow y líder de la facción Hamilton, corrió hacia el Blackfriars Wynd para esconderse detrás del altar de la iglesia.

· · ·

Clifton Moor, 18 de diciembre de 1745: cerca de Penrith, Cumbria, Inglaterra. Conocida como la última batalla librada en suelo inglés, Clifton Moor fue una lucha entre los jacobitas y los hannoverianos.

El príncipe Charles Edward Stuart esperaba reclamar la corona británica para los Stuarts, y había dejado a un lado a las fuerzas hannoverianas en Escocia. Su pequeño ejército había marchado hacia el sur, a Derby, pero los ingleses jacobitas fracasaron al apoyarlos. Cuando escucharon rumores sobre los ejércitos masivos hannoverianos, los jacobitas se dieron la vuelta.

El duque de Cumberland lideró una de las fuerzas perseguidoras hannoverianas, y su vanguardia chocó con la retaguardia jacobita en el páramo de Clifton. Lord George Murray lideró a los macPhersons en una carga contra los dragoneantes de Kerr y Bland y envió a los jinetes galopando en reversa, mientras que los MacDonalds de Glengarry derrotaron a los dragoneantes de Cobham en una emboscada. Los jacobitas perdieron al menos doce hombres a 40 dragoneantes y Cluny MacPherson fue citado diciendo «esta pequeña acción de mi regimiento fue muy galante y digna de ser grabada como realizada por las tropas antiguas y bien disciplinadas». Los jacobitas capturaron a un hombre, que era uno de los sirvientes de Cumberland, y lo enviaron de vuelta, desarmado. Esto contrasta con la conducta barbárica de Cumberland luego de Culloden.

Cerca del cementerio de St. Cuthbert hay una lápida para conmemorar la batalla, así como a diez de las víctimas.

Clitheroe 9 de junio de 1138. Librada al lado del río Ribble, en Lancashire. El rey David de Escocia tenía una relación de sangre con ambos bandos involucrados en la amarga guerra civil que estaba destrozando a Inglaterra, pero eligió luchar por Matilda. Los escoceses invadieron y ganaron una victoria en Clitheroe antes de perder en la batalla de Standard, en Northallerton.

William Fritz Duncan, el sobrino del rey David, lideró al ejército escocés en Citereo, aunque los hombres de Galloway jugaron una gran parte en la victoria. Los narradores hablan de que las aguas del río Roble corrían rojas con la sangre.

El sitio de la batalla es ahora el área de picnic Edisford.

Clochmbenstane, ver Sark.

Clyne, 1589 o 1590, al este de Sutherland. Esta fue una batalla de clanes entre el conde de Caithness y los hombres de Sutherland. Esta escaramuza ocurrió durante una contienda continua entre los condes de Caithness en Sutherland. Tras sufrir pérdidas el año previo, el conde de Caithness reunió sus fuerzas, aumentándolas con un cuerpo de arqueros, bajo Donald Balloch MacKay de Scourie, e invadió Sutherland. Después de saquear por un tiempo, se retiró y encontró una fuerza de Sutherland más pequeña en Clyne. Había alrededor de 400 hombres de Sutherland, liderados por Patrick Gordon de Garty y John Gordon de Embo. Los arqueros de Mackay fueron efectivos en la acción enérgica que siguió. John Murray y dieciséis hombres de Sutherland murieron, mientras que el conde de Caithness perdió a Nicholas Sutherland, Angus MacTorMoid y otros trece. Muchos más fueron heridos.

Cnuicc Coirpri, en Twini Onibre, 736 o 739. Esta batalla legendaria fue posiblemente la misma en que Talorgan derrotó a Muredhach. Es justo otro incidente que brota de la niebla de la Alta Edad Media, tentando con un nombre y pocos detalles.

Cockburnspath, marzo 1400; al este de Lothian; el hijo mayor del conde de Douglas derrotó a Henry Percy en este incidente, en una campaña que vio a Percy asaltando Lothian antes de ser sonoramente derrotado por los douglasses y perseguido a Inglaterra.

Coire ne Creich 1601 (Corrie of the Spoil): Montañas Cuillin, isla de Skye. Esta batalla de clanes fue librada entre los Macdonalds y MacLeods. De acuerdo con la leyenda, cuando el famoso jefe MacLeod, Rory Mor MacLeod estaba ausente, posiblemente en Irlanda, los MacDonalds arrasaron las tierras de los MacLeod. El hermano de Rory, Alexander, reunió a los MacLeods y acampó cerca de la hondonada donde se luchó la batalla. Al día siguiente, se vio a las dos fuerzas encontrarse. Los MacDonalds ganaron, pero a un gran costo, aunque capturaron a Alexander MacLeod y a treinta de los más importantes MacLeods. Coire ne Creich fue supuestamente la última batalla de clanes librada en Skye.

Coltbrig, Canter of, 16 de septiembre de 1745: Edimburgo. Este fue un incidente menor durante el levantamiento jacobita en 1745. Cuando el ejército jacobita se aproximaba a Edimburgo, el pueblo reunió una defensa muy débil, incluyendo a los dragoneantes de Gardner. Cuando el príncipe Charles llegó tan cerca como a Corstorphine, los dragoneantes estaban estacionados en Coltbridge. El príncipe Charles ordenó a unos pocos de sus jóvenes montados a hacer un reconocimiento de los dragones. Cuando los jacobitas se acercaron, dispararon un par de veces, lo cual fue suficiente para que los dragoneantes entraran en pánico. Girando sus caballos, se retiraron a velocidad, galopando a lo largo de Lang Dykes, donde ahora están las calles Princes, hacia Leith y Prestonpans. Algunos continuaron hasta Dunbar. Este encuentro comenzó a conocerse como «el galope de Coltbridge», y los Jacobitas ocuparon Edimburgo.

Connor, or Conagher, 10 de septiembre de 1315: País Antrim, Irlanda. Edward Bruce derrotó al conde de Ulster y al ejército inglés.

Durante la primera guerra de la independencia, Edward Bruce, hermano del rey Robert, tomó un pequeño ejército para Irlanda. Pudo haber estado abriendo un segundo frente para distraer a los ingleses, o posiblemente, en vista de los eventos, perseguir su propia ambición, como fue declararse a sí mismo alto rey de Irlanda.

Cuando los escoceses invadieron, los Lores anglo-irlandeses, Richard de Burgh y *sir* Edmund Butler levantaron un ejército y marcharon para encontrarse con ellos. Felim O'Connor, rey de Connaught, apoyó a los ingleses, pero tuvo que conducir al ejército para lidiar con una rebelión. Bruce atacó a De Burgh en Connor, cerca de Ballymena, y lo envió de vuelta con una bandera blanca a sus aliados en Connaught. Otros de los ingleses corrieron hacia el castillo de Carrickfergus, donde los escoceses los sitiaron.

Copeland Islands, Belfast Lough, 1595. El capitán inglés George Thorton derrotó a una flotilla de galeras de las Hébridas y las Tierras Altas.

Durante la conquista isabelína de Irlanda, muchos de los escoceses de las Tierras Altas ayudaron a los irlandeses. En esta ocasión, una fuerza de escoceses había cruzado en galleras para ayudar a los jefes de Ulster. El capitán Thorton comandó «Popinjay» y Gregrory Rigges comandó «Charles», que fueron en patrulla para prevenir que los escoceses desembarcaran en Irlanda. Los hebridianos se expusieron desde Aran el 22 de julio, quizás con 100 embarcaciones de todos los tamaños con más o menos 3.000 hombres de Skye, Harris y Lewis. Los barcos de guerra ingleses conocieron a muchos cuando llegaron a Belfast Lough. Las galeras eran botes de remo abiertos y fueron superados sin remedio.

Dos o tres galeras se hundieron, dos fueron capturadas y las restantes se dirigieron a tierra en las Islas Copeland, por lo que la mayoría de los escoceses volvieron a casa. Solo cerca de 1.200 hombres liderados por el tutor de Harris y Angus Og, hijo de Macdonald de Dunyveg, llegaron para ayudar a los irlandeses.

Corbridge 914: se libró en el Tyne, en Northumberland. El rey Nórdico Ranal derrotó a los escoceses y a los bernicianos. Después de la batalla, el nórdico devastó Bernicia. Ragnall estaba construyendo su reino alrededor del mar de Irlanda, desde el Mersey a Galloway, y estaba intentando extenderse probablemente al este de Pennines. El área conocida como *Bloody Acres* es supuestamente donde la batalla tuvo lugar.

Corbridge 918, Tyne; Northumberland. Esta fue otra batalla entre el rey nórdico Ragnall y el rey Constantine II de Alba. Los escoceses perseguían a los nórdicos después de que ellos hubieran saqueado Dunblane, y esperaban ayudar a Ealdred, hijo de Eadwulf, regidor de Bernicia. La victoria es discutida, pero los escoceses derrotaron a tres de las cuatro divisiones de Escandinavia, matando a los líderes llamados Otter y

Crowfoot, pero todos los líderes escoceses sobrevivieron. Hacia el anochecer, Ragnall logró emboscar a los escoceses victoriosos. A los bernicianos les fue muy mal y tuvieron que permitir la confiscación de las tierras de la iglesia de Lindisfarne entre Derwent y Wear. El norte de Bernicia fue entonces gobernado por Ealdred, pero posiblemente bajo la protección de Alban (Escocia).

Corgaff Castle, Strathdon, Aberdeenshire, Grampian. Situado en la ruta directa entre Deeside y Speyside, el castillo de Corgarff fue uno de los de mayor importancia estratégica. Se piensa que fue construido por la familia Forbes alrededor de 1550. El castillo fue atacado por los gordons en noviembre de 1571. Adam Gordon eligió un momento en el que los hombres estaban en otra parte, pero Margaret Forbes, respondiendo a un llamado a rendirse, disparó e hirió a uno de los atacantes. Los gordons incendiaron el castillo, matando a Margaret y a otras veintisiete mujeres y niños. En 1689, los jacobitas incendiaron el castillo para prevenir que lo usaran las fuerzas de William y, en 1716, los hannoverianos prendieron fuego al castillo, que había sido usado por los jacobitas. En 1746, los jacobitas usaron Corgarff como un almacén de armas, pero los hannoverianos capturaron el castillo y todas las armas. Los 300 mosquetes que encontraron habrían sido invaluables para los jacobitas en Culloden. El castillo fue usado como fuerte gubernamental y se mantuvo una guarnición en el periodo en que los hannoverianos oprimían a los escoceses, y de nuevo, a comienzos del siglo XIX, como una base para acabar con el contrabando de whisky.

Fue restaurado en la década de 1960. El castillo Corgaff ahora contiene una exhibición permanente y una barraca reconstruida del siglo XVIII.

. . .

Cornaigmore, c 1190, también conocida como la «batalla de las gavillas», fue librada entre el lago Bhasapol y la playa de Cormaigmore, Isla de Tiree, Argyll. Cuando la gente de Tiree estaba ocupada recogiendo su maíz, los Vikingos desembarcaron y los atacaron. Mientras que algunos hombres corrieron a buscar armas, los restantes encararon a los Vikingos, armados solo con gavillas de maíz. Al principio, los Vikingos iban ganando, pero los hombres de Tiree pelearon furiosamente y gradualmente tomaron ventaja. Los Vikingos huyeron a sus barcos.

Corrichie, 28 de octubre de 1562. Esta batalla fue librada en la ladera sudeste de la colina de Fare, ocho kilómetros al norte de Banchory, en Aberdeenshire. Cuando la reina Mary encarceló a Gordon IV, conde de Huntly, los gordons se rebelaron prontamente. La reina cabalgó a Inverness, pero el capitán Gordon del castillo Inverness se negó a admitirla, por lo que ella lo colgó. El ejército de la reina, liderado por James Stewart, conde de Moray, derrotó a la fuerza mucho más pequeña del conde de Huntly. Huntly murió en el campo, y su hijo John fue llevado prisionero a Aberdeen y decapitado. De acuerdo con la leyenda, Mary observó la batalla desde una roca de granito en Berry Hill, que más tarde fue llamada la «silla de la reina». Hay un pilar granítico que conmemora la batalla justo al lado de la ruta B977.

Corinnie, alrededor del 600; librada en Aberdeenshire, esta batalla legendaria muestra a los pictos derrotando a Aidan de Dalriada.

. . .

Corpach, 1439, o 1474: cerca de Fort William, las Tierras Altas. Una versión de esta batalla de clanes data de 1439 y ve a Donald Dhu, capitán del clan Cameron, derrotando a Hector Bui MacLean y a sus seguidores. Parece que Alexander MacDonald de las Islas había entregado las tierras de Cameron a John Garve MacLean de Coll. Durante la batalla, un joven cacique llamado Ewen Abrach MacLead fue asesinado.

Coupar Angus, 1186, esta fue una masacre más que una batalla. En un tiempo en que los reyes se sentaban inquietos en sus tronos, Donald MacWilliam fue un demandante al trono que estaba en rebelión contra el rey William. Un hombre llamado Adam, hijo de Donald, quien fue conocido como *Uthlagus Regis,* «el rey fuera de la ley», estaba en la carrera en el área de Mearns. El conde Malcolm de Atholl lo persiguió a él y a sesenta de sus hombres hasta la abadía de Coupar Angus, donde los asesinaron a todos. Adam pudo haber sido el hijo de Donald MacWilliam.

Coylton, alrededor del 420: Ayrshire. Esta batalla es otro de los conflictos de la Edad Oscura. No se conoce mucho, y aún es posible que sea apócrifo que un hecho. La leyenda es interesante, ya que contiene referencias al Coel Hen, mejor recordado como «Old King Cole». Coel Hen pudo haber sido un gobernante de Rheged, alrededor del estuario de Solway, o de Kyle, pero peleó contra otra nación, posiblemente los pictos, en una batalla en Coylton en el norte de Ayrshire, en la que Coel fue derrotado. Se dice que murió diez años después cuando se ahogó en un pantano en Tarbolton. Es posible que fuera un antecesor de los británicos de Alcluid, capital de Strathclyde.

. . .

Craibstane, the; noviembre 1571; se libró cerca de Aberdeen durante una disputa entre los gordons y los forbeses, quienes fueron ellos mismos parte de una lucha más amplia entre los queensmen católicos y los kingsmen protestantes. Adam Gordon de Auchindown derrotó a los forbeses. Las narraciones hablan del maestro de Forbes siendo capturado, junto con 200 de sus hombres.

Craig an Airgid, 1518 o 1519, locación discutida, puede haber sido en la Isla de Lewis, Morvern o más posiblemente en Caig en Airgid cerca de tres millas desde Kilchoan en Ardnamurchan. Esta fue una batalla de clanes en la cual Donald MacDonals de Lochalsh y Alexander MacDonald de Islay mataron a MacLaid de Ardnamurchan y a sus dos hijos. MacLeod de Lewis también parece haber estado involucrado.

Craig Cailloch, o Craig Caillog, 1441: posiblemente en Lochaber. El lord MacDonald de las Islas alentó a los Mackintoshes del clan Chattan a invadir las tierras de Cameron. Parece que los Camerons derrotaron a los Mackintoshes en este lugar, asesinando a uno de los hijos del jefe e hiriendo a otro.

Cravant, 31 de julio de 1423, Borgoña, Francia. Los ingleses y los borgoñones derrotaron a los escoceses y a los franceses. Esta batalla fue librada durante la guerra de los cien años, cuando Inglaterra intentaba conquistar Francia. Como aliado de Francia, Escocia tenía muchas tropas involucradas. El tratado de Troyes había dado a los ingleses control sobre Francia al norte del Loire, pero cuando el rey inglés Henry V murió, los franceses reanudaron las hostilidades.

Sir John Stewart comandaba un ejército franco-escocés de unos 9.000 fuertes soldados que avanzaron de Borgoña hacia Borges. El conde de Salisbury comandó una fuerza unida borgoño-inglesa que se opuso a ellos en el pueblo de Cravant, donde un puente cruzaba el río Yonne. Hubo un enfrentamiento de tres horas y, entonces, Salisbury ordenó a sus hombres retroceder, cubierto por el fuego de los arqueros ingleses. Una segunda fuerza inglesa, bajo el liderazgo de lord Willoughby de Eresby, cruzó el puente y cortó a través de los escoceses, dividiendo la fuerza franco- escocesa.

Aunque todavía superaban en número a los ingleses, los franceses huyeron, dejando a los escoceses luchando solos. Miles fueron asesinados y muchos capturados, incluido John Steward.

Crawford Castle, 1297: sur de Lanarkshire. Durante la primera guerra de la independencia, William Wallace, John Graham y cuarenta hombres capturaron el castillo de Crawford de manos de los ingleses. Hay una ruina de un castillo en Crawford, pero esta construcción particular fue erigida en una fecha posterior. El sitio, sin embargo, es antiguo.

Cree, 1300: Galloway. Esta batalla fue librada durante la primera guerra de la independencia. Después de capturar el castillo Caerlaverock y colgar a la mayoría de la guarnición, Edward Plantagenet avanzó desde el oeste. Envió una partida de avanzada a Cree, donde capturaron a *sir* Robert Keith, el mariscal. Al día siguiente, el ejército principal inglés también llegó al Cree, probablemente entre Creetown y Newton Stewart. Después de un intercambio de flechas en la marea alta, la infantería inglesa cruzó y comprometió a una fuerza de defensa escocesa. Los ingleses tenían su caballería en tres brigadas, que se mantenían atrás por temor a las trampas escocesas, mientras que la caballería escocesa parecía reacia a hacer mucho. Cuando la caballería escocesa cruzó el Cree, los caballos escoceses, comandados por Buchan, Comyn de Badenoch y Umfraville, huyeron. Muchos de los escoceses noblemente desmontaron y corrieron entre los páramos, donde los ingleses no podían seguirlos. Los ingleses habían ganado en fácil victoria con pocas pérdidas de cada bando, y también lograron capturar a Robert Baird de Strathaven.

Crichton 1337. Sur de Gorebridge, Midlothian. Mientras retornaban de un asalto dentro de Inglaterra durante la segunda guerra de la independencia, Sir Andrew Murray asedió a John de Stirling y a la guarnición inglesa en el castillo de Edimburgo. Los ingleses, bajo lord Dacre, el obispo de Carlisle y Edward Balliol, se movieron al norte para arrasar el asedio. Dejando Edimburgo, Murray se dirigió al sur y se encontró con los ingleses en batalla en Crichton. La batalla fue decisiva, pero los ingleses tuvieron grandísimas pérdidas y se retiraron al sur.

Crichton Castle, sur de Gorebridge, Midlothian. Este castillo es ahora una ruina, pero queda suficiente para mostrar el esplendor que alguna vez disfrutó. La fortaleza original fue construida alrededor de 1370, pero se fue modificando a lo largo de los años. En 1445, John Forrester, un aliado de los douglas, atacó el castillo que fue retenido por la familia rival Crichton. Cuando William Crichton conspiró contra James III, el castillo fue nuevamente asediado, y Crichton huyó. Y, en 1559, sufrió durante las luchas religiosas. Hoy, bajo el cuidado de Historic Scotland, el castillo tiene un pequeño estacionamiento y una interesante arquitectura.

· · ·

Cromdale, Haughs of, 1 de mayo de 1690: norte de Grantown en Spey, Moray. El coronel *sir* Thomas Livingstone, general del rey William, derrotó lo que quedaba del ejército jacobita del general Buchan. La mayoría de los del ejército de Bucham venían de las Tierras Altas, incluyendo MacLeans, MacDonalds, Camerons; Macphersons y Grants de Glenmoriston.

Después de su derrota en Dunkeld, los pocos cientos de hombres que quedaban del ejército jacobita acamparon en Haughs de Cromdale. Habían hecho una ocasional redada dentro de Strathspey, pero no tan grande como para constituir una amenaza al gobierno de William. Al ejército de *sir* Thomas Livingstone en Inverness se le ordenó detener las redadas. Los Grants, que eran leales al rey William, lideraron su ejército de dragoneantes escoceses y un batallón regular de infantería hacia los jacobitas.

Temprano en la mañana del 1 de mayo de 1690, la avanzada jacobita vio a las tropas de Livingstone vadeando el Spey, pero los dragoneantes atacaron antes de que la mayoría de ellos estuvieran preparados en el campo. Algunos jacobitas se retiraron a la colina de Cromdale, donde fueron derrotados, con 400 muertos y prisioneros. La mayoría de los escoceses no tuvieron tiempo de levantar sus armas. Algunos huyeron completamente desnudos a las colinas de Cromdale. Unos pocos fueron capturados en el castillo Lethendry o cerca en Aviemore, mientras que los que estaban parados fueron asesinados o capturados en el lugar. Hubo pocas, si alguna, baja williamita.

La escaramuza en Cromdale marcó el final del primer levantamiento jacobita. Después de que el rey William gobernara sin oposición en Escocia, procedió a desangrar a

Escocia de su mano de obra para sus guerras con Francia, pero también creó el primer gobierno parlamentario genuino en Escocia que se haya conocido.

Hay una piedra cerca de Conglass Water, a pocos kilómetros de la batalla, marcada con la fecha 1690. Esta piedra marca tradicionalmente el lugar donde un soldado murió tras huir de la batalla.

Culblean 30 de noviembre de 1335: al este de Marchnear, oeste de Lochhead en Deeside, Grampian. En esta batalla crucial de la segunda guerra de la independencia, los escoceses derrotaron a una fuerza pro-inglesa.

David de Strathbogie, conde de Atholl, y uno de los escoceses desheredados que apoyaban a los ingleses estaban sitiando el castillo de Kildrummy con cerca de 3.000 hombres. Lady Christian Bruce, la tía del rey David, defendió el castillo. *Sir* Andrew Murray, marido de lady Christian y regente de la nación, rompió las negociaciones con los ingleses en Bathgate para levantar el asedio. Murray, junto con el conde de March, William Douglas, Alexander Ramsay y Lawrence Preston, reunió cerca de 800 hombres y se apresuró al norte. Cuando comenzó a darse cuenta de la amenaza, Strathbogie arrasó el asedio y encaró a los escoceses en el bosque de Culblean.

Un hombre local conocido como John de Craig se unió a Murray con otros 300 hombres, y guió a los escoceses alrededor de las fuerzas de Strathbogie. Murray avanzó en el Disinherited el 30 de noviembre, pero un centinela advirtió a Strathbogie de que los escoceses venían en camino, y los Desheredados se prepararon para la batalla. La fuerza de Murray fue dividida en dos, con William Douglas comandando la unidad de adelante.

Cuando Douglas vio a Strathbogie preparado en batalla, detuvo a sus hombres. Creyendo que los escoceses estaban titubeando, Strathbogie lideró una carga cuesta abajo pero, cuando rompieron filas para vadear un arroyo, Douglas ordenó a sus hombres atacar. Cuando estas dos fuerzas estuvieron comprometidas, *sir* Andrew Murray atacó al flanco expuesto de Strathbogie, y los desheredados y el ejército inglés fueron derrotados.

Mientras sus hombres huían en todas direcciones, Strathbogie mostró que tenía coraje, si no patriotismo. Permaneció con su retaguardia en un roble y fue asesinado en un último encuentro con un pequeño grupo de seguidores. Algunos sobrevivientes tomaron refugio en el castillo de la isla cercana de Loch Kinnord, pero se rindieron al día siguiente.

Sir Andrew Murray, el hijo de Murray, mantuvo unido el comando en la batalla del Puente de Stirling. Después de Cublean, usó las tácticas de guerrilla para remover a los ingleses.

En 1956, el *Deeside Field Club* erigió una piedra de 3 metros de altura cerca de Oldhall, Aberdeenshire, para conmemorar la batalla.

Cullen, alrededor de 961, Moray. Indulf, rey de los escoceses, derrotó a los daneses. Como en muchas batallas de este periodo, la información es escasa y vaga. Parece que una flota de cincuenta fuertes daneses fue vista en el estuario de Forth, pero una fuerza escocesa los estaba esperando, por lo que navegaron hacia el norte. Los escoceses los siguieron, lo que parece improbable dada la comparativa facilidad de viajar por mar comparada con la tierra. Sin embargo, cuando los daneses desembarcaron en Cullen, en el Estuario Moray, unos pocos kilómetros al este de Buckie, Indulf los atacó y los derrotó.

Culloden, 16 de abril de 1746. Esta batalla decisiva fue librada en el páramo de Drumossie a pocas millas al este de Inverness. Esto cierra la serie de luchas entre las dinastías de los hannoverianos y los jacobitas que competían por la corona británica. Fue también la última gran batalla en suelo escocés, y una que tuvo terribles consecuencias para los escoceses.

Los jacobitas habían penetrado hasta Derby, en Inglaterra, en su esperanzada marcha para reemplazar al rey hannoveriano George con James Stuart. Con solo unos pocos miles de hombres en su ejército, y sin saber que los hannoverianos estaban entrando en pánico, decidieron retirarse en la cara de un ejército hannoveriano muy superior.

En su marcha hacia el norte, los jacobitas ganaron batallas en Clifton y Falkirk. Cuando los ejércitos alcanzaron Culloden, había 9.000 hannoverianos con artillería, Campbells y 500 dragoneantes, en contraste con los 4.500 jacobitas. La noche previa, el príncipe Charles había intentado marchar a Nairm para sorprender al ejército de Cumberland, sin éxito. La marcha dejó exhaustos a muchos de los mejores hombres en el ejército jacobita.

Los ejércitos se plantaron en el páramo de Drumossie, en un terreno totalmente inadecuado para el ejército jacobita, pero que favoreció a los regulares de Cumberland. El duque abrió la batalla con un bombardeo de su artillería, para que las balas de cañón levantaran la tierra sobre los desprotegidos escoceses, quienes ordenaron cerrar filas después de cada golpe. Los pocos cañones jacobitas, con artilleros no entrenados, dispararon durante solo nueve minutos.

Los jacobitas iban en dos filas, con los MacDonalds a la Izquierda, en lugar de en su flanco derecho favorito. Incapaz de retroceder y con sus filas siendo diezmadas, los clanes dieron la orden de cargar. Por fin, avanzaron, sin órdenes, en una incoordinada y poco sistemática carga liderada por el clan Chattan. A pesar de que cargaron dentro de perdigones y mosquetería, llegaron las bayonetas, y unos pocos penetraron la fila del frente. Los Camerons y Los Stewarts quebraron la infantería de Munro y Barrell para ser golpeados en el flanco por el fuego de la infantería de Campbell, el 25° de infantería y la infantería de Wolfe. Los sobrevivientes quedaron a la deriva. Algunos arrojaban piedras en un intento de hacer que los casacas rojas rompieran filas, y así poder avanzar.

Conforme los escoceses se retiraron, la segunda línea jacobita de la infantería franco-escocesa mantuvo atrás a los dragoneantes antes de que también se retiraran. Unos 1.200 jacobitas fueron asesinados, la mayoría por artillería. Las bajas hannoverianas son discutibles, ellos dicen que solo hubo cincuenta muertos y alrededor de 300 heridos. En las secuelas de la batalla, el duque de Cumberland dio órdenes de matar a los heridos, ganándose el nombre del «Carnicero de Cumberland».

Culloden es uno de los campos de batalla más accesibles en Escocia, muy cerca de la ruta B9006, ocho kilómetros al este de Inverness. El National Trust for Scotland administra un excelente centro de visitantes en el mismo campo, con un amplio rango de libros y recuerdos, y también hay buses y estacionamiento. El sitio real de batalla ha sido parcialmente restaurado a la condición que tenía cuando los jacobitas y los hannoverianos se enfrentaron ese día de abril en 1746.

Hay un programa audiovisual multi-lenguaje, con un restaurante de autoservicio, un mapa elevado, un sistema de sonido para hipoacúsicos y visitas guiadas.

D
———

Dail-Riabhach, 1576. Esta batalla de clanes fue librada en Sutherland. Tras la muerte del jefe de los Mackays, hubo una disputa sobre quién debía ser su sucesor. John Mackay, hijo del jefe, fue desafiado por su tío, Neil, quien muchos creían que debía reclamar el honor. Cuando John asumió la jefatura, Neil dijo que era ilegítimo, pero se retiró a Caithness, donde el conde le permitió juntar hombres para perseguir su reclamo.

La fuerza de Neil se hizo cargo de las tierras de Mackay en Strathnaver, por lo que John huyó al sur y buscó refugio con el clan Chattan. Mientras él estaba en Badenoch, su hermano, Donald, lanzó un ataque nocturno contra su tío en Daul-Riabhach y los dispersó. Los dos hermanos ejecutaron entonces a su tío Neil.

Dalhousie Castle, Midlothian, 1400. Durante la invasión inglesa de 1400, *sir* Alexander Ramsay mantuvo Dalhousie sitiado por Henry IV de Inglaterra durante seis meses. El castillo es ahora un lujoso y modernizado hotel.

· · ·

Dalnaspidial julio de 1654; se libró en el paso de Drumochter, 24 kilómetros al norte de Balir Atholl, Perthshire. Este encuentro terminó con el alzamiento realista contra Cromwell, cuando el general Morgan derrotó a los condes de Middleton y Glencairn.

Después de su dura victoria en Worcester, Cromwell planeaba incorporar a Escocia dentro del *Commonwealth*. Naturalmente, los escoceses no fueron consultados, y de todos modos se defendieron. Argumentando la resistencia local, William Cunningham, el 8° conde de Glencairn, lideró un ejército que inició una campaña de guerrilla contra las fuerzas de Cromwell. Huntly, Mackenzie de Seafroth y MacDonald de Glengarry, así como el lord Campbell Lorne, se unieron en Glencairn. En 1654, el mayor general Middleton tomó el comando de este ejército, que tenía alrededor de 5.000 fuertes, pero un duelo entre el segundo de Middleton en el comando, *sir* George Monro y Glencairn dio una fuerte evidencia de un comando dividido.

El comandante Cromweliano, Coronel Lilburn, se contentó con patrullar en las Tierras Altas en 1653. En abril de 1654, el general Monck tomó el comando en Escocia y envió columnas hacia las Tierras Altas, mientras establecía también guarniciones estratégicas. Las tropas Cromwelianas saquearon las tierras de los sospechados realistas. Monk envió al coronel Morgan al norte y se encontró con Middleton en Dalnaspidial. Morgan superaba en número a los realistas, que habían permitido que su caballería y su infantería se separaran. La caballería realista huyó y, cuando Morgan avanzó sobre la infantería, ellos también huyeron.

Dalnaspidial terminó con la resistencia realista organizada en Escocia, aunque la guerra de guerrillas continuó.

· · ·

Dalry o Dalrigh; julio o agosto de 1306; Strathfillan cerca de Tyndrum, Stirlingshire, Central. Esta batalla fue librada durante la primera guerra de la independencia. Los MacDougalls de Lorne apoyaron a los Comyns contra el rey Robert I. Cuando el rey Robert se retiró hacia el oeste tras su derrota en Methven, los MacDougalls los emboscaron y destruyeron virtualmente su ejército.

El rey Robert fue superado en número cerca de tres a uno en esta, su segunda batalla y su segunda derrota. En cierto punto, un MacDougall agarró el manto escocés del rey e intentó tirarlo de su caballo. Bruce noqueó al hombre, pero el soldado MacDougall rasgó la tela, que estaba sujeta con un broche, ahora conocido como el «broche de Lorne». Después de la derrota en Dalrigh, Bruce dividió sus fuerzas, enviando a sus mujeres por supuesta seguridad al castillo Kildrummy mientras ellos tomaban las colinas.

En el campo de batalla, hay una simple piedra marcada con las palabras «el campo de la batalla de Dalrigh, 1306».

Dalswinton, 1297: nueve kilómetros al noroeste de Dumfries. Esta batalla fue librada durante la primera guerra por la independencia. El asalto inicial inglés había tomado a los escoceses por sorpresa, y el anfitrión feudal había sido mal derrotado en Dunbar. Los escoceses, sin embargo, respondieron con una cantidad de movimientos de resistencia, incluido el de William Wallace.

Capturado en el castillo de Berwick, pero liberado subsecuentemente, *sir* William Douglas fue declarado por causa de la libertad y capturado en el castillo Sanquhar en el suroeste. Los ingleses sitiaron prontamente Sanquhar, pero Wallace se movió en su contra y ganó un encuentro en

Dalswinton. Los relatos cuentan que 500 ingleses murieron, lo que es ciertamente una exageración.

Darnick, 24 de julio de 1526; se libró en la porción oeste de Melrose, fronteras escocesas. Después de que la muerte de James IV en Flodden dejara a Escocia con un rey infante, diferentes facciones buscaron controlar la corona. En 1526, el aún joven James V esperaba escapar del poder del conde Douglas de Angus y reclutó la asistencia de Scott de Buccleuch, un destacado terrateniente fronterizo. Buccleuch recolectó 600 hombres de caballería liviana de Liddesdale y Annandale y emboscó a una partida de Angus en Darnick, pero Angus dispersó a los hombres de Scott, matando a alrededor de 100. Durante la persecución, un Elliot al servicio de Buccleuch asesinó a Kerr de Cessford, y entonces comenzó una disputa que duraría 25 años. La ubicación de esta batalla es algunas veces conocida como «da colina escaramuza». Se dice que la piedra *Turn Again* marca el lugar donde Elliot volvió para matar a Kerr.

Delgon, c574; se libró en Kintyre, Argykk, Strathclyde. *Los Anales de Tigernach* y *Los Anales de Ulster* mencionan esta batalla. Hay pocos detalles, por supuesto, pero es posible que Aidan derrotara a Duncan, hijo de Comgall, en una competencia por la monarquía de Dalriada. *Los Anales de Ulster* tiene esto que decir sobre la batalla «En la cual cayó Dunchadt, hijo de Conall, y muchos otros de sus seguidores de los hijos de Gabran».

Degastan, Dexastan o Degsastan; cerca del 603: fronteras de Escocia, quizás en Dawston, Liddesdale. Hay varios relatos sobre esta batalla, pero muchos historiadores han aceptado la versión dada por Bede, que dice que «Aedan, rey de los irlandeses, que vivían en Bretaña» (Los escoceses de Dalriada) «marcharon contra el (Aethelfrith de Northumbria) con un ejército extremadamente fuerte, pero fue derrotado y huyó… casi todo su ejército fue cortado en pedazos en un lugar muy famoso llamado Degastan. En esta pelea Theobald, hermano de Athelfrith, fue asesinado. Desde este día hasta el presente ningún rey de Escocia en Bretaña se ha atrevido a hacer la guerra a la raza inglesa».

Sin embargo, Bede puede estar equivocado, y ciertamente tiene un sesgo de Northumbria. *Los Anales de Ulster* mencionan la batalla cerca del 600 DC donde los anglos derrotaron a Aedan, pero los *Anales de Tigernach* son más ambiguos acerca de los resultados. Si esta batalla fue luchada en este tiempo y lugar, parece que la carga inicial de Dalriadan destruyó la vanguardia anglicana, matando a Theobald, hermano de Aethelfrith, y los anglos también sostuvieron duras pérdidas.

Aún más confuso es que la batalla entera puede haber sido librada alrededor del 613 entre Aethelfrith y algunos príncipes británicos, sin que Aedan estuviera presente.

Dingwall, 1411: Easter Ross. Esta fue una batalla de clanes entre Donald MacDonald de las Islas y Angus Dubh Mackay. El lord de las Islas había formado una alianza con Inglaterra y esperaba reasumir su reclamo por el condado de Ross. Juntó un ejército de unos diez mil hombres y marchó a través de Ross. Angus Dubh Mackay de Farr, junto con su hermano Rory Gald, reunió a sus hombres en el norte y se enfrentó a MacDonald en Dingwall. MacDonald ganó, tomó como prisionero a Angus Mackay y mató a Rory Gald. MacDonald continuó la marcha hacia el sur, a través de Aberdeen.

· · ·

Dirleton Castle, 1651: East Lothian. Este hermoso castillo fue prominente durante las guerras de la independencia, cuando lo ingleses lo capturaron en 1298, y los escoceses lo recuperaron en 1311. Durante la invasión de Cromwell en 1651, los bandidos usaron el castillo como una base desde la que acosar a los invasores. En respuesta, los Cromwelianos asediaron el castillo y lo dañaron con fuego de cañón. Dirigido por *Historic Scotland*, el castillo tiene un estacionamiento, comercios y jardines.

Dirlot, 1464: sur de Westerdale, Caithness. El clan Gunn parece haber sido el más poderoso en Caithness hasta el siglo XV, cuando los Keiths y los Sinclairs gradualmente se apoderaron de sus tierras. Los Gunns y los Keiths siempre fueron enemigos. Aunque la rivalidad se basaba en la tierra fértil, que escaseaba en Caithness, la excusa fue una mujer llamada Helen Gunn, que era la hija de Gunn de Braermore. En 1415, Helen se comprometió para casarse, pero Dugald Keith de Ackergill asesinó a su novio y la secuestró, llevándola a su castillo. Más que someterse a su captor, Helen se suicidó, saltando de los muros, y la disputa comenzó, o eso dice la historia.

En este encuentro en Dirlot, los Keiths más numerosos salieron victoriosos, pero perdieron muchos hombres por el tiro de arco de los Gunns.

Dirlot Castle, 1464, sur de Westerdale, Caithness. Este incidente tuvo lugar durante la disputa de clanes entre los Gunns y los Keiths. Después de su derrota en St. Tears, los Gunns siguieron a los victoriosos Kciths al castillo Dirlot, dispararon a su jefe a través de una ventana y emboscaron a los Keiths cuando salieron a buscar revancha. Es muy posible que esta batalla sea meramente otra versión de la previa, con el resultado reverso. Aunque ahora el castillo está completamente en ruinas, la ubicación sigue siendo impresionante.

Dollar, 875 u 877; Central. Los escandinavos, posiblemente liderados por Halfdan Haarfarger de York, derrotaron a Constantine I, rey de Escocia, y durante el año siguiente, ocupó mucho de lo que hoy es Escocia. Parece que los daneses desde York o el Tyne habían invadido Escocia. Las *Crónicas Escocesas* fijan que hubo una batalla en Dollar y «los escoceses fueron aniquilados en Atholl». Los *Anales de Ulster* dan un relato similar, diciendo que «los pictos encontraron a los extranjeros oscuros (loso daneses) en batalla y resultó una gran matanza de los pictos». Constantine fue asesinado en una batalla posterior contra los Vikingos en Inverdofatha, que posiblemente puede ser Inverdovat en Fife.

Dornoch, 1570: las Tierras Altas. Esta batalla fue librada en y alrededor de Dornoch, durante una disputa de clanes entre los Murrays y el conde de Caithness. Cuando Hutcheon Murray y los Murray se apoderaron del pueblo, el castillo y la catedral de Dornoch, el conde de Caithness envió una fuerza para removerlos. Después de unos días de escaramuzas intermitentes, el master de Caithness incendió el pueblo y la iglesia y asedió el castillo. El master de Caithness persuadió eventualmente a los Murray para dejar la iglesia, y viajaron para ayudar a los Gordons en su disputa con los Forbeses.

Douglas Larder, 7 de abril de 1308: Douglas, Lanarkshire, Strathclyde. Este incidente ocurrió durante la primera guerra por la independencia. Los ingleses habían ocupado las fortalezas del sur de Escocia, incluyendo el castillo Douglas, hogar de Sir James Douglas.

El rey Robert I envió a Douglas al área para devolver el golpe a los ingleses. En Palm Sunday, 1308, el capitán de la guarnición inglesa lideró a sus treinta hombres a Mass, en la iglesia de St. Bride. Esto debilitó la guarnición dentro del castillo. Estalló una batalla dentro de la iglesia con Thomas Dickson, inquilino de Hazelside, quien dio el primer golpe. Afortunadamente, Dickson sobrevivió. El rey Robert luego le entregó Sumington, en Lanarkshire, a Thomas Dickson, cuya familia lo mantuvo por siglos. Los hombres de Douglas aniquilaron la guarnición, capturaron e incendiaron el castillo y arrojaron los cuerpos de los asesinados al fuego. Este incidente fue conocido como «*Douglas Larder*».

Las ruinas restantes del castillo Douglas (algunas veces conocido localmente como «castillo peligroso» debido a un libro de Walter Scott) están señalizados desde el pueblo. Es un agradable paseo de medio kilómetro hasta el castillo.

Dromnaderg Blathug/Blathmig, o Druim Derg Blathug, 729-30, posiblemente en Angus. Esta batalla parece haber sido la culminación de dieciséis largos años de guerra entre tres rivales por el reino de los pictos. En esta batalla, Oengus, también conocido como Angus, Hungus o Ungust, derrotó y mató a Drust para convertirse en rey de los pictos.

Drum Castle, alrededor de 1640, cerca de Banchory, Aberdeenshire en 1640. Alexander Irvine de Drum apoyaba al rey Charles en un tiempo cuando la mayoría del área apoyaba a los covenants, que se habían rebelado contra la imposición del rey de los episcopales en Escocia. Cuando Drum dejó su hogar para ir a la guerra, los asediaron a Lady

Irvine en su castillo de Drum. Lady Irvine se rindió, y también se dijo que su marido habría bajado los brazos. Una guarnición covenanter tomó el control del castillo. Hay un segundo asedio en 1645 cuando el marqués de Montrose capturó Drum para los realistas. Sus fuerzas saquearon el castillo.

El *National Trust* de Escocia posee actualmente el castillo de Drum.

Drum a Chaitt or Drumchatt (el regreso del Gato) posiblemente en 1501. Esta batalla de clanes fue librada en las pendientes occidentales de Knockfarrel, cerca de Strathpeffer. Es también conocida como «Tobair-nan-ceann», el pozo de cabezas. William Munro de Foulis lideró un pequeño ejército de Munros, MacCullochs y Dingwalls en un asalto contra Mackenzie de Gairloch. Cuando Munro estaba retornando, los Mackenzies y los MacRaes lo emboscaron en Drum a Chaitt. La leyenda dice que, en un lugar, los Mackenzies asesinaron a diecinueve hombres, cuyas cabezas rodaron hacia el pozo de un cementerio en Fodderty.

El pozo llegó a ser conocido como «Tobar nan Ceann». Se dice que los Mackenzies persiguieron a William Munro hasta Ferindonald.

Hay senderos espléndidos desde Knockfarrel hasta Dingwall y Strathpeffer, pero no hay monumento para la batalla.

Druim na Corpa; marzo de 1746, cerca de Kyle de Tongue, Sutherland; librada durante el levantamiento jacobita. Después de que los jacobitas capturaran HMS *Hazard* en Montrose, lo renombraron *Prince Charles* y cruzaron hacia Escocia. La armada real los forzó a tocar tierra en el

Kyle de Tongue, y algunos jacobitas huyeron a Irlanda. Una fuerza de Mackays hannoverianos se enfrentó a ellos en Druim na Corpa, matando a unos pocos y dispersando al resto.

Druim-a-Lea alrededor del 1031; se libró cerca de Creich, en Sutherland. Este conflicto legendario fue entre Allan, Thane de Sutherland, y los nórdicos. Los nórdicos habían tomado el castillo de Nairn y enviado partidas para devastar otras partes de Escocia. Allan, Thane de Sutherland, se dice que había reunido un ejército y, cuando los nórdicos invadieron, ellos los enfrentaron en un lugar llamado Creich, en un río que forma el límite entre Ross y Sutherland, y los derrotaron después de una larga lucha.

Drumchatt, 1493 o 1497; Knockfarrel, Strathpeffer, esta fue una batalla de clanes en la cual los Mackenzies derrotaron a MacDonald de Lochalsh durante el alzamiento de Donald Dhu MacDonald. Hector Roy Mackensie comandaba la fuerza leal al rey James IV mientras que Alexander MacDonald de Lochalsh lideraba a los MacDonalds.

El alzamiento MacDonald llevó a que luego el rey James IV revocara el derecho al clan Donald de ser lord de las Islas, un título que los hijos del rey todavía reclaman. El clan Donald no estaba contento, particularmente cuando algunos de los pequeños clanes advertían que ellos no estaban legalmente demasiado obligados a estar bajo las órdenes de los MacDonalds. MacLeod de Dunvegan y Harris fue uno de tales clanes, aunque MacLeod de Lewis apoyó a Donald Dhu cuando se alzó en rebelión.

El rey convocó a los clanes a prestarle lealtad en Glasgow. Los Mackenzies y los Munros estaban entre los que cumplieron.

Es posible, pero no cierto, que los Munros lucharon al lado de los Mackenzies en la batalla de Drumchatt. Los MacDonalds perdieron y se retiraron hacia el oeste, y parece que Alexander MacDonald fue asesinado después por Maclain de Ardnamurchan.

Drumchatt, 1501. Es posible que esta batalla nunca tuviera lugar. Alexander Mackenzie, en su *Historia de los Mackenzies* de 1898, dice que hubo una batalla allí cuando una pequeña fuerza de 140 Mackenzies bajo el liderazgo de Hector Roy Mackenzie de Gairloch derrotó a 900 Munros, Dingwalls y los MacCullochs. También puede ser un reflejo de la batalla listada inmediatamente arriba.

Drumclog, 1 de junio de 1679, librada en Lanrkshire, Strthclyde. A finales del siglo XVII, el rey y el gobierno habían determinado forzar a los presbiterianos a aceptar la fe episcopal. Los covenants, los presbiterianos más extremos, se encontraron en reuniones secretas de oración o conventillos, que eran frecuentemente custodiadas por hombres armados. Una gran conventillo fue programada para finales de mayo de 1679. John Graham de Claverhouse fue enviado con tres tropas de guarda vidas y dragoneantes a encontrar y romper la reunión. Los Claverhouse avanzaron sobre el páramo cerca de Loudon, treparon la colina y vieron cerca de 1.500 covenanters hacia el norte.

George Hamilton, liderando a los covenanters, envió a las mujeres y a los niños en la compañía a la retaguardia, antes de liderar a los hombres en una línea hacia las fuerzas gobernantes. Característicamente, los covenanters cantaban un salmo mientras avanzaban. Claverhouse envió una partida alrededor para tomar a los covenanters en el flanco. El covenanter William Cleland esperó hasta que los dragoneantes estuvieran en el pantano, y entonces atacaron. Cerca de 36 soldados fueron asesinados y Claverhouse se retiró.

Hay un monumento de piedra tallada para marcar el encuentro, encerrado dentro de una cerca.

Drumcrob, 965, posiblemente se libró en Strathearn, Pertshire. Esta batalla vio a Duffus o Dubh, el rey de Escocia, derrotar a Cuilean. Hay muy poca información acerca de este posiblemente mítico encuentro.

Drumderg-Blathmig; 728/729; librada en la parroquia de Lunan, Angus, posiblemente en Kinblethmont, cerca de Arbroath. Los *Anales de Ulster* dicen que Drosten, rey de los pictos, fue asesinado. Esta fue una de las batallas en la cual tres rivales por el reinado de Pictish asesinaron a cada una de las otras fuerzas.

Drumlanrig, 1548; Dumfries y Galloway; este encuentro olvidado ocurrió durante las últimas etapas del cortejo duro de Henry VIII. El conde de Angus lideró una partida de hombres montados sobre Cheviot Hills para atacar a una fuerza invasora inglesa en Drumlanrig. Los escoceses ganaron y los ingleses perdieron el control sobre el sudeste de Escocia.

Drumlui, cerca de 1337, librada cerca del lago Arkaig, las Tierras Altas. Esta batalla de clanes fue entre los Camerons y los Mackintoshes en una disputa sobre derechos de tierras en Glenlui y el lago Arkaig. Los Camerons afirmaron haber ocupado las tierras por algún tiempo, hasta que William Mackintosh, 6° jefe del clan, llevó una fuerza de hombres para reclamar el área. Donald Alin Mhic Evin lideró a los Camerons, pero Mackintosh ganó después de pelear una dura batalla. Esta batalla parece que fue comenzada por una disputa de largo término entre clanes.

Drumnacoub, alrededor de 1427: cerca de Tongue, Sutherland. Esta fue otra batalla entre clanes con una muy intrincada historia que se lee como ficción, y gran parte de ello posiblemente lo es. Thomas Mackay de Creich había asesinado a Mowat de Freswick dentro de la capilla de St. Duffus en Tan. Cuando se enteró del asesinato, el rey nombró a Thomas Mackay como criminal. Un hombre local llamado Angus Murray hizo un pacto con los hermanos de Thomas y acordaron que, si ellos lo ayudaban a capturar al criminal, él les daría a sus hermanas en matrimonio y los ayudaría a obtener las tierras de Strathnaver.

Los hermanos Morgan y Neil Mackay acordaron y capturaron a Thomas. El rey después lo ejecutó y le entregó a Murray una parcela de tierra en Polrossie y Spanzedell. Murray organizó con el conde de Sutherland por un ejército de hombres para acompañar a los dos hermanos a tomar posesión de Strathnaver.

Sin embargo, Angus Dow Mackay, quien estaba en posesión, no quería perder sus tierras. Su hijo, John Aberigh lideró una fuerza de Mackay que enfrentó a los invasores en Druim-nacoub. Angus Murray y sus dos yernos fueron asesinados, mientras que John Aberigh fue dejado mal herido. Hubo pocos sobrevivientes de ambos ejércitos. Angus Dow Mackay fue a buscar sus bajas, pero también fue asesinado.

Hay otras versiones de esta batalla.

. . .

Drury's Peace, 16 de junio de 1571: cerca de lo que hoy es Easter Road, Edimburgo. Esta escaramuza menor ocurrió durante el «largo asedio» del castillo de Edimburgo a comienzos de 1570. Los Queensmen, que apoyaban a Mary, reina de Escocia, habían enfrentado a los Kingsmen, que peleaban por el rey James VI. Había una aparente tregua arreglada por el embajador inglés, Sir William Drury, pero ambos lados tenían partidas armadas. Un grupo de Kingsmen dispersó a algunos de los Queensmen en una simple carga en este simple encuentro.

Dryfe Sands, 6 de diciembre de 1593, cerca de Lockerbie, Drumfries y Galloway. Esta batalla de clanes entre los Maxwell y los Johnstones, cuyos respectivos jefes eran rivales por la custodia de la marcha oeste. Las familias habían tenido una disputa por décadas cuando, en 1593, John el 7° Lord Maxwell reunió 2.000 de sus seguidores y marchó hacia Annandale, el hogar de los Johnstones.

Incapaz de invocar a ningún hombre más, *sir* James Johnstone juntó un ejército de alrededor de 800 Johnstones, Grahams, Scotts, Irvines, Elliots y Carruthers, incluyendo al niño de 11 años de edad, Robert Johnstone de Raecleuch. Se ha dicho que ambos jefes ofrecieron una recompensa por la cabeza de su oponente. Cuando Maxwell se encontraba cerca de Lockerbie, en un lugar llamado Dryfe Sands, Johnstone mantuvo a la mayoría de sus hombres escondidos, pero se burló de su vanguardia con una fuerza de *«prickers»* o jinetes ligeros.

Los Maxwell mordieron el anzuelo y rompieron filas para perseguir a sus enemigos y, entonces, Johnstone lanzó a sus hombres en una carga masiva. Como no estaban preparados, los Maxwells se quebraron casi de inmediato, y los Johnstones los persiguieron a través de las calles de Lockerbie. Hubo una matanza, y los jinetes de Johnstone cortaron a muchos de los enemigos en la cara con un golpe de espada que era conocido como «Lockerbie Lick».

Lord Maxwell fue asesinado en la batalla, junto con alrededor de 700 de sus hombres. Los Johnstones fijaron la cabeza y la mano derecha de Maxwell a las almenas de la torre de Lochwood como un trofeo.

Duart Castle, 1647, Mull, librada durante la gran guerra civil. Un cuerpo de Campbells, luchando por los covenants, sitiaron el castillo de Duart, pero los realistas MacLeans los repelieron. En una guerra posterior, los Macleans rindieron el castillo a las fuerzas gubernamentales en 1691. Hoy ha sido restaurado y abierto al público.

Duffus Castle, 1297, a ocho kilómetros al noroeste de Elgin, Moray. Este asedio tuvo lugar durante la primera guerra de la independencia. Andrew Moray y los escoceses patriotas sitiaron y capturaron el castillo para *sir* Reginald Cheyne, quien lo mantuvo para Edward I de Inglaterra. Dirigido por Historic Scotland, tiene un estacionamiento y acceso abierto a las ruinas del castillo.

Duffus Castle, 1308; ocho kilómetros al noroeste de Elgin, Moray. Durante la primera guerra de la independencia, Andrew Moray había capturado e incendiado el castillo original de madera de Duffus. Después de haber sido reconstruido por *sir* Reginald Cheyne, y de nuevo por los ingleses, el rey Robert I lo recapturó para los escoceses.

. . .

Duffus Castle, 1452: ocho kilómetros al noroeste de Elgin, Moray. Archibald Douglas, el conde de Moray, incendió el castillo durante la rebelión de los Douglas contra la corona. El castillo fue nuevamente destruido en 1645 durante las luchas religiosas. Las ruinas de este pequeño monte y la muralla del castillo están abiertas al público.

Dumbarton, Strathclyde. Esta roca es uno de los sitios históricos más significativos en el oeste centro de Escocia. Destaca porque fue el punto navegable más alto del Clyde, antes de que el río fuera profundizado ampliamente en el siglo XVIII. El nombre significa «fuerte de los británicos», pero la roca fue conocida originalmente como «Alcluid» o «Alcluith», y fue la base del poder británico en Strathclyde. Además de resistir el asedio de Oengus MacFergus, el impresionante líder picto, Dumbarton, vio una cantidad de notables encuentros, el más interesante de ellos es el detallado abajo. Hoy Historic Scotland dirige el castillo, que bien merece una visita, aunque los edificios son comparativamente de un periodo reciente.

Dumbarton, 870: Strathclyde. En la Alta Edad Media, Dumbarton de Alcluid fue un premio rico y, en el 870, el nórdicos Ivar el Deshuesado, que había capturado York recientemente, y Olaf el Blanco desde Dublín combinaron fuerzas para asediar el pueblo, que entonces era la capital de Strathclyde. El asedio duró cuatro meses, lo que era altamente inusual para el periodo, y solo se rindieron cuando los daneses cortaron el agua del pueblo. Una flota de doscientos barcos llevó a los prisioneros como esclavos a Dublín.

. . .

Dumbarton Castle, 1489: Strathclyde. Cuando lord Darnley se rebeló, el rey James IV asedió el castillo. El primer asedio fracasó, por lo que el rey James retornó con la gran bombarda Mons Meg y capturó el castillo. Luego, usó Drumbarton como base cuando navegaba en expediciones contra los jefes hebridianos. Mons Meg puede ser vista en el castillo de Edimburgo.

Dumbarton Castle, 1514: Strathclyde. Tras la muerte del rey James IV en Flodden, hubo un periodo de inestabilidad en Escocia. Como la reina Madre y el conde de Arran luchaban uno con otro por el control del país, Arran buscó capturar el castillo de Dumbarton. El conde de Lennox cavó un túnel bajo la puerta norte del castillo de Dumbarton y lo capturó de la guarnición asentada.

Dumbarton Castle, abril de 1571. En mayo de 1568, cuando Mary, reina de Escocia, huyó de Escocia, para el cautiverio y la eventual ejecución en Inglaterra, una guerra civil se apoderó del país. Los partidarios de la reina luchaban contra los hombres que seguían al infante rey James VI. El gobernador de Dumbarton Castle, Lord Flemmig, apoyaba a Mary. Los Kingsmen comenzaron un asedio en enero de 1570, pero no capturaron el castillo hasta abril del año siguiente. El capitán Thomas Crawford de Jordanhill lideró a 100 hombres en un asalto atrevido sobre el lado norte de la roca.

El castillo fue nuevamente capturado en 1639, cuando los covenanters lo tomaron y, en 1654, cuando un asalto sorpresa realista abrumó a la guarnición de Cromwell. Aun a finales de 1941 estaba bajo ataque cuando la Luftwaffe lo favoreció con una serie de bombas.

. . .

Dunphail Castle, 1330: once kilómetros al sur de Forres, en Moray. Los escoceses incendiaron este castillo durante la segunda guerra de la independencia. Drunphail fue una fortaleza de los Comyns, que fue apoyado por Inglaterra en su búsqueda por el trono escocés. Las ruinas todavía existen.

Dunadd, 683: Kilmartin, Argyll, Strathclyde. Esta dramática roca con sus colinas fortificadas fue el sitio de la capital de Dalriada, el reino original de los escoceses gaélicos. Hay una cantidad de tallas en las rocas, incluyendo huellas de pisadas y un jabalí, con el jabalí azul siendo un temprano símbolo escocés.

Los *Anales de Ulster* indican que hubo un asedio en Dunadd en esa fecha, pero los detalles se han perdido lamentablemente. Este sitio fue excavado en 1980 y 1981, y produjo algunos trabajos en metal impresionantes que ayudaron a probar que esta fortaleza fue un importante taller de trabajo de metalurgia en Europa. Había también una vasta colección de cerámica importada de la Europa continental.

La ciudadela real de la fortaleza estaba en la cúspide de una cantidad de terrazas, haciéndola extremadamente defensiva.

Dunadd, 736: Argyll, Strathclyde. Hungus, hijo de Uurgust, también conocido como Oengus o Angus MacFergus, rey de los pictos, derrotó a los Dalriadicos en una campaña en curso que pudo haber sido por el poder supremo en lo que hoy es Escocia. Algo destacado de la victoria de Oengus fue la captura de la ciudadela de Dunadd. Los pictos también parecen haber devastado la Dalriada escocesa y capturado a los dos hijos del rey de

Dalriada. Oengus MacFergus fue probablemente el rey picto más exitoso.

Dunaverty Castle, 712: Mull of Kintyre, Strathclyde. Situado en el extremo sur de la península de Kintyre, Dunaverty tuvo una larga historia. Parece haber sido una fortaleza por varios siglos, y en los *Anales de Ulster* se registra que, en 712, Selbach, rey de Cenel Loarn, sitió el fuerte, que en ese tiempo era conocido como Aberte. Después de capturarlo, Dunaverty se convirtió en una fortaleza principal del reino gaélico de Dalriada.

Dunaverty Castle, 1248: Kintyre, Strathclyde. En 1248, el inglés Walter Bisset capturó el castillo de Dunaverty, pero pocos meses más tarde Alan, el hijo de Thomas de Galloway, retomó el castillo y tomó prisionero a Bisset. Parece que el rey inglés Henry III envió a Bisset a tomar Dunaverty en venganza por un acto anterior del rey Alexander II al proteger a algunos piratas ingleses.

Dunaverty Castle, 1306: Kintyre, Strathclyde. Durante la primera guerra de la independencia, el rey Robert I esperó algún tiempo en el castillo, pero en el otoño de 1306 los ingleses usaron mineros, ballesteros y albañiles para capturarlos. *Sir* Henry Percy, John de Botetour y el escocés *sir* John Manteith lideraron el asedio, esperando encontrar al rey Robert adentro. Aparentemente, los hombres de Kintyre no fueron amigables con los ingleses.

Dunaverty Castle, 1493: Kintyre, Strathclyde. James IV tomó el castillo para el clan Donal, lord de las Islas, pero tan pronto como la flota real zarpó, *sir* John MacDonald de Dunyvaig lo recapturó. La versión Gaélica dice que John de Dunaverty asaltó el castillo y mató a los guardianes reales, tirando los cuerpos afuera de los muros a la vista de la flota que estaba partiendo.

Dunaverty Castle, 1558: Kintyre, Strathclyde. En este año, el conde de Surrey sometió el castillo a un corto e inútil asedio durante su campaña contra los MacDonalds de Ulster.

Dunaverty Castle, junio de 1647: Kintyre, Strathclyde. Durante las guerras religiosas en la mitad del siglo XVII, *sir* Alastair MacDonald, también conocido como Alasdair MacColla Chiotach, había liderado una fuerza de MacDonalds y Ulstermen en apoyo del marqués de Montrose. Cuando las dos fuerzas se dividieron, MacDonald fue derrotado en Rhunahaorine, en Kintyre, y se retiró de la península con el general David Leslie, liderando a los covenants en su búsqueda. Antes de navegar hacia Islay por refuerzos, Alasdair MacDonald dejó a alrededor de 300 hombres en Dunaverty, bajo el liderazgo de Archibald MacDonald de Sanda y John MacDougall de Dunollie. Los covenants sitiaron el castillo y cortaron el suministro de agua, lo que forzó que se rindieran. Leslie había ofrecido inicialmente «condiciones justas», pero cuando el agua fue cortada, los defensores perdieron su oportunidad de recibir un tratamiento humanitario.

El general Leslie, posiblemente persuadido por un ministro fanático llamado John Nevoy, colgó o mató a algunos de los prisioneros. Otros fueron arrojados por el acantilado al mar, y solo unos pocos sobrevivieron, para ser enviados como prisioneros a Francia. Los muertos fueron enterrados en un recinto de piedra cercano, al que se puede llegar caminando a través del campo de golf, pero hay que tener cuidado de las pelotas de golf volando.

Dun Eidyn, 638: Edimburgo. Oswald de Bernicia sitió y probablemente capturó la fortaleza y municipio de Edimburgo. Este evento pudo marcar la extinción del pequeño reino británico de Goddin. Casi con certeza, marcó la expansión de los anglos en lo que hoy es el sur de Escocia. Hay una posibilidad de que *Goddodin* esté mencionando este evento en las líneas:

> *«Yacían escondidos ante Eiddyn, la colina alta;*
> *Y de todos los que encontró, ninguno regresó».*

Dunbar, 27 de abril de 1296: este de Lothian. Dunbar fue la primera batalla real de la primera guerra de la independencia, cuando los ingleses, bajo Edward Plantagenet, derrotaron a los escoceses.

Después de despedirse de Berwick-upon-Tweed, Edward Plantagenet envió a John de Warenne, conde de Surrey, a investigar el castillo de Dunbar. Aunque el propietario del castillo era el conde de March, un firme seguidor de los ingleses, su hermana Marjory apoyaba a los escoceses. Entonces, los defensores le pidieron ayuda al rey John Balliot en Haddington.

El ejército de los escoceses se movió para ocupar una posición fuerte en un terreno elevado y enfrentó a los ingleses. De Warebbe tomó la mayoría de su fuerza para enfrentar a los escoceses, mientras que los defensores de Dunbar gritaban «Cola de perro, nosotros les cortaremos sus colas» a los ingleses. En esta época, algunos escoceses creían que los ingleses tenían cola. Cuando la caballería de Warenne intentó avanzar cruzando el desfiladero del arroyo Spott, los escoceses inexpertos creyeron que estaban retrocediendo, rompieron filas y atacaron.

No hubo contienda. Los ingleses calmadamente se formaron y avanzaron hacia el harapiento ejército escocés. Un ataque fue suficiente. La mayoría de los Lores escoceses huyeron, pero *sir* Patrick Graham luchó hasta la muerte al lado de la infantería condenada. Fue el único noble escocés en ganar honor ese día. El castillo de Dunbar se rindió cuando los ingleses apresaron a tres condes y 130 caballeros y escuderos.

Dunbar, 1560: este de Lothian. En la década de 1550, Escocia fue ocupada por fuerzas francesas, quienes habían ayudado originalmente a los escoceses a repeler la invasión inglesa. En 1559, un grupo protestante, los Lores de la congregación, resentía la presencia de los católicos franceses y, ayudados por los ingleses, libraron una pequeña guerra amarga para expulsarlos. La acción principal fue alrededor de Leith, pero cuando la fuerza inglesa marchó para ayudar a los Lores de la congregación contra los franceses e Leith, la guarnición francesa del castillo de Dunbar los atacó a ellos.

Dunbar. 3 de septiembre de 1650: este de Lothian. Esta batalla fue librada durante la invasión de Cromwell.

Cromwell había liderado a cerca de 11.000 ingleses dentro de la Escocia covenant que los había ayudado a ganar su propia guerra en Inglaterra. Cuando el rey Charles II reconoció el acuerdo, Escocia permanecía leal a la corona, aunque divididos por diferencias religiosas. El general David Leslie tenía un ejército de alrededor de 12.000 hombres, muchos de los cuales eran reclutas mal entrenados e inexpertos. Al mismo tiempo, era un estratega brillante, que superó a Cromwell y lo exilió de Edimburgo. Luego, ocupó un excelente sitio que atrapó a Cromwell entre Doon Hill y el mar.

Cuando Cromwell le escribió al gobernador de Newcastle, dijo:

> *Estamos en un compromiso muy difícil. El enemigo ha bloqueado nuestro camino en el paso de Copprspath, a través del cual no podremos pasar al menos que ocurra un milagro. Yace tan bien sobre las colinas que no sabemos cómo pasar sin una gran dificultad, y nuestra estadía aquí diariamente consume a nuestros hombres, que caen enfermos más allá de la imaginación.*

Desgraciadamente, un grupo de ministros covenants habían sesgado a los escoceses de algunos de sus mejores y más experimentados soldados, y ahora le daban ordenes que cambiaban la marea de la batalla.

Los ministros alegaron urgencias en Leslie para abandonar su fuerte posición. Lo hicieron, y el ataque debajo de Cromwell ganó el día, matando a alrededor de 3.000 escoceses y capturando a 6.000 más. Los *Roundheads* cantaban el salmo 117 cuando asesinaban a los escoceses que huían. Nunca reconocidos por su clemencia en la victoria, los ingleses enviaron a los prisioneros que habían sobrevivido a la muerte marchando a Durham como esclavos para el nuevo mundo. Los hombres de Cromwell ocuparon Escocia, masacrando a muchos en Dundee, y así comenzó la guerra de guerrilla que duró años.

Hay un monumento para la batalla de Dunbar al lado de la vieja ruta A1.

. . .

Dunbar Castle, 1338, este de Lothian; librada durante la segunda guerra de la independencia. Cuando los ingleses capturaron al patriota John Randolph, 3er conde de Moray en 1335, este le informó a su hermana, Black Agnes, condesa de Dunbar, de que los ingleses podían matarlo a menos que ella rindiera el castillo de Dunbar. «Déjalos», le dijo Agnes, porque entonces ella heredaría el condado de Moray. Los ingleses sitiaron el castillo sin éxito por meses, llevando a la rima tradicional escocesa atribuida a William Montague, 1er conde de Salisbury, el comandante inglés:

Ella revuelve la torre y la trinchera,
Esa moza escocesa brava y belicosa.
Llegué temprano, llegué tarde,
encontré a Agnes en la puerta.

Los condes de Salisbury y Arundel comandaban el ejército inglés de 4.000 hombres fuertes, mientras que Agnes tenía una guarnición cuyo número fue estimado en alrededor de cuarenta. Los ingleses contrataron también dos galeras genovesas, que intentaron un bloqueo naval del castillo. Agnes fue asistida con guerra de guerrilla por *sir* Alexander Ramsay de Dalhousie, que lideró una serie de ataques en las líneas de abastecimiento inglés desde su base en Hawthorndean, cerca de Roslin. Ramsay también esquivó el bloqueo naval y abasteció a Agnes a través de la puerta del mar del castillo. Cuando los sitiadores comenzaron a morirse de hambre, Agnes les envió un regalo burlón de pan y vino.

El asedio comenzó el 13 de enero y terminó el 13 de junio cuando Salisbury decidió que no tenía éxito. Hoy el castillo permanece, aunque está en ruinas.

· · ·

Dunbeath Castle, 1650: a 32 kilómetros al sur de Wick, Caithness. El marqués de Montrose, en su última campaña para intentar ganar Escocia para el rey Charles, desembarcó desde Orkney con 500 mercenarios daneses y 1000 Orcadianos. El corto asedio y captura del castillo Dunbeath vino a ser su última victoria, pero la guarnición que dejó fue asediada a la vez. Se rindieron cuando les faltó el agua. El castillo Dunbeath todavía existe, un edificio espectacular situado en lo alto de un acantilado.

Duncrub, c946 o 965, librada en Perthshire, justo al norte de Dunning. También conocida como la batalla de Knowes, Gray Man o Maormar, fue una legendaria batalla entre Duff y Carlena o Colin por el trono escocés. Después de la muerte de Kenneth Macalpin y Donald, su hermano, los hijos de Kenneth Constantine y Aodh, se sucedieron en el trono por turnos. Sus descendientes formaron casas rivales que competían por el reino. En la batalla de Duncrub, Duff, de la casa de Constantine, derrotó a Colin, de la casa de Aodh. Hay dos piedras en pie, una en el noreste de Dunning, y otra en el sur, y la leyenda dice que marca donde Donchathe Abbot de Dunkeld fue asesinado, y donde el conde de Mar de Atholl murió por sus heridas.

Dundalk, 14 de octubre de 1318: Condado de Louth, Irlanda. Esta batalla es también conocida como «Faughart». John de Bermingham, junto con un gran ejército anglo-irlandés, derrotó y mató a Edward Bruce, cuyo cuerpo fue decapitado y descuartizado.

Esta batalla terminó con el corto reinado de Edward Bruce como el alto rey de Irlanda. Él había derrotado a los anglo-irlandeses en una serie de encuentros, pero también arrasó el país, por lo que disgustó aún más que los invasores ingleses. La fuerza anglo-irlandesa superaba en número al ejército de Bruce, pero Bruce luchó con el característico coraje. Un caballero anglo-irlandés llamado *sir* John Maupas cargó contra las líneas escocesas-irlandesas para matar a Bruce, y los escoceses fueron derrotados. Lejos del hogar en un país hostil, no había cuartel. Bermingham descuartizó el cuerpo de Bruce y mostró las piezas en varios pueblos irlandeses, enviándole la selecta cabeza al rey Edward como un trofeo.

La campaña de Edward Bruce pudo haber actuado como un segundo frente para la primera guerra de la independencia, pero esto costó valiosas vidas escocesas y sumó el caos de una hambrienta Irlanda. Sin embargo, logró deshacersede los ingleses de largos tramos del país, permitiendo a los jefes irlandeses retomar algunas de sus tierras y sacudir el establecimiento inglés en Irlanda. Si hubiera alguna moraleja en la historia, es evitar la interferencia en otros países.

Lo que quedó de Edward Bruce fue enterrado cerca del cementerio Faughart.

Dundee, 4 de abril de 1645. Durante las guerras entre el rey y los covenants de mediados del siglo XVII, el marqués de Montrose y su ejército realista de las Tierras Altas de 150 caballos y 600 de infantería llegaron a los muros del pueblo de Dundee. Montrose ordenó rendirse a Dundee en el nombre del rey, pero los Dundonianos se rehusaron y apresaron al heraldo en el Old Steeple. Lord Gordon y los MacDonalds aplastaron las defensas con poca dificultad y saquearon parte del pueblo. Cuando el general Baillie y un ejército covenant se aproximaban, Montrose se retiró.

· · ·

Dundee, 1 de septiembre de 1651. Cuando el rey Charles firmó el Covenant y acordó la imposición de la religión presbiteriana en todas las naciones de su reino, Escocia estuvo a su lado. Oliver Cromwell y su ejército parlamentario habían conquistado Inglaterra y ahora se movían contra Escocia. El general Monck lideró el ejército invadiendo Escocia, capturando Stirling, y marchó contra Perth y, luego, Dundee.

El 26 de agosto, Monck ordenó la rendición de Dundee, pero el general Lumsden de Montquaine, que comandaba la guarnición, respondió con una contra demanda para Monck para que bajara sus armas y «conforme con la declaración de su majestad el rey». Monck envió su artillería y escaleras de asedio a Dundee. El 30 de agosto, Monck comenzó su bombardeo, pero un asalto planeado fue cancelado. A las cuatro de la mañana del 1 de septiembre, nuevamente Monck inició una cañoneada, con los defensores replicando lo mejor que podían. El cañón hizo grandes brechas en las murallas de Dundee y Monck ordenó y atacó con la contraseña «Dios con nosotros» en una época sin uniformes, con una cola de camisa como señal de reconocimiento.

La guarnición se defendía, pero ellos mismos fueron forzados a retroceder hacia el Old Steeple. El general Lumsden y sus hombres se rindieron en una promesa de acuartelarse, pero fueron asesinados, y Monck permitió a sus hombres saquear el pueblo. Monck no dio cuartel hasta que alcanzó la plaza del mercado. Una fuente dice que la cantidad de muertos fueron 200 mujeres y niños.

El Old Steepple permanece siendo un hito importante en Dundee.

Dundee Castle, 1297. Durante la primera guerra de la independencia, un inglés llamado Morton retuvo el castillo de

Dundee. William Wallace también emitió una carta confirmando a Scrymgeor como «alguacil del castillo de Dundee».

El castillo de Dundee se fue hace mucho tiempo, pero se supone que debe haber estado a la cabeza de la calle, donde se erige una estatua del almirante Duncan.

Dundee Law, 834: Dundee. De acuerdo con la leyenda, el Lawhill que se frunce sobre Dundee fue el lugar donde se libró la batalla entre Alpin, rey de los escoceses, y Brude, rey de los pictos. Cuando el rey de los pictos, Oengus, murió, Alpin de Dalriada apareció como pretendiente al trono, pero los pictos objetaron y lucharon contra Alpin en Restenneth, en Angus, y de nuevo ceca de Dundee. Henry Maule de Melgund escribió que Brude había acampado al lado de una colina a «trece furlongs» (cada furlong son 201 metros) de Dundee. Cuando la batalla comenzó, Alpin estaba mirando desde su caballo pardo en el Law. La batalla duró algunas horas, hasta que los pictos capturaron a Alpin, que había dejado su caballo pardo para liderar un ala del ejército en una carga contra los pictos. El ejército Dalriadicos escocés se quebró.

Los pictos decapitaron a Alpin en Pitalpy, a cinco kilómetros de Dundee y, luego, llevaron la cabeza a su capital en Abernethy. Otra leyenda dice que los pictos decapitaron a Alpin en Dundee Law, mientras todavía otros reclaman que un ejército nórdico atacó a los victoriosos, pero debilitados, pictos y los derrotaron, dejando una vacante para rey en ambas naciones que Kenneth MacAlpin luego llenó. El Law es un sitio favorito en Dundee, para los visitantes y los locales.

Dundurn, 683: Strathearn, Perthshire. Los *Anales de Ulster* dicen que hubo un asedio en esta fortificación. Es posible que se esté recordando un ataque Dalriadico a una fortaleza picta.

Dundurn, 889: Strathearn, Perthshire. Hay evidencia de incendio de este fuerte que puede ser relacionado a la muerte de Giric, hijo de Dungal. Giric fue un rey de Escocia entre los años 878 y 889. Es sabido que mató a su primo Aed para tomar el trono, que invadió Northumbria y que pudo haber gobernado conjuntamente con Eochaid. Es posible que haya muerto en un asedio a Dundurn.

Dunkeld, 21 de agosto de 1689: veinticuatro kilómetros al norte de Perth, Perthshire. Esta batalla fue librada entre los jacobitas, que apoyaban al rey James VII, y los Williamitas, que apoyaban al rey William de Orange.

Cuando el parlamento escocés eligió al Protestante William como rey, los seguidores del rey Católico James unieron sus fuerzas para una guerra civil. Ellos ganaron una hermosa victoria en Killiecrankie, pero perdieron a su líder militar, John Graham de Claverhouse, también conocido como Bonnie Dundee.

Cuando el coronel irlandés Alexander Cannon tomó el mando, algunos de los escoceses de las Tierras Altas se ofendieron porque esperaban que el veterano *sir* Ewan Cameron de Lochiel fuera elegido. *Sir* Ewen dejó el ejército, llevándose a algunos de los hombres de su clan con él. Ahora liderados por Cannon, los jacobitas atacaron la villa de Dunkeld. Mil doscientos de los covenants recién reclutados habían formado el regimiento cameroniano y retenían el pueblo. Liderados por William Cleland, un veterano de Drumclog y Bothwell Bridge, se mantuvieron fuera de una carga después de una carga de escoceses en una batalla que duró al menos tres horas y hasta quizás dieciséis horas.

Los jacobitas empujaron gradualmente a los cameronianos atrás a través de la villa de Dunkeld House, ambos bandos incendiaron Dunkeld y algunos francotiradores jacobitas gritaron cuando eran quemados vivos. Con munición baja, los cameronianos se preparaban para morir donde estaban, pero Cannon inexplicablemente se retiró. Trescientos escoceses fueron asesinados, pero los cameronianos perdieron a William Cleland y a cerca de cincuenta hombres.

La defensa de los cameronianos en Dunkeld es uno de los puntos de quiebre en la historia escocesa. Si los jacobitas hubieran tenido éxito, podrían haber conseguido suficiente apoyo y barrido las Tierras Bajas pobremente defendidas.

Aunque no hay monumento en el pueblo de Dunkeld, hay uno para el coronel Cleland dentro de la catedral de Cleland, que también cuenta con un pequeño museo que menciona la batalla.

Dunnichen, sábado 20 de mayo de 685: cerca de Forfar, Angus. Esta batalla es también conocida como «Nechtansmere», «Duin Neachtain» o «Lin Garan» (*pool of the Heron*). Esta fue la mayor victoria picta sobre los northumbrianos en la que ambos bandos lucharon por el control del norte de Bretaña. Northumbria se había expandido gradualmente por matrimonios y conquistas, parecía que tenía control sobre los pictos y suprimió el alzamiento picto en los comienzos de la década de 670. Un nuevo rey picto Bridei, hijo de Bile y hermano del rey de Strathclyde, levantó e instigó un movimiento de resistencia mayor.

En 685 Ecgfrith, rey de Northumbria, invadió, posiblemente a través de Strathmore. Los pictos parecían haberlo atraído hacia el este a Dunnichen y posiblemente lo emboscaron cerca del pantanal de Nechtan simplemente. Los pictos ganaron una victoria importante, e incluso Bede admitió que todos los guardianes de Northumbria habían muerto en un vano intento para salvar a su rey. La frontera de Northumbria fue empujada hacia el sur del Forth.

De acuerdo con Bede: *desde este tiempo las esperanzas y las fuerzas del reino anglicano comenzaron a menguar y caer porque los pictos recuperaron sus propias tierras, que habían sido retenidas por los ingleses y los escoceses que estaban ahora en Bretaña, y algunos de los bretones recuperaron su libertad.*

Esta batalla puede ser una de las más significativas que se libraron en Escocia porque, si los northumbrianos hubieran permanecido como superiores de los pictos, la frontera posterior de Inglaterra puede haber estado más al norte. Puede que Escocia como es hoy nunca hubiera existido.

Hay un mojón en la villa de Dunnichen, y una réplica de una piedra picta, mientras que en el cercano Kirk de Aberlemno mantiene una maravillosa escultura que parece mostrar la batalla real. En sí mismo, merece una visita.

Dunnottar Castle, 1297: a tres kilómetros al sur de Stonehaven, Grampian. Este castillo prominente tiene una interesante historia. A comienzos de 681, hubo un asedio allí, y otro en 693, pero los participantes fueron ensombrecidos por el tiempo, y hay falta de evidencias. Cerca del 900, el rey Donald fue asesinado allí mientras luchaban con los daneses, y el rey Constantine enfrentaba a Athelstan de Wessex también en Dunnottar.

Durante la primera guerra de la independencia, los ingleses tenían una guarnición en Dunnottar, pero en 1297, William Wallace lo recapturó para Escocia. Parece que las bajas de los ingleses fueron altas, aunque un reporte que figura con 4.000

hombres es claramente una exageración. Se dice que la guarnición inglesa y sus seguidores huyeron a la iglesia, pero los hombres de Wallace estaban indignados y los masacraron más allá de lo sagrado del santo lugar.

Después de la muerte de Robert I, los ingleses de nuevo interfirieron con los asuntos internos escoceses con el apoyo de Edward Balliol. En 1336, trataron abiertamente de conquistar Escocia nuevamente en la segunda guerra de la independencia. Recapturaron Dunnottar ese año, solo por *sir* Andrew Murray, regente de Escocia para recuperarlo. Él destruyó el castillo para prevenir cualquier ocupación futura. Luego, fue reconstruido bajo los Keiths.

El castillo tiene un estacionamiento, baños y un pequeño comercio, pero pocas instalaciones para discapacitados.

Dunnottar Castle, 1645: cerca de Stonehaven, Grampian. Durante los problemas religiosos en el siglo XVII, el marqués de Montrose sitió Dunnottar.

Dunnottar Castle, mayo de 1652: cerca de Stoneheaven, Grampian. Durante la invasión y ocupación de Escocia por Cromwell, sus tropas asediaron y eventualmente mataron de hambre a la guarnición. *Sir* George Ogilvy de Barras fue el defensor. Los hombres de Cromwell esperaban robar los honores de Escocia (la corona y joyería de soporte), que habían estado escondidas dentro del castillo, pero la señora Grainger, la esposa del ministro, se las llevó de contrabando por seguridad a una iglesia cercana. Se dice que los hombres de Cromwell torturaron a Ogilvy y a los Graingers para descubrir donde habían escondido las insignias reales, pero no pudieron descubrir nada.

. . .

Dunnon Castle, 1334: Cowal, Argyll, Strathclyde. Durante la segunda guerra de la independencia, la facción Comyn pro-inglesa mantuvo el castillo de Dunoon. Robert Stewart, el propietario legítimo, y Dougal Campbell de Lochwe atacaron por el mar y recapturaron el castillo. Aunque Dunoon no fue una victoria principal, fue significativa en cuanto que marcó el comienzo de la lucha escocesa después de la derrota en Halidon Hill.

Hoy quedan solo fragmentos de este castillo.

Dunoon Castle; 1544: Cowal, Argyll, Strathclyde. Durante el intento de Henry VIII de Inglaterra de forzar el casamiento de su hijo con la niña reina Mary, Henry envió una flota bajo el conde escocés de Lennox dentro del Clyde. Los ingleses destruyeron el castillo de Brodick, pero fueron repelidos en Dumbarton. Tomaron el castillo de Dunoon tras una corta lucha.

Dunshelt, alrededor del 877: cerca de Auchtermuchty en Fife. El folclore local declara que el nombre viene de Dane's Hold después de una batalla en el páramo de Falkland, donde los daneses fueron derrotados.

Dunsiane Hill; 27 de julio de 1057 (o 1054), Sidlaw Hills, Perthshire. Malcolm III y las fuerzas inglesas, comandado por el conde Siward, derrotó a MacBeth, rey de los escoceses. Esta batalla es también conocida como «Seven Sleepers». Parece que Malcolm III marchó desde Birnam Hill, cerca de Dunkeld, y asaltó MacBeth en su caballo pardo en la colina. No hay detalles concretos de la batalla, pero hay un pequeño estacionamiento al pie de la colina, que puede ser escalada. La vista desde el fuerte en la cima hace obvio el por qué MacBeth era elegido como sitio estratégico para una fortaleza.

Dunstaffnage, 1463: cinco kilómetros al norte de Oban, Argykk, Strathclyde. La tradición establece que en esta pelea de clanes *sir* John Stewart de Lorn fue capturado en una poderosa lucha entre MacDonalds lord de las Islas y el rey de Escocia. El lord de las Islas creía que *sir* John era leal al rey y esperaba removerlo. Cuando *sir* John estaba en camino desde Dunstaffnage hacia una capilla cercana para casarse con una hija de MacLaren de Advrech, un cuerpo de hombres bajo Alan MacCoul atacó la partida. Los Stewart ganaron la pelea, pero *sir* John fue mortalmente herido. Murió justo antes de casarse, pero el hijo que había engendrado con su prometida se convirtió en el primero de los Stewart de Appin.

El castillo de Dunstaffnage fue construido en algún momento antes de 1275, pero la fortaleza de MacDougall estaba sobre el lado perdido durante las guerras de la independencia. Robert I lo capturó en 1309 y lo mantuvo por algún tiempo. Ahora es propiedad de Historic Scotland y tiene un estacionamiento e instalaciones para visitantes.

Dunyveg: 1615; Bahía Lagavulin, Isla de Islay, Strathclyde. Este trágico encuentro entre el clan Donald y los Campbells fue una de una larga disputa en la cual el clan Campbell extendió sus territorios a expensas de todos sus vecinos. Los MacDonals fueron quizás las víctimas principales, y *sir* James MacDonald de Islay fue condenado a muerte por las maquinaciones de los Campbells. Escapando desde el castillo de Edimburgo, él tomó represalias en lo que los historiadores conocen como la «rebelión de MacDonald». Cuando el rey James VI ordenó que cualquiera que tomara el castillo de

Dunyveg de Angus Og MacDonald debería recibir el perdón de fechorías pasadas, Campbell de Calder y Sir Oliver Lambert combinaron fuerzas. Desembarcaron en Islay con 200 hombres, con otros 140 arribando poco después, capturaron Dunyveg al principio de febrero, pero algunos de los MacDonalds escaparon. La rebelión continuó por un corto tiempo, con alrededor de 7.000 hombres limpiando Kintyre y las hébridas del sur, por lo que los MacDonalds continuaron resistiendo.

Hay ruinas fragmentadas interesantes que pueden ser visitadas.

Dupplin Moor; 12 de agosto de 1332; cerca de Perth, Perthshire, en algún lugar en el páramo de Dupplin, aunque el sitio exacto es incierto. Esta batalla fue la primera de la segunda guerra de la independencia.

Con Robert I y su capitán en jefe muertos, los ingleses nuevamente revivieron su interés en hacer de Escocia un reino títere. Edward Balliot, hijo del rey John, navegó desde el Humbert con ochenta y ocho barcos y una fuerza de arqueros y lanceros ingleses. Su flota contenía Lores ingleses tales como Ralph de Strafford, Fulk Fitzwarren y Thomas Ughtred, que querían tierras escocesas, mercenarios germanos y los desheredados, que eran Lores escoceses cuyas tierras habían sido confiscadas por Bruce. Balliol y sus hombres desembarcaron en Fife en agosto y marcharon a través de Perth. El regente, Donald, conde de Mar, levantó un ejército y se encontró con ellos en el páramo de Dupplin. A la medianoche del 10 de agosto, *sir* Alexander Mowbray lideró una fuerza de ingleses y desheredados cruzando un vado del Earn que les había mostrado un escocés traidor, Murray de Tullibardine. Tras flanquear a los escoceses, tomó una posición fuerte. Los ingleses formaron una línea, con los mortíferos arqueros en cada flanco. Mar lideró a los escoceses en una carga indisciplinada, con Lord Robert Bruce compitiendo por el honor de ser el primero de encontrarse con el enemigo. Ambos murieron en la consiguiente masacre.

Tradicionalmente, la batalla empezó a la madrugada y duró hasta el mediodía. Los ingleses ganaron con alguna facilidad, principalmente a causa de sus arqueros, aunque muchos escoceses fueron pisoteados hasta morir por la presión de sus propios hombres. Se reportaron treinta y tres ingleses muertos, y quizás dos mil escoceses. En seis semanas, Balliol fue coronado rey en Scone.

No hay monumento para esta importante victoria inglesa.

Durham, 1006 o 1008, Inglaterra. Durante un periodo en el que Escocia enfrentó enemigos en sus dos extremos, el norte y el sur, el nuevo rey, Malcolm II, marchó al sur para asediar Durham. Uctred, conde de Northumbria lo derrotó y, en los *Anales de Ulster,* se menciona el «sacrificio del buen hombre de Escocia», lo que puede sugerir que hubo muchas bajas entre los nobles escoceses.

Durrisdeer (cerca), febrero de 1548: Dumfries y Galloway. Esta escaramuza fue una victoria escocesa durante la guerra contra Henry VIII. Cuando el guardián inglés *sir* Thomas Wharton lideró a 3.000 hombres en un ataque dentro de la marcha oeste escocesa, envió una partida de avance hacia Durrisdeer en las colinas Lowther. El conde de Angus lideró una fuerza escocesa que enfrentó a los ingleses, y Johnny Maxwell, 4° lord Herries y otros «escoceses seguros» cambiaron de bando y borraron a sus antiguos aliados. Como estos escoceses seguros se juntaron con Angus, Wharton tuvo que retirarse con su fuerza principal.

E

Edinburgh; 638; ver Dun Eidyn

Edinburgh; 1544. Durante el «cortejo áspero», cuando Henry VIII de Inglaterra trató de forzar a Escocia a casar a la joven reina Mary con su hijo, un ejército inglés de 10.000 hombres, liderados por el conde de Hertford, desembarcó en Granton. Las ordenes de Henry se han citado como «poned fuego a todo y espada, para quemar Edimburgo, arrasad hasta la ruina y saqueadla, derribad y derrocad el castillo, saquead a Holyrood y a tantos pueblos como podáis, saquead a Leith, quemadlo y subvertidlo, y a todo el resto, pasad a hombres, mujeres y niños por la espada sin excepción»'

Los ingleses fueron repelidos en puerto de Leith Wind, pero forzados a través de la puerta de Water y el puerto de Nether Bow. Hubo una lucha callejera donde los ingleses incendiaron el pueblo, hasta que el humo de los edificios quemándose los forzó tierra adentro.

Una vez que los defensores escoceses, superados en número, fueron removidos, los ingleses saquearon todo lo que pudieron encontrar. Retornaron a Inglaterra cargados con botines, destruyendo cada pueblo y hundiendo cada barco y bote que pudieron en ambos lados del Forth y tan lejos al sur como Dumbar. Henry VIII tenía un extraño método de hacer amigos e influenciar a la gente.

Edinburgh Castle es una de las primeras fortalezas de Escocia, y una de las más impresionantes. Es un castillo real que se erige en la cima de un peñasco en el centro de Edimburgo y cumple la doble función de guarnición y centro turístico. Hay numerosas instalaciones para los visitantes, incluyendo una cantidad de museos militares, los honores de Escocia y vitrinas fascinantes. Sin embargo, ha sido involucrado en una cantidad de batallas y asedios, algunos de los cuales son los siguientes.

Edinburgh Castle, 1296. Durante la primera guerra de la independencia, Edward I de Inglaterra avanzó hacia Edimburgo trassu victoria en Dunbar. Cuando los ingleses pusieron sitio al castillo, el gobernador le pidió al rey John Balliol su ayuda, pero él le ordenó que se defendieran ellos mismos. Después de un asedio que pudo haber durado una semana, los pozos estaban secos y el castillo se rindió. En su manera usual, Edward Plantagenet asesinó a la guarnición y puso a Walter de Huntercombe como gobernador. Wallace retomó el castillo al año siguiente.

Edinburgh Castle. 14 de marzo de 1314. Durante la primera guerra de la independencia, la propiedad de cada castillo de Escocia fue disputada. El castillo de Edimburgo ya había cambiado de manos una cantidad de veces, pero en 1314 los ingleses estaban firmemente en posesión. Fue

Thomas Randolph, conde de Moray quien recapturó el castillo en un ataque sorpresa, de acuerdo a la leyenda, un soldado llamado William Frank, lo llevó a la roca. Frank había sido una vez soldado de la guarnición y frecuentemente dejaba el castillo para conocer chicas en el pueblo. Los escoceses destruyeron el castillo para estar seguros de que los ingleses no pudieran usarlo de nuevo.

Edinburgh Castle, 1341. Durante la segunda guerra de la independencia, Edward III de Inglaterra refortificó el castillo de Edimburgo. Los escoceses habían conducido una campaña de guerrilla extremadamente efectiva hasta esa fecha, evitando la mayoría de los encuentros mayores, pero golpeando las columnas de suministros y pequeñas fuerzas. Ahora *sir* William Douglas y William Bullock se disfrazaron ellos mismos como mercaderes ingleses y metieron sus carretas bajo el rastrillo del castillo. Cuando los ingleses no pudieron cerrar las puertas, los escoceses asaltaron la guarnición y capturaron el castillo. Aquellos ingleses que sobrevivieron fueron tratados tan razonablemente como se hacía con los prisioneros en ese tiempo. Desgraciadamente, los ingleses luego capturaron a Bullock y lo dejaron morir de hambre.

Edinburgh Castle, 1544. Durante el cortejo duro de Henry VIII, el conde de Hertford había desembarcado su ejército inglés en Granton e incendiado Edimburgo, pero el conde de Arran había fortificado el castillo efectivamente y le había agregado artillería. Hertford gastó cuatro días en un ataque sostenido, perdiendo según un reporte, seguramente exagerado, 500 hombres. El gobernador, *sir* James Hamilton de Stanehouse, hizo una salida que despejó a los ingleses de Castle Hill. Los ingleses fueron forzados a abandonar su única pieza de artillería móvil en High Street. Los escoceses después la capturaron. Hamilton de Stanehouse todavía estaba al mando tres años después cuando los ingleses ganaron la batalla de Pinkie y le pidieron que se rindiera. Irónicamente, los ingleses también tenían el mismo comandante, aunque ahora era conocido como el duque de Somerset, pero Stanehouse le dio la misma respuesta y de nuevo los ingleses se retiraron.

Edinburgh Castle, febrero de 1573, cuando Mary, la reina de los escoceses huyó de Inglaterra, dejó tras de sí un país en turbulencia. Había una guerra civil entre los católicos Queensmen y los protestantes Kingsmen. *Sir* William Kirkcaldy de Grange mantuvo el castillo de Edimburgo para la reina y soportó el asedio más largo de todos. Kirkcaldy de Grange fue un veterano de la guerra europea con una reputación de ser «el soldado más valiente en Europa» y reforzó el castillo y la guarnición. Estaba allí en marzo de 1571 y desafió a los Kingsmen.

El regente Morton, que lideraba la facción protestante, buscó la ayuda de Inglaterra y, tras el vencimiento de una tregua el 1 de enero de 1573, Kirkcaldy fue el primero en abrir fuego, pero los sitiadores replicaron vigorosamente. Kirkcadly salió y los sitiadores se encontraron con sus hombres. Cuando los cañones ingleses llegaron para ayudar a los sitiadores, una cañoneada empezó y fue tal que las mujeres de la guarnición se estremecieron de miedo y tiraron abajo la torre de David. Cuando el suministro de agua fue capturado, Kirkcaldy se rindió el 28 de mayo. Morton colgó a Kirkcaldy de Grange y encarceló a los sobrevivientes de la guarnición.

Edinburgh Castle, 1640. El castillo estuvo ocupado durante la guerra civil de mediados del siglo XVII. *Sir* Alexander

Leslie lo capturó haciendo volar la barrera de la entrada con fuego de cañón, pero un gobernador restaurado *sir* Patrick Ruthven lo retuvo contra los covenants por cinco meses antes de rendirse.

Edinburgh Castle, 1650. Después de que Cromwell ganara la batalla de Dunbar, entró en Edimburgh y sitió el castillo. Conforme ambos bandos intercambiaban disparos, Cromwell colgó a un viejo jardinero que le había dado información al gobernador Dundas. Cuando Cromwell presionó a unos mineros para hacer un túnel para una mina, Dundas se rindió. Muchos escoceses lo acusaron de traición mientras veían a los «blasfemos ingleses» establecerse. De mayor importancia que la pérdida del castillo, fue que los registros escoceses fueron enviados a Londres, de donde nunca volvieron.

Edinburgh Castle, 1689. Cuando el parlamento escocés declaró como rey a William, los jacobitas defensores del castillo de Edimburgo se rehusaron a rendirse. El duque de Gordon, con una pequeña guarnición, aguantó un largo asedio. En su apogeo, la guarnición era de 86 hombres, con solo 30 barriles de pólvora, y los sitiadores eran un número mucho mayor. Sin embargo, el castillo se mantuvo desde el 18 de marzo hasta el 13 de junio. Solo tuvo que aguantar un solo asedio más, cuando los jacobitas de Bonnie Prince Charlie tomaron Edimburgo en 1745, pero no fue un intento serio de ataque en esa ocasión.

Edryford, 1307: cerca de Kilmarnock, Ayrshire, Strathclyde. *Sir* James Douglas fue el vencedor en esta escaramuza durante la primera guerra de la independencia. Cuando el caballero inglés De Valence envió a *sir* John Mowbray y a una gran fuerza hacia Kyle para sofocar a la resistencia escocesa, *sir* James Douglas los interceptó en Edryford, cerca de Klimarnock. Esperó hasta que los líderes ingleses hubieran cruzado el vado y, entonces, ordenó a sus arqueros disparar. Aunque Mowbray escapó, la mayoría de los otros ingleses fueron asesinados o dispersados en los páramos.

Eilean Donan Castle, 1539: Kintail, las Tierras Altas. Los Macraes tradicionalmente retuvieron este castillo para los Mackenzies. En 1539, los Mackenzies y los MacLeods tuvieron una disputa cuando Donald Gorm MacDonald, aliado con los MacLeods, atacó Eilean Donan, supuestamente con una flota de cincuenta galeras y una fuerza de 400 hombres. El alguacil interino del castillo, Duncan MacRae, asesinó a Donald Gorm y finalizó el asedio. Se dice que fue la última flecha de MacRae la que mató a MacDonald.

Eilean Donan Castle, 1719: Kintail, las Tierras Altas. Después de la Unión entre Escocia e Inglaterra en 1707, los jacobitas, quienes esperaban volver poner al rey Stuar en el trono, fermentaron la rebelión. Uno de los menos recordados alzamientos Jacobitas ocurrió en 1719, cuando unos pocos cientos de soldados españoles desembarcaron en las Tierras Altas. Cuando los españoles pusieron su cuartel general en el castillo Eilean Donan, la armada real envió tres barcos de guerra, *Worcester, Flamborough y Enterprice* para atacar el fuerte. Los cuarenta y ocho españoles se defendieron, pero las antiguas fortificaciones del castillo no soportaron la artillería moderna, por lo que rápidamente se rindieron. Eilean Doncar fue seriamente dañado y permaneció en una condición ruinosa hasta 1912, cuando el coronel John Macrae-Gilstap comenzó a restaurar el castillo. El puente arqueado que hoy da acceso fue erigido en ese tiempo y, en 1983, el *Conchra Charitable Trust* fue creado para cuidar de Eilean Donan.

Elgin Castle, 1297: Moray. Cuando Edward I invadió Escocia, los escoceses pusieron solo una resistencia limitada. No fue hasta que los ingleses completaron su ocupación que comenzó la campaña de guerrilla. William Wallace combatió a los invasores en el sur, y Andrew Murray tomó castillo tras castillo en el norte. Uno que recapturó fue el castillo de Elgin en 1297.

Hay poco que ver del castillo. Está erigido en Lady Hill, que ahora está dominado por el estatuto de 1839 del 5° duque de Gordon.

Enterkin Pass, julio de 1684. Lowther Hills, Dumfries y Galloway. Esta escaramuza ocurrió durante los disturbios de los covenants, cuando el gobierno de la época intentaba imponer la religión presbiteriana. Cuando una partida de soldados estaba escoltando prisioneros covenants a través del paso de Enterkin, entre Thomhill y Sanquhar, los covenants los emboscaron. James MacMichel, conocido como el negro MacMichel, lideró a los covenants. MacMichel esperó hasta que los soldados alcanzaron la parte más estrecha del paso antes de demandarles que liberaran a los prisioneros. Cuando los soldados se rehusaron, MacMichel le disparó al sargento Kelt. Un soldado fue asesinado, algunos otros heridos y cuarenta prisioneros fueron liberados.

Embo, alrededor del 1260: norte de Dornoch, Sutherland, las Tierras Altas. Esta batalla debe haber sido una de las últimas de la costa noreste entre asaltos Vikingos y los escoceses.

Una partida de daneses desembarcó en Little Ferry y marchó a Embo, donde acamparon. El conde de Sutherland ordenó a Richard de Moravia mantener a los invasores ocupados hasta que él pudiera reunir sus hombres. De Moravia, hermano del fundador de la catedral de Dornoch, lo hizo, pero fue asesinado en la lucha. Cuando el conde arribó, derrotó a los Vikingos. La leyenda dice que el conde mató al líder Vikingo con la pata de un caballo. Una gran piedra cerca de la villa conmemora el evento.

Essie, 17 de marzo de 1058, librada en Strathbogie, Aberdeenshire. Esta batalla parece haber sido la culminación de una lucha dinástica que puso a Malcolm III (Canmore) en el trono escocés.

Malcolm Canmore había derrotado a MacBeth con la ayuda inglesa. Aun cuando MacBeth había muerto, fue su hijastro, Lulath el Fastuoso, quien reclamó en trono. Es posible que Malcolm y Lulath se hubieran unido para derrotar a MacBeth, pero cualquiera sea la razón, Malcolm lo emboscó en Essie, Strathbogie, y lo mató. Un año después Malcolm fue coronado rey, el tercero en llevar ese nombre. La batalla de Essie, sin embargo, no terminó con el tema, por esto hubo otros dos siglos de rivalidad entre los descendientes de Macbeth y los de Malcolm.

$$F$$

Falkirk, 22 de julio de 1298, Central. En una de las batallas más exhaustivas de la primera guerra de la independencia, Edward I de Inglaterra derrotó a William Wallace.

Tras la victoria de Wallace en el puente de Stirling, Edward Plantagenet reunió a más de 2.000 hombres de caballería y 12.000 de infantería, incluyendo varios arqueros galeses. Marchó al norte en julio, mientras los ingleses y galeses discutían entre ellos, y los ingleses sufrían por la política de tierra arrasada de los escoceses. Wallace se retiró ante el ejército inglés. Cuando Edward estaba a punto de retirarse, dos traidores escoceses, el conde de March y el conde de Umfraville, informaron a los ingleses de que Wallace estaba en el bosque de Callender, cerca de Falkirk. Edward avanzó hacia los escoceses.

Wallace debió haber sabido que se enfrentaba a una tarea casi imposible, por lo que habló con su gente. Habiendo alineado a los escoceses en cuatro *schiltrons* de lanceros, se dirigió a sus hombres: «los he traído al ruedo», dijo, «bailad si podéis». Los escoceses lo pudieron entender. Habían podido danzar alrededor del ruedo en tiempos más felices, pero ahora tenían que saltar con una melodía marcial. Entre los *schiltrons*, Wallace puso algunos arqueros bajo *sir* John Stewart, mientras que los jinetes se sentaban en medio.

La caballería inglesa estaba en tres batallones. Edward I envió a adelante primero a su caballería pesada, pero los lanceros escoceses los repelieron. Desgraciadamente, la caballería escocesa corrió, y los arqueros fueron rebasados. Entonces, Edward recurrió a los arqueros. Los mercenarios genoveses y los ingleses se unieron a los arqueros galeses y lanzaron volea tras volea de misiles dentro de las líneas escocesas. Los escoceses no pudieron responder más que con su coraje obstinado, y solo cuando las filas escocesas habían sido reducidas, la caballería inglesa atacó de nuevo.

Los arqueros habían hecho bien su trabajo, y los escoceses fueron rebasados con muchas bajas. Falkirk fue la primera victoria importante para los arqueros que luchaban por Inglaterra, pero Edward tuvo que retirarse porque las tácticas de tierra arrasada de los escoceses habían esparcido el hambre y la enfermedad.

Hay un monumento en la villa de Wallacestone, donde Wallace tiene fama de haber hecho su posición.

Falkir, 17 de enero de 1746, Central. Esta batalla fue librada durante el último levantamiento jacobita. Tras alcanzar Derby, el ejército del príncipe Charles Edward Stuart se retiró a Escocia. Libraron una pequeña escaramuza ordenada en Lifton, y enfrentaron al ejercito hannoveriano del general Hawley en Falkirk.

Los hannoverianos habían intentado relevar el asedio jacobita al castillo de Stirling, y los jacobitas esperaban bloquearlos. Fue aproximándose la tarde de un día con aguanieve cuando los dos ejércitos corrieron por una cresta estratégica en el páramo de Falkirk, al sudoeste del pueblo. Los jacobitas ganaron la carrera, y su ejército de alrededor de 7.500 superaba en número a los 7.000 hannoverianos. Sin embargo, Hawley creía que los escoceses no enfrentarían a la caballería, y él tenía tres regimientos de dragoneantes en su línea, así como artillería.

Cuando los cañones empezaron a empantanarse en el lodo, Hawley ordenó a sus dragoneantes seguir adelante, pero, más que rendirse, los escoceses esperaron hasta que los jinetes estuvieron cerca y, entonces, dispararon una volea que los dispersó. Cuando los dragoneantes corrieron, los escoceses cargaron hacia adelante contra la infantería hannoveriana. Solo tres regimientos, los de Price, Barrel y Ligioner, permanecieron, los restantes huyeron en pánico.

A los jacobitas les tomó veinte minutos para derrotar a los hannoverianos, matando entre tres y cuatrocientos, frente a una pérdida de cincuenta escoceses. Doscientos hannoverianos fueron capturados.

Un monumento en el sur del campo de batalla conmemora la acción.

Fenton, diciembre de 1558: Northumberland, Inglaterra. En 1558, la última guerra oficial escocesa-inglesa fue arrastrándose hasta convertirse en un horror y una carnicería. Cuando la reina regente designó al conde de Bothwell como teniente de los Border, este lideró un asalto contra la fortaleza de Henry Percy en el castillo de Norham. En Fenton, cerca, se encontró con una fuerza inglesa bajo Percy y lo derrotó sonoramente, haciendo correr a los ingleses y capturando a más de cien hombres.

· · ·

Fettereso, 950 o 954: sur de Stonehaven, Grampian. Los hombres de Moray derrotaron y mataron a Malcolm I.

Fideoin, 630: Arelando. Maelcaich del irlandés. Cruithni derrotó a Conadd Cerr, rey de la Dalriada escocesa en esta batalla irlandesa.

Finglen, **719:** posiblemente Dunbartonshire o Glen Fyne. Selbach derrotó a sus hermanos Ainbhceallach en esta batalla entre rivales Dalriadicos.

Flodden, viernes 9 de septiembre de 1513: Northumberland, Inglaterra. Los ingleses, bajo el liderazgo de Howard, conde de Surrey, derrotaron a James IV de los escoceses en quizás la peor derrota en la historia escocesa, ya que el rey, muchos nobles y quizás 10.000 escoceses fueron asesinados, pero los ingleses también perdieron una gran porción de su ejército.

Con el papado, el sagrado imperio romano y los ingleses aliados contra Francia, Louis XII de Francia le pidió ayuda a Escocia. Conociendo lo caballerosos que eran los reyes escoceses, la reina francesa apeló a James para avanzar «una yarda por su bien» dentro de Inglaterra. Como un aliado, James IV no pudo rehusarse e invadió Inglaterra con probablemente el ejército escocés más grande todavía producido.

El conde de Surrey había agregado leva del sur a su ejército y marchó detrás del sagrado estandarte de St. Cuthbert. Surrey desafió a James a luchar el viernes 9 de septiembre. James aceptó y ocupó Flodden Ridge, cerca de Coldstream. James tenía el ejército más grande, con artillería fina y una espléndida posición, pero se negó a usar estas ventajas porque hubiera sido poco caballeroso. Cuando Surrey invitó a James a luchar en un terreno abierto, el rey escocés dejó su posición para encontrarse con él, y lucharon en un atardecer húmedo, las alabardas y arcos ingleses contra las picas escocesas.

Los escoceses de la frontera en el ala izquierda sobrepasaron a los ingleses que se les opusieron, pero Surrey retuvo el batallón del rey. James avanzó a pie cuando las alabardas cortaban los flancos de su ejército. James cortó su camino hacia el centro de los ingleses, donde se convertiría en el blanco de los arqueros ingleses, mientras los jinetes fronterizos ingleses arrasaban la retaguardia. Mientras los fronterizos de Home saqueaban el campamento inglés, ambos bandos se descalzaron para conseguir un mejor agarre en la hierba sangrienta.

En la tarde, los sobrevivientes de ambos bandos se retiraron para ver quien había ganado. Con James muerto, el fronterizo lord Home tomó el comando y se retiró con sesenta prisioneros ingleses y con tantos caballos ingleses y fronterizos como pudieran tener en sus manos. Quedando en posesión del campo de batalla, los ingleses reclamaron la victoria.

La magnitud de la pérdida del rey James se destaca por la creencia entre muchos escoceses ordinarios de que cuatro jinetes se lo llevaron para luchar en las cruzadas. Un arzobispo y dos abades también habían sido asesinados, junto con once condes y quince Lores.

Hay un monumento en forma de una cruz, que fue erigido en 1910, y también unos paneles de interpretación en un camino menor saliendo de la A697, justo al norte de Wooler. El castillo Etal también tiene una cantidad de armas que deben haber sido usadas en la batalla.

. . .

Ford of Arkaig, septiembre de 1665, las Tierras Altas. Esta batalla de clanes ocurrió entre fuerzas del clan Cameron, bajo el temible Ewan Cameron, y el jefe de Mackintosh. Las dos fuerzas, cada una supuestamente con más de mil hombres, se enfrentaron a través del vado de Arkaig. Cameron planeó un movimiento de pinzas, pero John Campbell, posteriormente de Breadalbane, apareció con una gran fuerza y dijo que quería atacar a quien empezara la batalla. Ninguno peleó, y los dos jefes rivales acordaron un final para su disputa que había durado más de 300 años.

Forfar, 1673: Angus. Esta batalla de clanes fue entre los Farquharsons y los McComies de la Isla Glen superior. Los Farquharsons ganaron y los que quedaban de los McComies huyeron a Aberdeenshire.

Forfar Castle, Navidad de 1308: Angus. Durante la Primera Guerra de la Independencia, un pequeño movimiento de resistencia acompañó la operación principal de los reyes y grandes nobles, en esta instancia, Philip el guardabosque de Platan lideró un pequeño grupo que escaló los muros del Castillo de Forfar y masacró a la guarnición. Nada queda ahora de este castillo.

Forres, 966 o 967: Moray. Cullen, hijo de Indulf derrotó al rey Dub (Duffus), el hijo de Malcolm I, en un intento de tomar Moray. Esta batalla fue parte de una larga disputa entre los hijos de Kenneth MacAlpin, Aed y Constantine. Alfres Smyth, en *Señores de la guerra y hombres santos,* sugiere que Cullen debió haber sido rey de Strathclyde en lugar de Donald, hijo de Owen, y nominado para el trono escocés en su lugar.

Una soberbia piedra picta se erige en las afueras del este de Forres, con tallas que describen la batalla. Aunque estas tallas fueron originalmente pensadas para describir la victoria de Sueno sobre los escoceses, es posible que muestren la victoria de Cullen sobre Duff, o aun de Malcolm II sobre los daneses. Para sumar a la confusión, la saga *Orkneyinga* menciona una victoria de Sigurd el Poderoso sobre el conde de mar picto Maelbrigte en esta área.

Fortrose; alrededor de 1570: Isla Black, Easter Ross, las Tierras Altas. Los Munros y los Mackenzies disputaban la posesión de las tierras del Chanonry de Ross. Entonces, cuando el regente Moray le dio el castillo a Andrew Munro de Milton, los Mackenzies decidieron tomar acción directa. Junto con los Mackintoshes, tomaron control de la catedral y sitiaron a los Munros en el palacio del obispo y la torre de Irvine. El punto muerto duró algún tiempo, pero cuando los Mackenzies mataron a veintiséis Munros que intentaban conseguir suministros, los Munros que quedaron se rindieron.

Fort William, 1746: las Tierras Altas. Durante el último levantamiento jacobita, los Camerons asediaron a la guarnición hannoveriana del fuerte desde el 20 de marzo hasta comienzo de abril. Los regulares mixtos y la milicia de los Campbell dentro del fuerte se mantuvieron firmes.

Forter Castle, 1640: Isla Glen, Angus. Este incidente inspiró la balada *The Bonnie Hoose of Airlie*. Fue también el clímax de una disputa entre los Ogilvies de Glen Isla y los Campbells. Los Ogilvies habían construido el castillo Forter alrededor de 1562, deteniendo a los Campbells locales para tener un acceso fácil a través de Glen Isla hacia sus tierras del oeste. Los

Campbells esperaron su oportunidad, y los problemas religiosos de mitad del siglo XVII les dieron la oportunidad perfecta. Cuando el conde realista de Airlie dejó sus tierras para unirse al rey Charles en York, el conde covenant de Argyll llevó a sus hombres para destruir las propiedades de Ogilvie en Airlie y Forter.

Forth, Firth of, cerca de 1489. En algún momento, alrededor de 1489, una flotilla inglesa de cinco barcos había sido pirateados por navegantes escoceses en el Forth. Andrew Wood de Leith zarpó con sus barcos, *Flower* y *Yellow Carvel*, y capturó las embarcaciones inglesas. Al año siguiente, los ingleses enviaron al londinense Stephen Bull con tres poderosos barcos para capturar a Wood.

De acuerdo con la tradición, Bull esperó a sotavento de la Isla de May y emboscó a Wood cuando él entraba al Forth en su retorno desde un viaje de comercio a los Países Bajos. Hubo dos días de lucha cuerpo a cuerpo hasta que Wood prevaleció y remolcó sus premios ingleses a Dundee. A Wood se le otorgaron tierras en Largo desde donde él podía observar los acercamientos al Forth.

Fort, Firth of, 16 de octubre de 1939. Durante la segunda guerra mundial, la primera acción en el espacio aéreo británico tuvo lugar encima del estuario de Forth cuando un escuadrón escocés RAF derrotó un ataque de Luftware de la Royal Navy. La fuerza aérea alemana envió 12 *Junkers 88* y un escuadrón *Kempfgschwader* 30 Eagle Wing para atacar al HMS *Hood* y otras embarcaciones de la Royal Naval en el Forth.

Cerca del mediodía del 16, las aeronaves alemanas estuvieron sobre el Forth. *Hood* estaba en Rosyth, y los alemanes tenían órdenes de no atacar barcos en puerto. El concepto de bombardeos a civiles británicos solo vino más tarde en la guerra. Obedeciendo sus instrucciones, los pilotos alemanes atacaron los cruceros *Southampton* y *Edinburgh*, y destruyeron al *Mohawk*. Un *Junker* impactó al *Southampton* con una bomba de 1.000 libras y, entonces, los escuadrones de *Spitifires* de la RAF 603 Ciudad de Edimburgo y el 602 Ciudad de Glasgow arribaron. Después de la primera batalla aérea sobre Escocia, los alemanes fueron expulsados, dejando al menos una de sus aeronaves abatidas.

Fulhope Edge, septiembre de 1400: Northumberland, Inglaterra. En esta escaramuza entre los escoceses y los ingleses, *sir* Ralph Umfraville derrotó a las fuerzas escocesas que casi destruyeron el castillo de Wark. Umfraville había seguido a los escoceses y los capturó en la parte superior de Coquetdale.

Fyvie, 28 de octubre de 1644, Aberdeenshire. Esta pequeña batalla interesante muestra a las fuerzas del marqués de Montrose como un líder de una pequeña fuerza cuando se enfrentó a un ejército más grande. Se luchó durante la campaña del marqués de Montrose en una gran guerra civil entre los covenants y los realistas. Después del saqueo de Aberdeen, Alasdair MacColla MacDonald, el segundo al mando de Montrose, se fue para el oeste, ostensiblemente para reclutar a los MacDonalds. Se llevó una gran parte del ejército con él, dejando a Montrose con aproximadamente 800 hombres de infantería y alrededor de 50 de caballería. Montrose marchó a través de Aberdeen, esperando reclutar hombres de los Gordons. Sumó solo 200 y marchó hacia el valle de Ythan, cerca del castillo Fyvie. Un ejército aliancista de alrededor de 3.000 hombres de infantería y 1.000 de caballería, liderados por el conde de Argyll, se unió a él y marcharon contra su posición.

Rápidamente, se movieron en recintos agrícolas encima de Parkburn Glen. Con un bosque protegiendo su flanco izquierdo, y una fuerte pendiente a su derecha, Montrose se preparaba para la batalla. Argyll lideró a sus hombres hacia arriba por la pendiente pantanosa y se detuvo justo fuera del alcance de los mosquetes antes de lanzar un ataque. La infantería del conde de Lothian atacó primero, apoyada por la caballería y, entonces, los Gordons de Montrose huyeron. Los escoceses y los Ulstermen de Montrose dispararon con sus mosquetes, pero los Lothians los empujaron hacia atrás, matando a un oficial llamado Robert Keith y a alrededor de catorce hombres. Montrose ordenó un contraataque y empujó a los Lothians hacia atrás. Los ataques a los flancos también fallaron y, cuando sus intentos para atraer Montrose desde su posición fallaron al siguiente día, Argyll se retiró. La balada de *Bonnie Lass de Fyvie* se dice que tiene una conexión con la batalla.

G

Gallow Lee, 1571. Entre Edimburgo y Leith. Esta escaramuza ocurrió durante el largo asedio del castillo de Edimburgo, cuando Kirkcaldy de Grange mantuvo el castillo para la reina Mary contra el regente Morton y los partidarios del rey James VI. En esta ocasión, los Kingsmen derrotaron a los Queensmen.

Garbharry, alrededor de 1556, Beinn Mhor; Berriedale, Caithness, Tierras Altas. Después de que los Mackays habían devastado en Sutherland e incendiado la capilla de St Ninian, un cuerpo de hombres de Sutherland los capturó en Berridale, al lado de Garbharry Water. Los hombres de Sutherland ganaron la batalla, matando a 120 presuntos Mackays y dispersando al resto.

La historia de fondo cuando la reina regente, Marie de Guise, esperaba al jefe del clan Mackay para encontrarse con él en Inverness. Ella ordenó al conde de Sutherland para castigarlo, por lo que el conde demolió la fortaleza Mackay del castillo Borve que, casualmente, había sido usada como una base para asaltar territorios de Sutherland. El conde fue capturado entonces en Strathbora y lo encarcelaron en Edimburgo. La incursión en St Ninian fue hecha por el primo de Mackay, en represalia de John Mor Mackay.

Garrison, the, c 1712: Inversnaid, Lago Arklet, Argyll, Strathclyde. Acomienzos del siglo XVIII, el gobierno hannoveriano intentó contener a los jacobitas escoceses con una serie de fuertes y caminos. El fuerte del lago Arklet fue conocido como «la guarnición», y se intentó controlar por los MacGregors. Poco después de haber sido construido, Rob Roy MacGregor y sus hombres lo capturaron. La guarnición fue reconstruida y de nuevo guarnecida, pero de nuevo fue tomada en 1745 por el hijo de Rob Roy, Seumas Mor, y 12 hombres. La guarnición fue reconstruida una segunda vez y tripulada hasta 1792. Uno de los comandantes de las guarniciones, en algún momento después de 1745, fue el general Wolfe, quien capturó después a Quebec con la ayuda de los escoceses.

Las ruinas de la guarnición aun pueden ser visitadas.

Gartloaning, 12 de octubre de 1489, oeste de Stirling. Esta fue una escaramuza menor durante la guerra civil de 1489. Cuando James III fue asesinado en Sauchieburn, los nobles victoriosos intentaron asegurar Escocia, pero otros objetaron que este poder era mantenido por unos pocos individuos. El conde de Lennox y el conde de Huntly se levantaron en rebelión, pero las fuerzas reales ganaron una pequeña victoria en un lugar llamado Gartloaning, y así terminó cualquier disidencia armada.

· · ·

Garsklune, alrededor de agosto de 1392: posiblemente tres kilómetros al noroeste de Blairgowrie, Perthshire. La década de 1390, fue una era turbulenta en Escocia, cuando el rey era débil y Alexander Stewart, el Lobo de Badenoch, corría rampante en el norte. Después de que el Lobo hubo incendiado la catedral de Elgin, otra fuerza de escoceses de Badenoch y Atholl, posiblemente liderado por su hijo Duncan Stewart, se dirigió hacia el sur para arrasar Strathmore. *Sir* Walter Ogilvy, Sheriff de Angus, junto con *sir* David Lindsay de Glenesk y *sir* Patrick Gray, reunieron una fuerza para encontrarse con ellos. Los dos ejércitos se encontraron en Gasklune, en el Agua de Isla, donde la ferocidad de la carga de los escoceses sorprendió a los escoceses de las Tierras Bajas. Los hombres de Ogilvy tuvieron una pérdida reportada de sesenta muertos, con un mayor número de escoceses de las Tierras Altas, quienes se retiraron. No parece que haya habido un claro vencedor.

Girnigio, 1588: cerca de Wick, Caithness. Este incidente ocurrió durante la disputa entre el conde de Sutherland. Los hombres de Sutherland, incluida una fuerza de Mackays, invadieron Caithness. Mientras el conde de Sutherland tomaba parte de su ejército para incendiar Wick, los restantes asediaron el castillo de Girnigio, con el conde de Caithness adentro. Después de doce días, los hombres de Sutherland alzaron el asedio y se embarcaron en un retorno a casa de saqueo. Girnigio después le cambió el nombre a castillo Sinclair, y este asunto comenzó a llamarse como «La-na-Creich-Moire».

Clan Sinclair Trust ahora es propietario del castillo, y está intentando restaurar lo que es una ruina más interesante en un promontorio rocoso en la costa de Caithness. Es el único castillo escocés que fue enlistado por World Monuments Fund.

. . .

Glasgow, 1679: Strathclyde, librada durante los disturbios covenants.

Después de la escaramuza en Drumclog, los covenants marcharon contra Glasgow. Los guarda vidas de Ross y tres tropas independientes comandadas por el conde de Airlie, Claverhouse y el conde de Home, defendieron el pueblo. En la aproximación de los covenants, los soldados se retiraron al centro del pueblo. Los covenanters atacaron en dos grupos, *sir* Robert Hamilton de Preston avanzó hacia el Gallowgate, y otra fuerza se movió en dirección a la universidad. Los relatos hablan de caballos tropezando en los adoquines mientras los defensores salieron victoriosos y covenants se retiraron con seis muertos quizás.

Glen Boltachan, 1522 o 1612: cerca del Lago Earn, Perthshire. En esta lucha de clanes, Finlay MacNAb, el 8º jefe de los MacNabs, lideró una fuerza desde sus tierras al lado del lago Tay para atacar los MacNeishes en la cañada de Boltachan. Sin embargo, los MacNeishes vinieron a encontrarse con ellos, y los clanes lucharon en la cañada. Se supone que el sitio de la batalla estuvo alrededor de una roca distintiva. Mientras los MacNabs corrían cuesta abajo, tiraron su tartán y, desnudos aparte de sus borceguíes, atacaron a los MacNeishes, quienes usaban el mismo vestuario. El jefe MacNab luchó duro, poniendo su espalda contra la roca y usando su espada hasta cuando fue asesinado, junto con sus tres hijos. La leyenda dice que el inusual liquen rojo que cubre la piedra todavía está manchado con la sangre del jefe. El bardo del clan y pariente del jefe, Maccallum Glas, escapó con 20 sobrevivientes a su refugio en la isla en lago Earn.

La isla de MacNeish puede ser vista claramente desde St. Fillans. Es un lugar angosto, fabricado por el hombre, que sugiere que fue un refugio más que una residencia permanente. En un momento había una calzada que iba de la costa a la isla.

Glen Eanaich, las Tierras Altas, fecha incierta. Esta escaramuza de clanes siguió el patrón tradicional de un clan implicado en un robo de ganado y siendo perseguido y capturado por las víctimas. Es este caso, los Camerons habían arrasado las tierras de Tulloch cuando los hombres locales se habían ido a Forres por una piedra de molino. Cuando los hombres de Tulloch regresaron, encontraron que todo su ganado se había ido. Levantaron a sus parientes de Rothiemurchus, persiguieron a los Camerons y los derrotaron cerca de la cabecera de la cañada de Eanaich. Como siempre, hay varias versiones de la lucha.

Glen Fruin, 7 de febrero de 1603: en el lago Lomond, Argyll, Strathclyde. Esta batalla es una de las mejores registrada y mejor conocida de las peleas de clanes, posiblemente a causa de las repercusiones. Una versión dice que, después de que los Colquhouns colgaran a dos MacGregors, Alastair, 17° jefe de los MacGregors, había arrasado Luss y matado a algunos Colquhouns. Cuando una partida de mujeres Colquhoun le mostraron al rey James VI las camisas ensangrentadas de sus difuntos, junto con otros que se habían sumergido en sangre de ovejas, el rey rápidamente dio autoridad a los Colquhouns para atacar al clan Gregor con fuego y espada.

Colquhoun reunió una fuerza considerable de su propio clan, más algunos Buchanans y un cuerpo de burgueses desde

Dumbarton, pero Alasdair MacGregor de Glenstrae retornó a Luss con entre 300 o 400 hombres, posiblemente con el ánimo del conde de Argyll, quien jugó un doble juego. Los MacGregors fueron derrotados por los Maclains, MacLeans y Camerons, y llevaron «alabardas, vagones, espadas para ambas manos, y con arcabuces y pistolas». Los Colquhouns habían reportado 300 hombres de caballería y 500 de infantería, lo que sonaba un poco excesivo. Los verdaderos números fueron probablemente alrededor de 200 MacGregors y el misma o levemente mayor número de Colquhouns.

Multitudes se reunieron para ver la batalla que siguió, que ganaron los MacGregors con cierta facilidad, superando la victoria con una fina masacre. Alasdair MacGregor fue ejecutado el 3 de abril de 1603, y el nombre de MacGregor fue proscrito cuando el rey dio la orden de «extirpar el clan Gregor y descartar su posteridad y su nombre». El concilio Privy abolió el nombre de Macgregor y ordenó la adopción de otros apellidos bajo pena de muerte. A todos los que fueron a Glenfruin se les prohibió usar armas en el futuro distintas de un cuchillo sin una pinta para comer sus alimentos. Hubo más proscripciones en un intento de erradicar el nombre del clan, así que para 1633 ya no era un crimen matar a un MacGregor.

Hay una roca conmemorativa de la batalla al lado de la B832, camino a la cabecera de la cañada.

Glendale, 1492 o después de 1513: Lago Pooltiel, Isla de Skye. Se dice que un gran mojón marca el lugar donde fueron enterrados los muertos de esta batalla de clanes. Por un lado estaban los MacDonalds de Sleat y de Clanranald, mientras que sus oponentes eran los Macleods de Harris y Dunvegan, y los MacLeods de Lewis. De acuerdo a la leyenda, los MacDonalds iban ganando hasta que los MacLeods no desplegaron su talismán, la famosa bandera de las hadas, que inspiraba a los MacLeods con coraje extra y hacía quelograran la victoria. La versión MacLeod, celebrada en la Bannatyne MS, también dice que Donald Grumach MacDonald lideró una fuerza de ataque MacDonald que robó las tierras de los MacLeods hasta Dunvegan.

Los MacDonalds llegaron cuando el jefe MacLeods, Alasdair Crotach estaba en Harris, pero tan pronto como tuvo conocimiento del ataque, reunió a los MacLeods de Harris y Lewis y llevó sus galeras a Glendale. Si Crotach era el jefe, entonces la fecha de la batalla es posterior a 1490, ya que no fue jefe hasta años después.

En lugar de atacar a los MacDonalds, los MacLeods elaboraron una formación de batalla en la cresta de una colina, con un río en el frente, y esperaron a que los MacDonalds llegaran a ellos. El MS establece que los MacLeods esperaron diez días por refuerzos, que parece un largo tiempo cuando sus tierras estaban siendo acosadas, pero aparentemente Donald Mor de Meidle se unió a ellos con sus hombres. Luego, esperaron atentamente hasta que sus enemigos estaban en su fuerza completa, los MacDonalds atacaron, matando a Donald Mor y a muchos de sus hombres.

Muchos MacLeods fueron cayendo y su fuerza combinada estaba por huir cuando una mujer, el MS establece que fue la madre de Alasdair Crotach, sugirió que no habían desplegado la bandera de las hadas. Tan pronto como esto ocurrió, los MacLeods se recuperaron. Como en muchas batallas de clanes, hubo una gran matanza y episodios de heroísmo. En cierto punto, Allan MacDonald de Moidart lideró un ataque que amenazó a MacLeod de Dunvegan y la bandera de las hadas, pero uno de los seguidores de MacLeods, Murdo MacCaskill, asesinó a Donald Grumach MacFonald y mostró su cabeza en el extremo de una lanza mientras una gaita tocaba a lamento. Con su líder muerto, los MacDonalds se quebraron y huyeron.

Desafortunadamente para una buena historia, Donald Grumach no murió hasta al menos 1534, por lo que ciertamente no fue asesinado en esta batalla, ni era jefe de Sleat en 1490.

El área es también destacada por la presencia, en 1882, de John McPherson de Milovaig, quien luchó contra el despeje de la cañada por el entonces dueño de la tierra. El gobierno envió una cañonera, el HMS *Jackal,* MacPherson fue arrestado y encarcelado, pero la agitación ayudó a conducir a la comisión napier y seguridad de tenencia para arrendatarios en las Tierras Altas. Hay un monumento para los mártires de Glendale en la B884, en la entrada de Glendale.

Glenlivet, 1592: cerca de Allanreid, Moray. Cuando los condes de Huntly y Errol continuaban aferrándose a su fe católica romana, el rey James VI les ordenó renunciar a su religión o perder sus propiedades. Cuando Huntly además asesinó al Bonnie conde de Moray y fue sospechoso de complot católico, el 7° conde de Argyll, de diecinueve años y protestante, marchó para capturar a Huntly. Argyll tenía un ejército de alrededor de 7.000 Campbells, MacLeans, Grants, MacNeils, MacGregors y Mackintoshes, y avanzaron hacia las tierras de Huntly. Pasaron algún tiempo asediando el castillo Ruthven, retenido por los MacPhersons para Huntly, pero fracasaron en tomarlo.

Huntly reunió un ejército mucho más pequeño de alrededor de 2.000 hombres, incluyendo a los Gordons y Camerons y 300 hombres de caballería, bajo el conde de Errol, pero él también tenía un batería de seis cañones. Los dos ejércitos se encontraron en Glenlivet, y Huntly ganó una victoria decisiva.

La batalla fue notable por el uso del cañón de Huntly y la caballería contra la infantería irregular de Argyll.

The Crown Estate ha creado un paseo al campo de batalla.

Glen Mairison, alrededor de 638. Ambos, *el Anal de Ulster y el Anal de Tigernach,* registran una batalla en un lugar llamado Glen Mairiston, donde Domnall Brecc fue derrotado, pero ninguno sugiere quién era adversario o su oponente. Es posible que Mairison fuera Glen Moriston cerca de Inverness, o aun Muriston Water cerca de doce kilómetros desde Edimburgo.

Glen Shiel, 10 de junio de 1719: alrededor de ocho kilómetros al este de Shiel Bridge, Ross-shire, Tierras Altas. Después de la unión entre Escocia e Inglaterra en 1707, los partidarios jacobitas de la dinastía Stuart plantearon varios levantamientos para recuperar el trono. En 1719, los españoles enviaron dos flotas para ayudar a los jacobitas; una flota era liderada por el duque de Ormonde y tenía 3.000 hombres, la otra era más pequeña y fue liderada por George Keith, el conde mariscal de Escocia. Las tormentas forzaron a la flota de Ormonde a retroceder hacia España, pero ambas fragatas de Keith alcanzaron las aguas de Escocia, a las afueras de Lewis.

Clanranald y Cameron de Lochiel se unieron a los españoles y, juntos, intentaron cruzar al continente. Los vientos los maltrataron atrás y adelante a través del Minch hasta que eventualmente alcanzaron el lago Alsh. Ocuparon el castillo Eilean Donan y, cuando otros 1.000 escoceses, incluyendo a Rob Roy y 50 MacGregors, se unieron a ellos, se dirigieron a Inverness.

El general Wightman y una fuerza de alrededor de 1.400 británicos regulares y clanes hannoverianos los capturaron en Glenshiel, y los españoles se enterraron. Wightman bombardeó las posiciones jacobitas con morteros. Parece que los escoceses y los españoles repelieron una cantidad de ataques, pero cuando fue obvio que no podían ganar, los escoceses decidieron que era mejor estar en otro lugar que ser bombardeado. Los españoles se rindieron y retornaron a España. Otro alzamiento jacobita había fracasado.

Las cercanas barracas bernera se iniciaron el año siguiente para ayudar a superar a los jacobitas locales.

Glentaisie, 2 de mayo de 1565: cerca de Ballycastle en Ulster. Esta fue una victoria de Shane O'Neill sobre Sorley Boy MacDonnell en la disputa entre los O'Neills y los MacDonnells. El clan Donald intentaba expandir su territorio en Irlanda perdiendo mucho de su poder en Escocia.

Los MacDonnells y los O'Neills habían sido aliados en el principio de la guerra cuando habían repelido los avances ingleses en Irlanda. Shoqueados por la fuerza del clan Donald, los ingleses habían enviado a lord Deputy Thomas Radclyffe, conde de Sussex, para destruirlo en 1558, pero el clan Donald los derrotó. En su lugar, los ingleses hicieron una tregua separada con el clan Donald. Cuando el clan Donald comenzó a consolidar sus territorios, Shane O'Neill se dio cuenta de que estaba en peligro de perder su poder de larga data en Ulster y comenzó una guerra de clanes. Glentaisie fue el resultado.

Shane reunió un ejército de un estimado de 2.000 hombres, incluyendo gallowglass (infantería pesada), arqueros y Hebridianos. Los refuerzos del clan Donald no habían venido todos de las Hébridas, por lo que fueron superados en número. Los O'Neills derrotaron su intento de mantener la acción y atacar, empujando al clan Donald atrás en una victoria decisiva de O'Neill con alrededor de 600 o 700 muertos del clan Donald.

Glen Trool, 1307: Dumfries y Galloway. Glen Trool fue una escaramuza pequeña pero significativa durante la primera guerra de la independencia. Después de sus derrotas en Methven y Dalrigh, Robert I se había retirado a las Hébridas, pero luego retornó para intentar remover la ocupación inglesa de Escocia. Cuando se refugió en las colinas de Galloway, una fuerza de caballería inglesa liderada por John Mowbray penetró la cañada Trool. El rey Robert esperó hasta que ellos se encontraran a lo largo de un camino estrecho y, entonces, tiró rocas sobre ellos antes de barrer las laderas y expulsarlos con grandes pérdidas. La victoria inspiró a otros a unirse y mantener el movimiento de la resistencia con vida. Una piedra ahora marca el sitio de la batalla.

Gloom, Castle (o castillo Campbell), 1466; cerca de Dollar, Central. Walter Stewart de Lorn y sus hombres destruyeron el castillo describiendo esto como una «cierta mansión con una torre del lugar de Glowm situada en el territorio de Dólar».

El castillo sigue siendo espectacular, con un interesante paseo y amplias vistas.

Gogar, 27 de agosto de 1650: afueras de Edimburgo. Esta escaramuza pequeña fue librada cuando Oliver Cromwell se aproximaba al pueblo durante su invasión de 1650. Cuando David Leslie repelió su ataque en Flashes, Gogar, Cromwell se retiró hacia las colinas Braid.

· · ·

Goir a'Bhlair, Cañada Suardal, en Beinn na Caillich, Skye. Esta es una legendaria batalla donde el clan Mackinnon derrotó a los nórdicos. El nombre significa «campo de batalla».

Gylen Castle, 1647, Isla de Kerrera, Strathclyde. Este incidente ocurrió durante las guerras de mediados de siglo XVII. Los realistas MacDougall en el castillo sostenido contra el ejército covenant del mayor general Leslie. Los covenanters pudieron tomar el castillo por asalto, pero cuando el agua escaseo, los defensores se rindieron y fueron masacrados. El castillo fue restaurado en 2006 y está abierto al público.

H

Haddington, 1548/49: este de Lothian. Durante el cortejo duro, el duque de Somerset fortificó Haddington con una intrincada *traice italienne*, el tipo más moderno de defensa conocido. Había esperado tener su base en Dunbar, pero el conde de Arran había asegurado que era inexpugnable, y los ingleses perdieron la oportunidad de una base que pudiera abastecerlos desde el mar.

En 1548, los franceses fallaron al tomar Haddington. Los refuerzos franceses arribaron el año siguiente y asediaron estrechamente a los ingleses. así que una combinación de agresión escocesa, tenacidad francesa y la plaga debilitaron a los ingleses. Cuando el conde de Angus derrotó a una invasión inglesa en Drumlanrig, y Lord Hume retomó el castillo Hume, Haddington fue la última fortaleza inglesa en el sur. Los ingleses abandonaron el pueblo y se retiraron.

Haddon Rigg, agosto de 1542; cerca de Kelso, fronteras escocesas. Mientras Henry VIII de Inglaterra planeaba la guerra con Escocia, los Borderers en ambos bandos disfrutaban de una temporada de mutuos saqueos. Robert Bowes, el guardián del este inglés, lideró 3.000 ingleses Borderers hacia Escocia, concentrándose es desgastar Teviotdale. Dejó una sección de su fuerza en Hadden y envió fuera dos pequeñas partidas para inspeccionar las afueras. Si las partidas se metían en problemas, debían retirarse a Haddon, donde el cuerpo principal podía emboscar y perseguir a los escoceses. El conde de Angus y algunos Douglases acompañaron a los ingleses.

George Gordon, Conde de Huntly, sin embargo, cortó la retirada de una de las partidas de asalto. El conde de Angus reportó que los ingleses fronterizos «de Redesdale y Tynedale fueron los primeros que huyeron», pero cortó su camino hacia la seguridad. Alrededor de 1.000 de los ingleses fueron asesinados o capturados, y parece que los hombres de Huntly dominaron a los asaltantes en la emboscada. Bowes fue capturado también.

Hailes Castle, 1401: cerca de Haddington, al este de Lothian. Esta batalla fue librada durante los problemas ingleses de finales del siglo XIV y principios de siglo XV. El conde de Dunbar y Henry 'Hotspur' Percy arrasaron el este de Lothian. Incendiaron el castillo Markle y una villa o dos, y le pusieron sitio al castillo Hailes. Los Hepburns retuvieron Hailes y se rehusaron a rendirse, dependiendo de su fuerte situación, con un foso por tres lados y el río Tyne en el cuarto para ayudarlos.

Los ingleses fracasaron en dos asaltos a la luz del día y acamparon. Sin embargo, Archibald, el 4° conde de Douglas, galopó desde Edimburgo con una fuerza más pequeña y junto con una salida de la guarnición, y atacó a los a sitiadores. Los ingleses huyeron hasta North Berwick.

Hubo otra acción en Hailes en 1446, cuando Archibald Dunbar atacó el castillo por la noche, masacrando supuestamente a toda la guarnición. Esta masacre tuvo lugar durante la disputa entre las ramas rivales Negra y Roja de la familia Douglas. Los Dunbars apoyaron a los Douglases Rojos.

El castillo está al cuidado de Historic Scotland y ocupa un sitio sorprendente pacifico por el río Tyne.

Halidon Hill, 19 de julio de 1333: cerca de Berwick, Northumberland. Esta batalla mayor fue librada durante la segunda guerra por la independencia. Apoyado por los ingleses, Edward Balliol se había proclamado rey de los escoceses, pero los escoceses lo expulsaron rápidamente, por lo que Edward III atacó abiertamente a Escocia. Llevó un ejército al norte y sitió a Berwick bajo Tweed, mientras las partidas inglesas arrasaban y mataban dentro de Lothian.

El conde de March retuvo el castillo de Berwick y *sir* Alexander Seton el pueblo, pero los ingleses contaban con el ingenioso ingeniero flamenco John Crabbe y una flota de barcos para ayudarlos. Como se hizo evidente que los sitiadores hablaban en serio, los defensores acordaron que el pueblo solo podría rendirse si no eran relevados antes del 11 de julio.

Cuando un intento de distraer a Edward III al asaltar Inglaterra fracasó, el regente Archibald Douglas lideró un ejército hacia Berwick. *Sir* William Keith tomó un pequeño cuerpo de hombres atravesando las líneas del asedio, pero Edward se negó a aceptar que el pueblo había sido técnicamente liberado y colgó a un rehén. El asedio continuó. Cuando Douglas movió su ejército al sur para amenazar Bamburgh, la residencia temporaria de la reina inglesa,

Edward simplemente repitió su demanda de que Berwick se rindiera. El gobernador de Berwick aceptó que, a menos que el ejército inglés fuera derrotado o 200 escoceses entraran al pueblo antes del 19 de julio, debería rendirse.

Los ingleses ubicaron sus hombres en Halidon Hill, colina que tenía solo ciento cincuenta y dos metros de altura. Sin embrago, era una altura dominante que les dio una posición defensiva dominante. Los escoceses tenían que avanzar sobre un hueco pantanoso y trepar la colina mientras los arqueros ingleses los disparaban. Edward había ubicado a su ejército en tres divisiones, cada flanco con arqueros que podían atrapar a los escoceses en un continuo fuego cruzado.

Douglas lideró a sus hombres para atacar a los ingleses. Trepando en un constante granizo de flechas, el ejército escocés atacó en cuatro *schiltrons*, que no podía evitar las flechas ni defenderse de ellas. Como la *Crónica Lanercrost* dice «los escoceses que marcharon en primera línea estaban tan heridos en la cara y cegados por la multitud de flechas inglesas que ellos… pronto comenzaron a apartar sus caras de los arcos y las flechas y cayeron».

Se ha dicho mucho del coraje de los sobrevivientes que continuaron con las filas inglesas, pero estaban tan agotados que poco podían hacer. Los escoceses se retiraron, y solo el conde de Ross permaneció en el campo. Sus escoceses pelearon hasta la muerte cuando los restantes huyeron. Archibald Douglas fue herido y capturado. Murió en cautiverio inglés. Cinco condes escoceses murieron junto con 70 barones, cientos de caballeros y miles de infantería.

Es este ejemplo de leones liderados por burros, los escoceses perdieron la mayoría de sus líderes nacionales, mucha de la fuerza de batalla del reino y también Berwick bajo Tweed. Edward le mostró a Escocia los beneficios de la civilización inglesa al decapitar a sus prisioneros escoceses. Edward Balliol se convirtió en el rey simbólico de Escocia y, el año siguiente, Edward III anexó mucho del sur de Escocia a Inglaterra. Los escoceses, sin embargo, habían perdido muchas batallas antes. La resistencia continuó.

Hay un pequeño estacionamiento al costado de un camino pequeño entre la A6105 y la A1, desde donde puede alcanzarse el campo de batalla. Hay también una cantidad de paneles de interpretación.

Happrew, posiblemente en febrero de 1304. Peebleshire, fronteras escocesas. Esta escaramuza ocurrió durante la primera guerra de la independencia. Aunque fue derrotado en Falkirk, William Wallace continuó organizando la resistencia contra los ingleses. Tras una visita a Francia, donde intentó conseguir apoyo, retornó a Escocia y se unió a *sir* Simon Fraser, sus fuerzas combinadas se protegieron en el bosque Ettrick. Eduardo I entonces en Dunfermline, envió una fuerza montada que derrotó a Wallace y a Fraser en Happrew, cerca de Peebles. La escaramuza pudo haber tenido lugar en Sherrfmuir, un pedazo de tierra plana cerca del río Lyne.

Harlaw, 24 de julio de 1411. Aberdeenshire. Grampian. Esta batalla es también conocida como «Harlaw Sangriento» y fue vista como una confrontación mayor entre los escoceses de las Tierras Altas y los de las Tierras Bajas, aunque los de las Tierras Altas pelearon en ambos bandos.

Donald, lord de las Islas, intentaba dar cuenta de sus reclamos al condado de Ross, a través de Margaret, su esposa, que era la hermana del conde anterior. Donald recurrió a gran parte de la fuerza de su señorío, los MacLeods de Lewis y Syke, los MacDonalds, Camerons y la confederación Chattan. Se dice que tenían 10.000 hombres, los que formaban un ejército más grande que el que Bruce lideró en Bannockburn, y dos veces más grande que el que Bonnie Prince tenía en Culloden. Comúnmente, su ejército era mucho más pequeño.

Donald fue un hombre de cultura, tenía sangre real Stuart, hablaba galés, escocés y probablemente latín, y conocía tanto Londres como las Hébridas. Lideró su ejército contra Escocia, derrotando a los Mackays en Dingwall, y se movió hacia Aberdeen hasta alcanzar Harlaw en el Garioch, a menos de veinte millas desde Aberdeen.

Aterrorizados por este ejército que venía del oeste gaélico, los burgueses de Aberdeen agarraron sus armas y marcharon a la batalla. Pelearon bajo Alexander Stewart. El conde de Mar, que había obtenido este condado por el secuestro y matrimonio con la condesa de Mar. Él era primo de Donald, el hijo del Lobo de Badenoch, y en un momento pirata. Así como los aberdonianos, Mar tenía hombres de Mar y los Garrioch, Angus, los Mearns y Buchan.

Parece que no hubo tácticas ni maniobras cuando los dos ejércitos se encontraron, justo una carga rugiente del conde de Mar. La versión gaélica dice que Héctor Rojo MacLean encaminó al ala izquierda de *sir* Alexander Ogilvy del ejército de Mar, mientras Donald se centró en empujar el cuerpo principal de Mar hacia atrás. El ala derecha del ejército del conde se mantuvo firme en un redil de ganado y peleó espada contra espada con los caélicos. Las bajas fueron horribles; un estimado de 900 hombres de Donald, 600 de Mar y, solo cuando cayó la noche, se terminó la batalla. No hubo ganadores, pero Donald se retiró en la noche, y el ejército de Mar reclamó el campo. Donald nunca alcanzó el condado de Ross.

Hay un gran monumento en el supuesto lugar de la batalla, y mojones con el nombre de Drum y Davidson, que no tienen ninguna conexión genuina con la batalla. Un monumento marca la supuesta tumba de mujeres seguidoras del campamento que fueron asesinadas en batalla. Sin embargo, el cementerio de Kinkell, cerca de Inverurie, tiene un memorial para *sir* Gilbert de Greenlaw, quien fue también una baja.

Harpsdale, 1426, también conocida como Harpsdale Hill, librada unos doce kilómetros al sur de Thurso, Caithness, las Tierras Altas. Esta fue una batalla de clanes, parte de una disputa entre los Gunns y los Keiths, aunque los Mackays, bajo Angus Dhu Mackay, también reclaman haber estado involucrados. Parece que fue un asunto sangriento, pero sin un claro vencedor.

Harta Corrie, fecha incierta pero dada como si fuera 1395; cerca de Sligathen, Syke. Esta batalla fue librada alrededor de la piedra sangrienta, en los Cuillins, en Skye, entre los MacDonalds y los MacLeods. Una versión de esta batalla dice que, en 1395, los clanes pelearon durante un día completo en Harta Corrie. Los MacDonalds ganaron y apilaron los cadáveres al lado de la piedra, de ahí el nombre. La historia sobre que las hadas hicieron sus arcos con las costillas de los muertos MacLeods es probablemente incierta, aunque hay algunos reportes de guerreros fantasmas en el área. El nombre de «piedra sangrienta» es más probable que venga del curioso color de la roca, que es debido a la presencia de piritas más que de residuos de algún antiguo encuentro.

Helmsdale 1587: Sutherland. En una disputa sobre la superioridad de las tierras de Strathnaver, los condes de Sutherland y Caithnee pelearon. El conde de Caithness, apoyado por Mackay de Strathnaver y el conde de Orkney, avanzó hacia Helmsdale. El conde de Sutherland, con los Mackintoshes, Roderick Mackenzie de Redcastle, Hector Monroe de Contalich y Neil Hutcheonson y un cuerpo de hombres de Assynt, lo encontraron allí. Después de alguna escaramuza preliminar, durante la cual los arqueros de Sutherland hicieron retroceder a los hombres de Caithness a Easter Helmsdale, el asunto terminó sin serio derramamiento de sangre. Los dos condes rivales acordaron encontrarse en Elgin y mantener una discusión más civilizada.

High Bridge, rout of, 1745: cerca del Puente Spean, las Tierras Altas. En este compromiso del levantamiento jacobita de 1745, una partida de escoceses de las Tierras Altas capturó a un cuerpo de tropas hannoverianas. Alrededor de una docena de Keppoch MacDonalds, bajo el comando de MacDonald de Tinradis, estaban en una posada al lado del viejo puente. Una compañía de Hannoverian Royal Scots marchó pasando en su camino para reforzar la guarnición de Fort William. Los MacDonalds tocaron sus gaitas y corrieron alrededor de los soldados, gritando sus consignas. Debió haber habido un intercambio de disparos, porque tres o cuatro soldados fueron asesinados, y su comandante, el Capitan Scot, fue herido. Scot ordenó una retirada, pero Keppoch y otro cuerpo de MacDonalds lo capturaron a él y a alrededor de ochenta soldados de los escoceses realistas cerca del lago Oich. Los hannoverianos fueron liberados con libertad condicional, y el capitán Scott fue uno de los pocos hannoverianos prisioneros que no rompió su palabra de no servir contra los jacobitas otra vez. Después ascendió a general.

En 1994, se levantó un mojón para conmemorar la victoria jacobita.

· · ·

Hill of Clairdon, 1196: Al este de Thurso. Caithness, las Tierras Altas. Esta batalla fue peleada cuando Orkney era un condado nórdico y Caithness estaba también bajo influencia nórdica. El conde Harold, el anciano, lideró un ejército de Orcadianos y nórdicos contra una fuerza de Caithness liderada por Harold el Joven y dos nobles llamados Murt y Lifolf. La batalla fue para decidir quién debía tener el condado.

Ambos lados atacaron al otro, y la fuerza de Caithness más pequeña empujó a los Orcadianos y a los nórdicos atrás hacia la bahía Murkle, pero cuando tanto Murt y Lifolf fueron asesinados, cambió la marea de la batalla. Los nórdicos persiguieron a los hombres de Caithness sin líder desde el campo del conde Harold el Anciano, tomando el control de Caithness.

Homildon Hill, 14 de septiembre de 1402: Humbledon Hill, este de Wooler, Northumberland. Esta batalla fue librada durante la guerra con Inglaterra que estalló en 1400. Archibald, el 4° conde de Douglas, felizmente conocido como el *Tineman* por su propensión a pelear en el lado perdedor, lideró un ejército dentro de Inglaterra. Arrasó hasta Durham, pero en su retorno, Henry Percy y el traidor conde de March se encontraron con él en Humbledon Hill en Northumberland. Los Douglas tomaron posición arriba en la colina y esperaron por los ingleses con sus lanceros en masa.

Henry Percy sugirió un rápido avance, pero el conde de March sugirió usar a los arqueros ingleses. Solo después de perder una gran mayoría de sus hombres por las flechas, Douglas acordó con los escoceses dejar su posición, aunque el crédito por el avance fue dado al joven *sir* John Swinton, quien murió liderando su primera carga. Muy pocos escoceses siguieron, y los arqueros ingleses ganaron otra victoria. Ellos persiguieron a los escoceses que huían con la carnicería usual.

Archibald Douglas fue capturado con cinco flechas en él. Hizo un pacto con Percy y Glendower, y pelearon con ellos en Srewsbury, aunque perdieron de nuevo. Dos barones escoceses murieron, con ochenta caballeros e incontables soldados de infantería.

La cercana *Battle o Bendor Stone* es generalmente asociada con la batalla, pero en realidad la piedra es muchos siglos más vieja.

Hornshole Bridge, 1514: cerca de Hawick, fronteras escocesas. Esta escaramuza ocurrió al año siguiente de la derrota escocesa en Flodden, cuando los asaltantes ingleses fueron saqueando y matando en las fronteras. Un grupo de ingleses acampó en los bancos del Teviot, en Hornshole, cerca de tres kilómetros de Hawick. Con muchos de los hombres muertos en Flodden, solamente los jóvenes fueron llevados para defender el pueblo. Se reunieron y atacaron a los ingleses, infligiendo una derrota y capturando el estandarte enemigo.

El incidente es conmemorado en la Common Riding anual de Hawick, mientras la estatua del caballo en Hawick High Street es un recordatorio permanente.

Hume (or Home) Castle, 1549 a 1650; Berwickshire, fronteras escocesas. Los Humes fueron la familia más significativa de Merse, y su sastillo Hume fue una importante fortaleza en lo que hoy es Berwickshire. En 1547, los ingleses lo asediaron. Lady Hume estaba a cargo, porque su esposo estaba con el ejército escocés. Resistió hasta que el conde de

Somerset estuvo cerca de colgar a su hijo en las murallas, y entonces se rindió. Dos años después, el joven lord Hume retomó su hogar, matando a aquellos ingleses que resistieron.

En 1569, los ingleses arribaron con mil hombres de caballería, más infantería, y usaron artillería para bombardear el castillo en la sumisión. En 1650, el ejército de Cromwell acampó en el frente, y el castillo de Hume llegó a la vanguardia de la historia. Cuando el coronel Fenwick ordenó que se rindiera el castillo, el gobernador Cockburn replicó:

Muy honorable, he recibido un trompetista suyo que me dice, sin un paso, que el castillo Home se rinda al lord general Cromwell. Por favor, yo nunca he visto a su general. En cuanto al castillo Home, se alza sobre una roca.

También se informó que hubo una segunda respuesta.

Yo, Willie Wastle,
me mantengo firme en mi castillo
y a los perros de tu pueblo
no tirarán abajo a Willie Wastle.

Elocuencia, sin embargo, no hay defensa contra el fuego del cañón, y Hume poco después se rindió.

La sociedad cívica de Berwickshire administra el castillo, que fue muy alterado a finales del siglo XVIII. Está abierto al público durante el verano.

I

III Raid, agosto de 1513: Northumberland, Inglaterra. Después de décadas de paz, Escocia e Inglaterra entraron en la guerra cuando los ingleses atacaron Francia, aliado de Escocia. Los ingleses empezaron la guerra con una incursión sobre las fronteras escocesas, y Alexander, 3er lord Hume, tomó represalias con una redada de 6.000 hombres reportados.

Cuando los escoceses pasaron Milfield, cerca de Flodden, en su regreso, los ingleses, bajo el liderazgo de *sir* William Bulmer, los emboscaron. Los arqueros ingleses causaron grandes pérdidas en este preludio de Flodden.

Inchbare, 16 de abril de 1130, también llamado «Stracathro», libradaen Stracathro, 6 kilómetros al norte de Brechin, Angus. Esta batalla fue librada cuando los descendientes de Kenneth MacAlpin intentaron capturar el trono del rey David I. Muchos escoceses no reconocían a David como el verdadero rey porque su padre, Malcolm III, era ilegítimo y había ganado el trono por la fuerza.

Probablemente más importantes eran los esfuerzos de David por cambiar la cultura gaélica del país al importar caballeros normando-ingleses y la fe católica romana para reemplazar la iglesia céltica nativa. Las leyes feudales también comenzaron a reemplazar las leyes célticas, y Escocia comenzó a dividirse entre las culturas gaélicas y normando-inglesa.

Angus, el conde de Moray, un nieto de Malcolm III, pero con simpatizantes gaélicos, se levantó en rebelión con un ejército de alrededor de 10.000 hombres, y se unió al conde de Mar de Ross y Fergus de Galloway. Se encontraron en Moray y marcharon al sur del Mearns y dentro del área Stracathro.

Edward de Morville, condestable de Escocia, llamó a sus normando-escoceses y sus seguidores. Se encontraron en Forfar: de Morville, Cospatrick, el conde de Dunbar, y el conde de Fife para que el condestable tuviera un ejército de alrededor de 500 hombres, muchos de ellos montados. Los exploradores encontraron el ejército de Angus en Inchbare, en el río North Esk. El condestable reveló aproximadamente la mitad de su ejército y atrajo a Angus para pelear en terreno plano. Sin embargo, una carga prematura de unos pocos caballeros normando-escoceses previnió a Angus del ejército escondido y formó a sus hombres en lo que pareció un *schiltron*, o quizá la pared de escudo de los nórdicos. El ejército del condestable hizo una cantidad de cargas de caballería, perdiendo a los condes de Fife y Dunbar, pero cuando un caballero mató a Angus, los rebeldes titubearon. La llegada de refuerzos montados para el ejército del condestable persuadió a los rebeldes a retirarse. El conde de Mar de Ross parece haberlos mantenido juntos, entonces no había ruta. El condestable declara haber infringido la mayor derrota, pero sus bajas indicarían que se trataba de algo más cercano.

Para visitar este sitio de batalla no marcado, conduzca al norte desde Brechin en la B966 hasta alcanzar Auchereoch, justo antes del puente Westwater. La batalla fue librada cerca de Auchenreoch, que se traduce como «campo de gran tristeza.

Inchcolm, 1548/1549: Estuario de Forth. Durante el cortejo duro del rey Henry VIII, una guarnición inglesa fue ubicada en Inchcolm. La idea sería bloquear el comercio con Leith y acosar los envíos, pero elementos de la armada escocesa causaron muchos problemas a la guarnición, sus ataques en Fife fueron repelidos y se retiraron cerca de 1549.

Inchgarvie, abril de 1651, estuario de Forth. Durante la invasión de Cromwell, sus barcos de guerra atacaron y noquearon las defensas de esta isla.

Inchkeith, 2 de junio de 1549: estuario de Forth. Durante la invasión de Henry VIII de Inglaterra, una guarnición inglesa de alrededor de 800 hombres fue dejada en el ejército. En 1549, una fuerza de alrededor de 700 escoceses y franceses, bajo Chapelle de Biron, asaltaron la isla y se deshicieron de los ingleses. Hubo un nuevo problema, en 1560, cuando la Alianza Auld había fallado y los escoceses protestantes estaban aliados con los ingleses. Una flota inglesa bajo el almirante Winter bloqueó a la guarnición francesa en la isla, que se rindieron.

Innerwick, 1298: este de Lothian, escena de una presunta escaramuza entre William Wallace y Cospatrick, conde de March. Se dice que el encuentro había tenido lugar en el parque Corsekill.

· · ·

Innerwick Castle, 1548: este de Lothian. El duque de Somerset capturó y destruyó este castillo de los Hamiltons durante su invasión.

Inverdufatha, 877, posiblemente Inverdovat, cerca de Crail en Fife, pero es también posible que esta batalla fuera librada en Atholl, Perthshire. En la década de 870, los ejércitos nórdicos entraron rampantes en Escocia, capturaron Alcluith en 870 y derrotaron a Constantine en Dollar en 875. Otro ejército nórdico, liderado por Halfdan, desembarcó en Escocia Central en 877. Este pudo haber sido el ejército contra el que luchó el rey Constantine, pero muy poco es cierto en la temprana historia escocesa. Los escoceses ciertamente perdieron la batalla, que Skene en su *Celtic Scotland* ubica en Inverdovat, en el noreste de Fife.

Invergowrie cerca de 1116; hay dos relatos diferentes de este evento donde Walter Bower y Andrew Wyntoun mencionan ambos que el rey Alexander I fue atacado en Invergowrie. Bower llamó a los atacantes «rufianes del Mearns y Moray». También dice que Alexander reunió a un ejército y atacó a sus enemigos. La versión de Wyntoun es similar, donde el rey persiguió a sus atacantes hasta Ross y los derrotó. Después de su victoria, Alexander fue conocido como Alexander el Feroz. Hubo animosidad de Moray hacia la corona escocesa.

Inverkeithing, 20 de julio de 1651: también conocido como Pitreavie, Fife. Después de que Cromwell asesinara al rey Charles I, los escoceses decidieron retirar el apoyo y reconocer a Charles II como rey, una vez que él estuvo de acuerdo con el covenanter. Cromwell rápidamente invadió Escocia. Envió al general Lambert con 4.500 hombres para amenazar a las líneas de abastecimiento del general Leslie. Leslie envió a *sir* John Browne y un pequeño ejército realista para detenerlo. Las dos fuerzas se encontraron en Inverkeithing, al sur de Pitreavie House.

El generalato de Lambert era mejor que el de Browne y derrotó a los realistas. Alrededor de 2.000 fueron asesinados. Se dijo que ocho de los hermanos adoptivos de Hector se arrojaron frente a las picas de Cromwell en un esfuerzo para defender a su jefe, cada uno gritando «Otro por Hector» mientras caían. Más de 700 Macleans murieron, y lo Cromwelianos desplegaron su habitual salvajada sobre los prisioneros escoceses.

Inverlochy 1431: Lochaber, las Tierras Altas. Aunque algunos clanes de las Tierras Altas mostraron una intensa lealtad al último de los reyes Stuart, los primeros Stuart raramente serían amigos de los escoceses. En 1428, el rey James I convocó a muchos de los jefes de las Tierras Altas a Inverness, colgó a tres y encarceló al resto. Cuando los libero, Alexander, lord de las Islas, en represalia incendió Inverness. El rey retornó al norte, nuevamente agarró a Alexander y lo arrojó a la cárcel.

Donald Balloch, primo de Alexander, y Alastair Carrach, su tío, juntaron un ejército en rebelión y el rey envió a Alexander Stewart, el conde de Mar en Lochaber para sofocarlos. Mar acampó al lado del río sudoeste del castillo de Inverlocky, dentro del país de Cameron, porque los Camerons estaban en su fuerza. Carrach y 200 arqueros dispararon desde las colinas por encima de ellos, mientras Donald Balloch venía en una flota de galeras desde el sur.

Atrapados entre dos fuerzas, los hombres de Mar fueron derrotados con un reporte de 1.000 bajas, incluido el conde de

Caithness. Donald Balloch continuó su campaña arrasando las tierras de los Camerons, pero el rey James marcho nuevamente con un ejército al norte para restaurar una paz aproximada. Alexander permaneció en la cárcel hasta la muerte del rey James en Perth, seis años después.

Inverlochy, 2 de febrero de 1645: cerca de lo que hoy es Fort William, Lochber, las Tierras Altas. Esta batalla fue librada durante la guerra civil a mediados del siglo XVII. El marqués de Montrose realista derrotó a los Campbells y a los covenants.

James Graham, marqué de Montrose fue el teniente general del rey en Escocia mientras Alexander Leslie y Archibald Campbell, conde de Argyll, lideró a los covenants. Montrose, apoyado por Alasdair MacColla MacDonald, comandó una fuerza mixta de 1.500 hombres del clan Donald de Ulster, MacLeans de Mull y clanes de Atholl. Casi derrotaron a dos de los cuatro ejércitos covenants en Escocia y habían saqueado Aberdeen. En relación, el conde de Argyll con 2.500 hombres de infantería de Campbell y las Tierras Bajas, 1.500 de caballería devastaron las tierras realistas de Gordon. Montrose cruzó Escocia para golpear en el corazón de Campbell, saqueando y destrozando alegremente por una temporada hasta que se cansó y se retiró el Great Glen.

Argyll silbó a sus hombres y los siguió a su paso, cavando alrededor del castillo de Inverlocky con un ejército más grande que cualquiera que Montrose hubiera comandado, a pesar de los refuerzos que se dirigieron a la bandera real. Atrapados entre Argyll en Inverlocky y la guarnición de los Mackenzie-Fraser en Inverness. Montrose escaló el macizo montañoso de Nevis y se abalanzó sobre Argyll. Mientras Argyll estaba seguro en una galera en el lago Linnhe, los espadachines de

Montrose enfrentaron a los Campbells, quienes fueron liderados por Duncan Campbell de Auchinbreck.

Hubo alrededor de 1.000 hombres de infantería de Lowland, y quizá 2.000 Campbells, con dos piezas de artillería y 50 mosqueteros en el castillo de Inverlocky. Después de una breve plegaria, los hombres de Montrose dispararon una única volea y cargaron sus flancos. Montrose tenía hombres de Ulster en sus flancos y hombres de Atholl, Glencoe MacDonalds, Appin Stuarts y Camerons en el centro. Cuando la carga se convirtió en cuñas los de las Tierras Bajas se quebraron y los realistas de Montrose se juntaron con los Campbells. No hubo cuartel. Iain Lom, el bardo MacDonals, puso veneno en su himno de victoria: «Alastair, hijo del apuesto Coll... derrotaste a los Lowlanders de piel cetrina... en el momento de desenvainar las esbeltas espadas, las garras de los Campbells yacían en el suelo con los tendones cortados».

El viejo castillo de Inverlocky aún puede ser visitado.

Invernahavon, 1370 o 1386: debajo de Craigh Dubh en la confluencia de Truim y Spey, Badenoch, las Tierras Altas. Hay una cantidad de versiones de esta batalla de clanes, pero ellos acuerdan en los principales hechos. Cuatrocientos Camerons arrasaron las tierras de Mackinstosh, cuando una fuerza combinada del clan Chattan de Macpherson, Mackinthoshes y Davidsons se les opusieron. Después de esto, las tradiciones divergen.

Un relato dice que, cuando los Davidsons tomaron la derecha de la línea de Chattan, los Macphersons, que normalmente pelearon ahí, se retiraron del campo. Cruzando el Spey, se pararon en una pequeña colina y observaron la batalla desplegada. Los Camerons ganaron la pelea, matando a

Macdaidh, el jefe Davidson, y siete de sus hijos, así como decenas de Mackintoshes.

Lachlan Mackintosh, jefe del clan, o los Camerons ordenaron a su bardo componer una canción que señalara la cobardía de los Macphersons. Cuando escucharon la canción, los Macphersons persiguieron a los Camerons y los atacaron en Dalnach, posiblemente mientras ellos estaban en el campo, y los derrotaron. Se dice que el capitán Cameron fue asesinado en una hondonada conocida como Coire Earlaich. Los Camerons restantes se retiraron, con los MacPhersons, peleando con ellos hasta que alcanzaron el lago Patag, donde los jefes rivales aparentemente se mataron el uno al otro en un duelo de arquería.

Inverness, 1196. Cuando el conde Harold Maddason de Orkney esperaba anexar Ross y Moray, envió un ejército al sur bajo el mando de su hijo Thorfinn. El rey William I marchó al norte y derrotó a los invasores cerca de Inverness. William siguió devastando el este de Sutherland y Caithness y destruyendo Thurso. Harold se rindió.

Inverness Castle, 1307. Durante la primera guerra por la independencia, el rey Robert I capturó y destruyó el castillo de Inverness.

El castillo actual es una construcción del siglo XIX usado como palacio de justicia, pero con planes de convertirlo en una mayor atracción para los visitantes.

Inverurie, probablemente 23 de mayo de 1308, algunas veces conocido como Barra Hill. Esta batalla fue librada al norte del castillo de Inverurie, cerca de Old Meldrum,

Aberdeenshire, Grampian. Durante la primera guerra por la independencia, el rey Robert I gradualmente removió la oposición escocesa a sus reglas. A finales de 1307 y principios de 1308, fue al noreste y se encontró con las fuerzas de su principal rival, John Comyn, conde de Buchan.

Los detalles de esta batalla son incompletos, pero la tradición dice que porque Bruce estaba enfermo, Comyn pensó que estaba indefenso. Cuando Bruce apareció a caballo apoyado por un hombre a cada lado, los Comyns se desanimaron. El rey Robert derrotó al ejército de Bucham, los sobrevivientes los cuales se retiraron al castillo de Fyvie, doce millas al norte. Buchan huyó a Inglaterra, donde murió más tarde ese año.

Irroisfoichnae, 727, posiblemente lucharon en Ross-Feochan, cerca del lago Awe en Argyll, Strathclyde. Esta batalla fue una de muchas luchas dinásticas entre varias sectas de Dalriada. En esta legendaria batalla, Selbach derrotó a Eochach, quizá en una competición por el liderazgo de Lorne.

Islay 1156: en algún lugar fuera de Islay, Hébridas interiores, Strathclyde. Aunque los nórdicos habían controlado las Hébridas por siglos, no fue hasta 1098 que Magnus Bareleg de Norway formalizó su propiedad. Solo cincuenta años después, los pueblos indígenas se agitaban. Un guerrero llamado Somerled, parte nórdico, parte gaélico lucho por sus propias manos contra el rey Godred de Man.

Es posible que Somerled intentara conquistar todas las Hébridas, pero Godred lideró una flota para prevenir esto. Las *Crónicas de Man* dan alguna información:

En el año 1156, una batalla naval fue librada en la noche de la

*epifanía entre Godred y Somerled, y hubo mucha matanza en
ambos lados.*

La tradición asegura que Somerled tenía ochenta galeras y, después de día completo de batalla, descansaban en la noche. Somerled fue vencedor, y los contendientes se dividieron las Hébridas entre ellos. Mientras Somerled obtenía las islas del sur de Ardnamurchan, Godred retuvo aquellas del norte. De acuerdo a las *Crónicas de Man*, el asunto no quedó así por:

*En el año 1158, Somerled llegó a Man con cincuenta y tres
barcos y se unió a la batalla con Godred, y lo puso en fuga.
Devastó toda la isla y se fue.*

Claramente Somerled fue un guerrero naval imbatible. También engendró hijos que fueron los progenitores de los MacDonalds, MacDougalls y MacRuaridhs.

J
___

Jedburgh, 1332, fronteras escocesas. Cuando Edward Balliol se anunció a él mismo cono rey de los escoceses, invadió Escocia con un ejército mixto de ingleses y escoceses a quienes el rey Robert I había privado de sus tierras, conocido como el Desheredado. Teniendo su base en Galloway, se movió hacia el este. Los patriotas bajo el guardián Murray y Archibald Douglas se opusieron a él en Jedbrugh, pero fueron derrotados en una pequeña escaramuza.

Jedburgh, 1409, fronteras escocesas. Este pueblo de frontera fue atacado, incendiado u ocupado no menos de once veces durante las guerras inglesas. En 1409, los escoceses retomaron el pueblo y el castillo de la ocupación inglesa que había durado desde la batalla de cruz de Neville en 1346. Los escoceses destruyeron el castillo para prevenir que los ingleses lo volvieran a usar contra Escocia en el futuro.

• • •

Jedburgh, 23 de septiembre de 1532, fronteras escocesas. Surrey lideró a los ingleses en un ataque en Escocia, pero encontraron una resistencia fiera en Jedburgh:

Encontré a los escoceses en este tiempo como los hombres más audaces y los más ardientes que jamás haya visto… el diablo estaba esa noche entre ellos.

Los ingleses capturaron y destruyeron el pueblo, pero los escoceses arrasaron esa misma noche y provocaron una estampida de 800 caballos ingleses.

Jedbrugh, febrero de 1572, fronteras escocesas. Cuando Jedbrugh estaba en una disputa con los Kerrs de Ferniehurst, *sir* Thomas Kerr lideró una fuerza mixta de Kerrs y escoceses, unos pocos ingleses y una banda de forajidos bajo Alexander Trotter para atacar el pueblo. Tenía 3.000 hombres en total. Para complicar los hechos, Escocia estaba cambiando entre el apoyo a la reina Mary y el joven rey James VI. Jedburgh apoyaba a James VI y los Kerrs eran hombres de Mary. Cuando los Kerrs llegaron, el pueblo tenía seis días de abastecimiento de comida y esperaba ayuda del ejército principal de los hombres del rey en Edimburgo.

Escuchando que lord Ruthven venía para aliviar Jedburgh con caballería y mosqueteros, Kerr intentó detenerlo, pero los hombres del pueblo salieron y Kerr de Cessford, una rama rival de la familia, apoyaba a los hombres de Jedburgh. Kerr de Ferniehurst fue capturado entre ambas fuerzas y dispersado.

Justice Mills, 13 de septiembre de 1644, ver Aberdeen

K

Keith's Muir, alrededor de 1370, cerca de Durris, Aberdeenshire, Grampian. En la segunda mitad del siglo XIV, los Keiths y los Irvines de Drum estaban en una disputa. La tradición habla de la batalla de Keith Muir, cerca del río Dee, donde los Irvines fueron vencedores y mataron a muchos Keiths. El patrón es familiar: los Keiths habían arrasado las tierras de Irvine, pero fueron capturados, cargados de pillaje y derrotados.

Kells, diciembre de 1315: condado de Meath, Irlanda. Edward Bruce, quien estuvo en campaña contra los anglo-irlandeses durante la primera guerra de la independencia, luchó en esta batalla. Tras haber sido coronado alto rey de Irlanda, Edward Bruce enfrentó a Roger Mortimer de Wigmore y ganó una victoria completa sobre los 15.000 hombres de Mortimer. Después de esta victoria, Edward Bruce devastó una gran franja de Irlanda.

. . .

Kelso, 1545, fronteras escocesas. El pueblo y la abadía de Kelso sufrían frecuentemente en las manos de los ingleses. Probablemente el peor ejemplo fue durante la invasión inglesa de 1545, cuando el ejército de Hertford había intentado destruir todo lo que pudiera. Doce monjes y noventa ciudadanos y laicos intentaron retener la abadía de Kelso contra el ejército inglés. Cuando la artillería inglesa tiró abajo las murallas, Hertford envió a sus mercenarios españoles a tomar el edificio. La guarnición se retiró a la torre, donde se mantuvieron afuera toda la noche, con doce hombres tiraron sogas abajo para escapar, pero al amanecer los ingleses atacaron nuevamente. Se dice que los defensores fueron todos asesinados. Para completar su trabajo, Hertford quitó el plomo del techo y lo envió a Inglaterra.

La abadía de Kelso sigue siendo una ruina, pero merece una visita, al igual que el resto de este único pueblo fronterizo.

Kentra, Ardnamurchan, las Tierras Altas. En su espléndido libro, *The West Highland Galley,* Denis Rixon habla de dos batallas que comenzaron a lucharse en el mar fuera de Gortenfern y Sgeir a Chaolais por Kentra. Es posible que los nórdicos o los Hebridianos rivales estuvieran involucrados, aunque hallazgos en la playa de Cul na Croise incluyen monedas de plata de Edward I de Inglaterra tanto como dagas, lanzas, clavos y puntas de flecha. Son sitios como estos los que hacen la destrucción y el robo de muchos registros escoceses, y en particular los registros gaélicos, tan frustrante.

Kerrera, 1460: Hébridas interiores, Strathclyde. Cuando James II murió en 1460, Escocia revirtió un periodo de anarquía. Allan Ciar MacDougall, conocido como Allan del Bosque, esperaba ganar la isla de Kerrera, que entonces era propiedad de su hermano mayor. Alan tiró a su hermano en un calabozo en Kerrera y, se dijo que intentó matarlo de hambre.

Coin Campbell, conde de Argyll, estaba relacionado con el hombre encarcelado y lideró una flota de galeras en un ataque sorpresa contra Allan Ciar Macdougall. Los Campbells derrotaron a los hombres de Allan e incendiaron sus galeras. Allan MacDougall huyó a través de los arcos de las galeras de los Campbells cuando ellos entraban en la bahía Oban.

Kessock Ferry, alrededor de 1384: cerca de Inverness, las Tierras Altas. Esta escaramuza posiblemente apócrifa ocurrió cuando un cuerpo de Hebridianos acamparon en las afueras de Inverness en 1384. Le dijeron al rector de Inverness que querían quemar Kessock Ferry a menos que él pagara un gran rescate. El rector pretendió arreglar y envió un barril pequeño de whisky a los isleños como señal de su buena voluntad. Cuando los isleños estuvieron borrachos, el rector y hombres de Inverness los masacraron.

Kildrummy Castle, 1306: Aberdeenshire, Grampian. Durante la primera guerra de la independencia, el rey Robert I envió a su esposa Elizabeth a Kildrummy por seguridad, pero la facción pro-ingleses capturó el castillo y la familia del rey Robert fue tomada prisionera por los ingleses. De acuerdo con la tradición, los ingleses masacraron a toda la guarnición y recompensaron a un herrero que los traicionó poniéndole oro fundido en su garganta.

El castillo fue sitiado de nuevo en 1335, durante la segunda guerra por la independencia, cuando Lady Christian Bruce, hermana del difunto rey Robert I mantuvo a lord David de Atholl en la bahía hasta que su marido vino para rescatarla.

Christian tenía 62 años, había sido apresado por los ingleses cuando ellos capturaron Kildrummy en 1306, y su primer marido fue colgado.

Historic Scotland administra el castillo, cuyas ruinas están abiertas al público.

Killiecrankie, 27 de julio de 1689: cinco kilómetros al norte de Pitlochry, Pertshire, en la B8907. Esta batalla fue librada durante el levantamiento jacobita de 1689. Cuando el parlamento escocés aceptó a William de Orange como rey en vez de James VII, los partidarios de James, principalmente escoceses católicos o episcopales de las Tierras Altas, se levantaron en rebelión.

John Graham de Claverhouse, zizconde Dundee, reunió un pequeño ejército de alrededor de 2.000 escoceses y unos pocos irlandeses y caballeros jacobitas montados. El veterano Hugh Mackay de Scourie fue nombrado general mayor y lideró un ejército para enfrentar a Dundee. Entre sus regimientos estaba el recién creado, Cameroniano de William Cleland. En total, tenía alrededor de 4.000 hombres de infantería, con 100 de caballería bajo los Lores Belhaven y Armadale.

Mackay lideró a sus hombres a través del paso de Killiecrankie y eligió una posición fuerte en terreno alto en el lado norte. Dundee esperó hasta que oscureció y atacó con un rápido avance que se convirtió en uno de las furiosas cargas de las Tierras Altas que habían funcionado tan bien para Montrose. Una volea de los regulares de Mackay mató a cientos, pero entonces las espadas anchas y las hachas de Ochavar de los escoceses se pusieron a trabajar y los Williamitas se quebraron. Fue una victoria para los jacobitas, pero para destrozar el ejército de Mackay perdieron al irreemplazable Dundee. El coronel irlandés Cannon se hizo cargo de los jacobitas y los lideró a la derrota en Dunkeld.

El National Trust de Escocia opera un espléndido centro de interpretación, snack bar y librería a pocos metros del sitio de la batalla. Es posible caminar desde el centro a partes del sitio, y ver lugares tales. Los Soldados que saltan, donde se dice que un soldado hannoveriano saltó sobre el río Garry.

Kilsyth, 15 de agosto de 1645: noreste de Glasgow, Strathclyde. Esta batalla fue la última victoria importante de Montrose, después de derrotar a varios ejércitos covenants en el norte, Montrose hizo base en Dunkeld en Perthshire.

El general William Baillie estaba en Perth con alrededor de 6.000 hombres de infantería y 800 de caballería. Su infantería era una mezcla de regimientos de veteranos aliancistas recién salidos de los campamentos ingleses, reclutados de las villas de pescadores del East Neuk de Fife y los restantes de unidades que Montrose había derrotado, pero sus caballerías eran regulares. Había también una fuerza más pequeña de aliancistas que marchaban para unirse con Baillie, entonces Montrose decidió derrotar a este ejército primero.

Él pas a Baillie, alcanzando el Kilsyth y preparado para la batalla. Baillie, quien había seguido posicionándose en un terreno alto cercano, sabiendo que cuando el segundo ejército aliancista apareciera; Montrose estaría atrapado. Sin embargo, el comité de estados, un cuerpo mixto político-eclesiástico que realmente funcionaba como ejército aliancista, ordenó a Baillie a marchar pasando a Montrose para encontrarse con la fuerza de aproximación. Los ejércitos escoceses en este periodo estaban malditos por interferencias de fanáticos religiosos.

Montrose instruyó a sus soldados a tirar sus tartanes en el calor del verano y anudar el extremo de sus camisas entre sus piernas, así ellos tenían facilidad de movimiento cuando peleaban. Él espero hasta que los aliancistas de Baillie estuvieron en marcha en tres grupos y, entonces, atacó. Los aliancistas empujaron hacia atrás el asalto inicial, pero sus caballos se marchitaron antes del asalto de la caballería de Gordon, Montrose envió a sus MacLeans y MacDonalds adelante hasta que los aliancistas cedieron terreno. Una carga de escoceses y Ulster resolvió el problema. Alrededor de 3.000 aliancistas murieron y se dice que, en cada refugio del East Neuk, los botes de pesca se pudrían en la playa debido a la falta de hombres. El general Baillie huyó.

Cuando la fuerza aliancista más pequeña se dispersó, Montrose fue dejado como master de escocia, pero en Inglaterra, a la causa realista le había ido mal. Una combinación de Cromwell y aliancistas escoceses había derrotado a sus ejércitos, entonces Montrose fue el único vencedor Stuart, e incluso su ejército se dispersó en la victoria cuando los escoceses volvieron a sus cañadas, y Alasdair MacColla MacDonald salió con la mayoría de sus MacDonalds y Ulstermen. Montrose se dirigió al sur, a las fronteras y eventual derrota en Philliphaugh.

Hay un pequeño mojón como memorial para esta significativa batalla.

Kinclaven, 1297: quince kilómetros al norte de Perth en los bancos de Tay, Pethshire. Durante la primera guerra por la independencia, una pequeña fuerza inglesa marchaba desde Perth para reforzar la guarnición del castillo Kinclaven. William Wallace los emboscó y persiguió la huída de los ingleses dentro del castillo. Capturó el castillo, matando a la guarnición y destruyendo el lugar. El castillo está ahora en una ruinosa condición.

Kinghorn, 6 de agosto de 1332: Fife. Cuando el rey Robert I y sus capitanes jefes fueron asesinados, los ingleses nuevamente comenzaron a interferir en los asuntos escoceses. avalaron a Edward Balliol, dándole a él un ejército de ingleses, y desheredados escoceses, y lo envió a reclamar el reino de Escocia. Balliol desembarcó en Kinghorn en Fife para inmediatamente enfrentar a una pequeña fuerza local bajo Duncan, el conde de Fife, Alexander Seton y Robert Bruce, el hijo ilegítimo del rey Robert.

Los ingleses de arcos largos ganaron una corta escaramuza, asesinando a Seton y ahuyentando a los escoceses para que Balliol pudiera desembarcar en paz.

Kirkcudbright Fen, 1547: Kirkcudbright, Dumfries y Galloway. Durante el cortejo duro, *sir* Thomas Carleton lideró un asalto inglés dentro del sudoeste de Escocia. Hicieron base en Dumfries e intentaron un ataque al amanecer en Kirkcudbright, pero fueron repelidos, y retirados cuando McLellan de Bombie llevó a Escocia una fuerza contra ellos. La batalla de Kirkcudbright es notable por el incidente cuando una mujer escocesa de Kirkcudbright se entregó a su esposo a uno de los atacantes para salvar su vida. Presumiblemente, fue rescatado más tarde.

Kirkton de Aberfoyle, 1671: Stirlingshire, Central. En un puente afuera de la torre los Grahams de Duchray tuvieron una escaramuza con los seguidores de su primo distante, el conde de Airth en un bautismo. Más un alboroto que una batalla, hubo pocas o casi ninguna baja.

Knockboy, 1565, Ulster, Shane o'Neill derrotó una emboscada liderada por el clan Donald en la disputa por el control de los Glens de Ulster.

Knockbrecht Hill, 7/8 de junio de 1689. Speyside, las Tierras Altas. Este incidente ocurrió durante el primer levantamiento jacobita de 1689. Durante las maniobras antes de la batalla de Lilliecrankie, el general Hugh Mackay fue cazado por Dundee y sus jacobitas. *Sir* Thomas Livingstone y 200 hombres de caballería y dragoneantes fueron mandados a explorar al frente. Se encontraron con una partida de MacLeans y los dispersaron. Reensamblandose en Knockbrecht Hill, alrededor de cientos de MacLeans, rechazaron a los dragoneantes con mosqueteros y una lluvia de piedras. La mañana siguiente, el 8 de junio, ellos cargaron colina abajo y enviaron los caballos de Livingstone corriendo atrás.

Kringen, 1612, Noruega; menos una batalla que una masacre, Kringen es celebrado en el área de Noruega donde fue librada, pero es todo menos olvidada en Escocia. En ese tiempo, los escoceses flojos se enlistaban como mercenarios en guerras extranjeras. El coronel Alexander Ramsay y el lord George Sinclair reunió trescientos hombres, principalmente de Caithness, con la intención de pelear por Suecia en la guerra del Kalmar, donde había suecos en un lado y noruegos-dinamarqueses en el otro.

Ramsay tomó su pequeña fuerza a través del territorio enemigo de Noruega para llegar a Suecia, pero fueron emboscados en la ruta. Fue un mal tiempo para elegir porque trescientos conscriptos noruegos habían sido recientemente masacrados por los suecos.

Ramsay había intentado desembarcar en Romsdal, pero el piloto resultó traicionero y los dejó en Klugness, fuera de la ruta, lo que los retrasó y les dio a los noruegos tiempo para reunir sus fuerzas. Los escoceses esperaron en Dovre el 24 de agosto y festejaron con locales visiblemente amigables antes de dirigirse a las montañas.

Cuando los hombres de Ramsay pasaron a través del paso en Kringen, una fuerza mucho más grande de noruegos permitieron pasar a la vanguardia y cayeron sobre el cuerpo principal. Parece que una mujer joven cabalgó al lado de los hombres de Ramsay y, cuando ella pensó que ellos estaban desprevenidos, sopló un cuerno que era la señal para la emboscada. A pesar de la sorpresa y la disparidad de números, los escoceses resistieron por una hora y media. Alrededor de ciento treinta fueron tomados prisioneros, solo para ser asesinados por los noruegos. Ramsay fue capturados y luego retornado a Escocia.

Kyle of Tongue, marzo de 1746: Sutherland, las Tierras Altas. Este encuentro naval menor pudo haber tenido un significado mayor de lo que parecía en ese momento. Los jacobitas habían capturado una balandra de la armada real, *Hazard* en Montrose y renombrada *Prince Charles*. Desembarcaron con oro para la causa jacobita, el *Prince Charles* fue interceptado fuera de la costa norte de Escocia por HMS *Sheerness* y perseguidos dentro de Kyle of Tongue. La tripulación acarreó el oro en tierra y encabezado por el ejército jacobita principal en Inverness, pero los Mackays locales eran hannoverianos. Emboscaron a los jacobitas en Lochan Haken, y el oro fue lanzado en el lago. Una poderosa fuerza jacobita fue enviada después para recuperar el oro, y quizás esos hombres pudieron tener influencia en la batalla final de Culloden.

L

Lagan a' chatha, alrededor de 1488: Glen Lyon, Perthshire. El nombre significa «Hueco de la lucha», y probablemente se refiere a esta batalla de clanes. En el siglo XV, los MacIvors eran propietarios de la mayoría de Glen Lyons, pero cuando sus jefes ordenaron la muerte del hermano de Stewart de Garth, los Stewarts decidieron vengarse. La tradición habla de un intento de reunión entre los jefes rivales en Craig Fhianniaidh, la cual terminó cuando el primero de los jefes, y después el otro, convocó a miembros del club ocultos. Los Stewarts ganaron la batalla que siguió, aparentemente persiguiendo a los MacIvors ocho millas hasta la cañada. En este asunto, alrededor de 150 hombres fueron asesinados y, de acuerdo a la leyenda, fueron enterrados en Camus Na Carn, el campo de Carins. Los Stewarts se movieron dentro de Glen Lyons. La tradición también dice que una batalla a espada y hacha siendo desenterrados en el lugar en 1816.

Lagavraid, Ross, 1597. Otra batalla de clanes de la cual hay poca información. Parece que esta batalla comenzó con una disputa en una feria de Lagavraid, Ross-shire cuando el hermano del terrateniente de Raasay, John Macgillichallum discutió con Alexander Bane, cuyo hermano fue Duncan Bane de Tulloch. Como a menudo otros clanes estaban involucrados con los Munros, apoyando a los Banes, y los Mackenzies a los hombres de Raasay. John Macgillichallum fue asesinado, con algunos de los Mackenzies y unos pocos Munros.

Legebrad, 1480: cerca de Conon Bridge, Easter Ross, las Tierras Altas, el lord de las Islas derrotó un ejército realista. Después que el rey James III le quitó el condado de Ross a Angus Og de las Islas por traición, los MacDonalds se rebelaron para recuperar el título. El conde de Atholl lideró un ejército mixto de Mackenzies, Rossses, Frasers, Mackays y Brodies contra los MacDonalds, pero Angus Og los derrotó sonadamente en Lagabraad o Lagebrad.

Lang Herdmanston, 14 de febrero de 1406; se peleó en East Lothian. En esta escaramuza, *sir* James Douglas mató a *sir* David Fleming de Cumberlnauld.

La historia posterior es más interesante. El joven príncipe James de los escoceses había sido enviado a Francia por seguridad, pero el rey Henry de Inglaterra interceptó el barco, manteniendo al príncipe prisionero en Inglaterra en contra de las convenciones internacionales.

Mientras el joven James fue mantenido como rehén en la torre de Londres, el duque de Albany fue el gobernante de facto de Escocia en desafío del débil rey Robert. Mientras tanto, el conde de Douglas, quien también se esforzó por alcanzar el poder en Escocia, tenía esperanzas de controlar al príncipe. Envió a su hijo, *sir* James Douglas de Abercorn, para atacar a los nobles que habían acompañado al príncipe en el primer tramo de su viaje. Él mató a Fleming y capturó a los restantes. Mientras tanto, el rey Robert convenientemente muere y Albany se hizo cargo como regente.

Lang Howe, 25 de diciembre de 1307, la parte alta de la Cañada Esk, Angus, supuesto lugar de una escaramuza entre el rey Robert I y el conde de Buchan. Hubo leyendas persistentes sobre que el rey Robert estaba también en Tarfside y en la colina de Rowan, cercana.

Langside, 13 de mayo de 1568, lado sur del río Clyde, Glasgow. Esta batalla fue librada entre Mary, reina de Escocia y su medio hermano, James Stuart, el conde de Moray. La reina Mary fue vista como sospechosa a causa de su catolicismo, pero cuando ella también se casó con James Hepburn, el conde de Bothwell, que estaba sospechado de complicidad en el asesinato del segundo marido de Mary, muchos escoceses se volvieron contra ella. Prisionera en el castillo del lago Leven, Mary escapó y rápidamente juntó un ejército de algunos 6.000 hombres, encabezados por el conde de Argyll e incluyendo a muchos Hamiltons y Campbells. Marchó hacia el castillo de Dumbarton, donde lord Fleming había permanecido leal.

El hermano de Mary, el conde de Moray lideró el ejército protestante de la congregación de Cristo. Alrededor de 4.000 hombres, que era más pequeño que el de Mary, pero mucho mejor liderado y en las filas estaba Kirkcaldy de Grange, con la reputación de ser el mejor soldado de Europa. Los ejércitos se encontraron en la aldea de Langside, cerca del páramo de Govan.

Cuando el ejército de Mary avanzó, Kirkcaldy los enfrentó con una emboscada de arcabuces y caballería, pero los

Hamiltons y los Campbells empujaron atrás el ataque y lo dieron vuelta. Hubo un momento de lucha cuerpo a cuerpo en Langside, pero con la caballería de Moray mostrándose frágil, Argyll cayó de su caballo. Puede haber sido una traición, o un ataque de epilepsia, pero Kirkclady aprovechó el momento y mandó adelante a sus escoceses para ganar el día. Mary había perdido quizás unos cien hombres en alrededor de 45 minutos.

Langside fue la última batalla de Mary, y poco después, dejó Escocia para sus diecisiete años de cautiverio inglés y su eventual ejecución. El sitio de la batalla está cerca del parque de la reina, cuyo nombre recuerda a la trágica reina, y aquellos interesados pueden visitar el cercano parque de la reina con su mástil que señala el lugar donde Moray basó su ejército.

Largs, e de octubre de 1263: Ayrshire, Strathclyde. En esta última batalla entre Escocia y Noruega, el rey Alexander III derrotó al rey Hakon. Noruega había reclamado las Hébridas desde la campaña de Magnus Barelegs, en 1098, aunque los noruegos habían tenido el control *de facto* desde mucho antes. Somerled había ganado su independencia en 1156 seguía una superioridad feudal, reconocida o no.

Alexander II de Escocia había intentado una recuperación y había muerto en Kerrera en 1249; su hijo, Alexander III, esperaba continuar el trabajo de su padre. El abrió su asalto por diplomacia, ofreciendo comprar las Hébridas al rey Hakon, quien rechazó el intento. El conde de Ross comenzó la segunda etapa trayendo a sus hombres sobre el angosto canal a la Isla de Skye al pillaje, incendio y destrucción.

El rey Hakon tomó represalias juntando una enorme flota. *Hakon Saga* da detalles fascinantes, pero todos los relatos acuerdan que había más de 100 barcos, y quizá tantos como 160.Navegaron a Orkney y atravesó las islas, juntando refuerzos de aquellos Hebridianos quienes reconocían a Hakon como su rey o quienes esperaban el saqueo escocés.

Hakon ancló el grueso de su flota en la bahía de Lamlash en Arran y permanecieron ahí mientras Alexander envió negociadores para ganar tiempo. Algunos de los isleños comenzaron a saquear el Clyde superior y el lago Long cuando Hakon ancló en Cumbrae. Cuando los vendavales de octubre empujaron a la flota nórdica a tierra en Largs, los escoceses atacaron en una escaramuza de flechas y disparos, y los nórdicos enviaron refuerzos.

Quizás ningún bando quería una batalla a gran escala, o quizás décadas de casi paz no había producido muchos guerreros hábiles, porque la lucha fue poco entusiasta y, entonces, los nórdicos retiraron sus barcos y navegaron afuera. Hakon murió en Kirkwall en el viaje de retorno, y el rey Alexander continuó su campaña con guerra de disputas y la diplomacia de monedas de plata. En 1266, Magnus, el nuevo rey noruego, acordó vender las Hébridas a Escocia, aunque retuvo Orkney y Shetland. Los jefes de los Hebridianos continuaron como antes, probablemente indiferentes con un rey distante reclamando su vasallaje.

Hay un obelisco en Far Bowen Craigs, justo al sur de Largs que conmemora la batalla. Hay una cantidad de piedras erguidas que tradicionalmente están asociadas, pero probablemente sean mucho más viejas. El Holm, en el noreste de la isla Great Cumbrae, tiene la fama de ser el lugar de enterramiento de los algunos nórdicos, que puede ser o no genuino.

• • •

Leach-a-dotha c1467: peleado en Glenorchy en las pendientes de Bendoran en Lochawe, Argyll, Strathclyde. Después de la muerte del Stewart lord de Lorn en el día de su boda, su hijo Dougal Stewart empezó una guerra contra los MacDougalls, que lo habían matado. Un asedio a Dunstaffnage había fallado, Stewart y sus aliados MacLaren pelearon contra los MacDougalls y los MacFarlanes en Leach-a-dota. Allan Macdougall fue el vencedor, con alrededor de 130 MacLarens entre los muertos. No inusualmente en el área, Colin Campbell, lord Argyll se había mantenido detrás de escena, manipulando un clan contra otro para la máxima ganancia del clan Campbell.

Leckmelm, 1585: cinco kilómetros al sur de Ullapool, oeste de Ross, las Tierras Altas, esta batalla fue librada durante una de las interminables disputas feudales del siglo XVI.

El conde de Sutherland tuvo un disgusto con el clan Gunn y envió dos cuerpos de hombres para atacarlos. El primero fue derrotado en Allt Camhna en Caithness. El segundo, bajo James MacRorie, John Gordon de Backies y Neil Maclan MacWilliam empujó a los Gunss a través de Escocia y los capturó en Leckmelm en las orillas del lago Broom. Los hombres de Sutherland ganaron la escaramuza, y se dice que murieron treinta y dos Gunss y George Gunn, su capitán, herido y capturado.

Hay un campo al lado de la granja de Leckmelm que es conocido como Blar Bog, que puede significar «campo de batalla o campo de sangre».

Leith, 1544: norte de Edimburgo. Durante el Cortejo duro. Henry VIII de Inglaterra envió una fuerza para capturar Edimburgo y Leith. Hubo una pequeña oposición al desembarco y los ingleses tomaron Leith con la usual orgía de pillaje y destrucción. Cuando un intento de tomar el castillo de Edimburgo falló, el conde de Hertford sacó su frustración por lo que quedaba de Leith, cabalgó con muchos de sus hombres por el medio de las ruinas ardientes del pueblo. Los ingleses retornaron después de la batalla de Pinkie, de nuevo incendiando y saqueando.

Leith, abril de 1560: norte de Edimburgo. Para este año, Escocia se había protestante y estaba en una disputa armada con los franceses, o la facción católica. En Leith estaba la corte y el cuartel general de Marie, la reina regente y su ejército francés en Escocia. El ejército escocés de los Lores de la congregación pusieron sitio a las fortificaciones sin habilidad ni éxito, entonces apelaron al antiguo enemigo de Inglaterra para ayudar contra el antiguo aliado de Francia.

Lord Gray llegó al norte con un ejército de unos 7.000 hombres y una flota inglesa entrando al estuario de Forth. Después de una escaramuza en Hawkhill, los franceses se retiraron detrás de las murallas de Leith. Hubo una serie de encuentros con pequeños ataques que tuvieron lugar alrededor de Restalrig y Leith Links mientras los ingleses levantaron baterías de asedio en Leith Links. En abril, el almirante Winter atacó, pero falló y no pudo superar las fortificaciones de Leith de *traza italiana* y alrededor de 1.000 ingleses fueron asesinados en un asalto en mayo. Los franceses exhibieron los cuerpos desnudos de los muertos en las almenas.

El sitio duró dos meses y no fue hasta que Mary de Guise murió de cáncer de estómago el 11 de junio que se firmó un tratado de paz. El tratado de Edimburgo decía que ambos ejércitos extranjeros dejarían Escocia, pero no antes que los franceses hubieran saqueado Leith de todo lo que pudieron.

Hay dos montículos de hierba en Leith Links donde se dice que es el sitio de emplazamiento de las armas inglesas para este asedio.

Leith, 1650: norte de Edimburgo. Cuando Escocia aceptó a Charles II como su rey aliancista, Oliver Cromwell llevó su ejército hacia el norte. Recién salidos de su campaña salvaje en Irlanda, los veteranos de Cromwell fueron posiblemente la fuerza más formidable en Europa, pero Escocia se preparaba para resistir. Dirigidos por el general David Leslie y John Mylne, el maestro masón del rey, los escoceses repararon las fortificaciones de Leith. Además de una barrera flotante para impedir asaltos desde el mar, Leslie creó una muralla y una zanja a lo largo de la línea de la actual Leith Walk.

Conociendo la habilidad de los veteranos de Cromwell, Leslie permaneció detrás de sus defensas y repelió cada ataque. El general Lambert ganó una escaramuza en Lochend mientras Cromwell comenzaba un bombardeo en las colinas de St Leonard. Sus ataques subsecuentes fueron repelidos, cuando hubo un ataque desde el mar en Leith. Leslie envió una fuerza de caballería en un asalto que destrozó el campo cromweliano en los Links antes de retirarse con una hueste de caballos puritanos sobre sus talones. El 24 de julio, Cromwell hizo un ataque importante, que fue rechazado, y sus ejércitos comenzaron a sufrir enfermedades. Retrocedió hacia Dunbar, donde Leslie lo atrapó antes de soportar la derrota en Dunbar.

Lesmahagow, marzo de 1679: Lanarkshire, Strathclyde, durante el reinado del rey Charles II, las autoridades perseguían a los presbiterianos aliancistas del sudoeste de Escocia. La tradición dice que un incidente cerca de

Lesmahagow en marzo de 1679, cuando el Teniente John Dlyell y veinte dragoneantes se enfrentaron a una reunión armada de oración. Dalyell fue asesinado en la escaramuza siguiente.

Leven, Banks of, cerca de 877: Fife. Legendaria batalla cuando los daneses invadieron Fife. El rey Constantine los derrotó en los bancos del río Leven antes de ser asesinado en una segunda batalla en East Neuk.

Leven; Valley of, 704; posiblemente Dunbartonshire, Strathclyde. En este año, los *Anales de Tigernach* mencionan una «Matanza de hombres de Dalriada en el valle de Leven». Posiblemente se refiere a una batalla entre los británicos de Strathclyde y los escoceses de Dalriada.

Leys or Leysmill, enero de 1446; cerca de 5 kilómetros al noroeste de Arbroath, Angus. La tradición dice que, después de la batalla, de Arbroath el derrotado Ogilvies hizo una parada en Leys, donde lord Ogilvy mismo fue asesinado. Llevando a su líder caído, sus hombres se retiraron al santuario de la iglesia de Kinnel. Lord Ogilvy fue enterrado en los que es llamado la nave lateral de Ogilvy.

Linan an Sicathan, reportado en 1106, 1286 y en el siglo XVII, Balquhidder Stielingshire, Central. Esta batalla de clanes entre los Buchanans de Leny y los MacLaurins de Auchleskin surgió de un incidente menor. Durante la justa de St Kessaig en Kilmahog, un Buchanan abofeteó a MacLaurin con un salmón. Los dos clanes se encontraron de nuevo en la justa de St Georde en Balquhidder y comenzaron a pelear.

Los Buchanans iban ganando cuando un joven MacLaurin fue asesinado. El padre de MacLaurin gritó el grito de guerra del clan «Craig Tuirc» y el resto del clan se recuperó y atacó a los Buchanans con gran furia. Aquellos Buchanans que no fueron asesinados por la espada fueron forzados en una rápida sección del arroyo Balvaig, que ganó el nombre de «Lilan-an-Seicathan», la cascada de los cuerpos muertos. Se dice que hubo solo dos Buchanan sobrevivientes, ambos fueron asesinados después.

Lindisfarne, c 590: Northumberlan, Inglaterra. En el siglo VI, varios pueblos de Bretaña seguían instalándose en sus lugares y forjando los territorios que se convertirían en Escocia, Gales o Inglaterra. Alrededor de este tiempo, los príncipes británicos Urien de Rheged y Rhydderich de Strathclyde asediaron el Anglian Hussa de Bernicia en su fortaleza en Lindisfarne.

Morcant, un líder británico no identificado, traicionó a Urien, quien fue asesinado posiblemente en la boca del río Low opuesta a Lindisfarne. La muerte de Urien marcó el comienzo de la caída del reinado de Rheged, quien había sido centrado en el Solway Fith. La historia tiene una cierta similitud con el final del legendario Arthur, traicionado por Mordred. Es posible que el cuento Arthuriano estuviera basado en la muerte de Urien.

Lindores, 621, Fife: supuesta batalla entre las ramas rivales de los pictos de la línea real. Como es frecuente en la historia de la Alta Edad Media, los detalles son escasos.

· · ·

Links, Battle of, primavera de 1549: librada en Montrose, Angus. Cuando los barcos ingleses desembarcaron 800 hombres para atacar Montrose durante los intentos de Henry VIII para someter a Escocia, los locales tomaron represalias. El Presbote reunió a los hombres del pueblo y un cuerpo de soldados franceses para emboscar el avance inglés. Debe haber habido una advertencia porque los escoceses tuvieron tiempo de cavar trincheras defensivas. Se dice que menos de 100 ingleses retornaron a sus barcos. Cuando los ingleses remaron por seguridad, se dice que los pescadores locales nadaron hasta uno de sus botes y le hicieron agujeros para que se hundiera.

Linlithgow Bridge, septiembre de 1526: Linlithgow, Central. Siguiendo a la muerte de James IV en Flodden, Escocia fue dejada con un niño en el trono. Una docena de años de problemas siguieron como regentes liderando el reino, y facciones políticas intentando incrementar su poder por el control del joven James V.

En 1526, Archibald Douglas, el 6° conde de Angus, mantuvo el rey y luchó contra los intentos de Margaret, ex esposa de Angus y madre de James, para mantenerlo libre. En el otoño de 1526, la reina madre enlistó el apoyo del conde de Lennox y Glencairn, así como al cardenal Beaton. Ellos juntaron un ejército con fama de ser de 10.000 hombres, pero probablemente menos, y se dirigieron hacia Edimburgo, donde era mantenido el joven rey.

El conde de Angus ordenó al conde de Arran para prevenir que Lennox alcanzara Edimburgo. Arran tomó una pequeña fuerza de sus Hamiltons del puente de Linlithgow, esperando los refuerzos de Angus y el conde de Moray, y esperando por Lennox.

Cuando sus exploradores vieron a Arran esperando, Lennox cruzó corriente arriba para flanquearlo, pero Arran reamó a sus hombres en una posición defensiva fuerte protegidos por río Avon, un parche de pantano y una colina. Al principio, Lennox fue exitoso, presionando a Arran hacia atrás por números absolutos, pero Angus arribó a tiempo para dispersar el ejército de Lennox. El conde de Glencairn y Lennox fueron asesinados.

Hay un mojón que se dice marca el lugar donde el conde de Lennox fue asesinado.

Lintalee, 23 de abril de 1317. Esta escaramuza tuvo lugar entre el Jed y el arroyo Lintalee alrededor de dos kilómetros al sur de Jedburgh, fronteras escocesas. Durante la primera guerra por la independencia, el conde de Arundel y alrededor de 10.000 hombres invadieron Escocia. *Sir* James Douglas, ahora guardián de Escocia, estaba en su mansión en Lintalee y atacó a los invasores con alrededor de 200 hombres. Emboscó a su vanguardia y asesinó a un caballero de Yorkshire llamado Thomas Richmond. Cuando una partida inglesa bajo un hombre llamado Ellis se movía en la Mansión Lintalee, Douglas retornó y los borró. Arundel se retiró.

Little Ferry 1746, peleado en el lago Fleet, Sutherland, las Tierras Altas, durante el Levantamiento Jacobita de 1745/6. En su camino al sur para unirse al ejército jacobita de Charles Edward Stuart, el conde de Cromarty arribo a Little Ferry en la orilla norte del lago Fleet. El conde hannoveriano de Sutherland estaba ahí y atacó a los jacobitas. Mientras el conde de Cromarty y sus oficiales huían hacia el castillo de Dunrobin, sus hombres corrieron hacia el ferry. El bote era demasiado pequeño y muchos fueron dejados en la costa. Hubo pánico, con hombres pirateando y apuñalando unos a otros. La acción evitó que los refuerzos alcanzaran al ejército jacobita principal.

Loch a Naig, 1610: oeste de Ross, las Tierras Altas. Esta escaramuza en la cañada Torridon fue parte de una disputa entre los Mackenzies y los MacLeods. Alexander Mackenzie derrotó a una partida de MacLeods y capturó a John Macallan Mhic después de matar alrededor de dieciséis de sus hombres, aunque los MacLeods sobrevivientes huyeron.

Loch Ossian, siglo XVII. Páramo de Rannoch, Perthshire. Esta escaramuza se basa totalmente en una tradición que establece que una partida de Grants vino desde Strathspey para robar ganado de MacDonnell de Keppoch. Los MacDonnells los capturaron y los mataron en una pequeña escaramuza. Los Grants sobrevivientes alcanzaron el lago Ossian y relataron su cuento a una partida de hombres que se encontraron. Desafortunadamente, este grupo estaba también compuesto de MacDonals, que habían sido indultados de un asalto en su propiedad. «Es una pena», dijeron los MacDonnells, «no deberían unirse a sus amigos», y masacraron al resto.

Lochan a' Chath, o Achan a' Chath, 1645: norte de Liachan, cerca de Achandaul, por Fort William, las Tierras Altas. El hombre significa «lago de la lucha», o «pequeño campo de la lucha», y está en los tramos superiores de Allt Nan Dathaddariean. Fue la parada final de una partida de Campbells que habían sobrevivido a la victoria de Montrose en Inverlochy. También es Tom Na Bratach, (Montículo de la bandera) que es posiblemente donde los Campbells plantaron su bandera antes de luchar hasta el final.

Lochindorb Castle, 1335: seis kilómetros al noroeste de Grantown en Spey, en el páramo de Dava, Grampian. Este asedio tuvo lugar durante la segunda guerra por la independencia. Los patriotas habían recobrado rápidamente a Escocia de la partida inglesa de Edward Balliol, pero el castillo Lochindorb se mantuvo afuera. Andrew Moray condujo el fracasado asedio. Lochindorb fue mantenido por Katherine de Beaumont, la viuda de Davis Strathbogie, conde de Atholl, quien había muerto en la batalla de Culblean. Moray se retiró cuando Edward III de Inglaterra lideró una misión de rescate.

El castillo es actualmente una ruina, y como está situado en una isla hecha por el hombre en el lago, el acceso es difícil, pero interesante. Edward Plantagenet de Inglaterra había visitado el castillo, y el último propietario fue el Lobo de Badenoch, uno de más coloridos hombres malos de Escocia. Para remover el romance, hay que mirar la mazmorra de agua, donde los prisioneros fueron encarcelados en un hoyo donde el agua llegaba hasta la cintura.

Loch Insch, fecha incierta, cerca de Kingussie, Badenoch, las Tierras Altas. Este lago es el sitio tradicional de una batalla donde el líder derrotado fue el rey Harald. Se dice que se había sentado en la colina de An Suidh, encima de Kincraig para mirar la pelea. Se debe haber involucrado en alguna etapa, porque supuestamente fue enterrado en el sitio de Craig Righ Harailt, en las colinas detrás de Dunachton. Una teoría alternativa, y posiblemente la más exacta, dice que el rey picto Nectan peleó dos batallas en las orillas del lago Insch. En su primera batalla, derrotó a los nórdicos, pero fue menos exitoso en el encuentro posterior con una fuerza rival picta.

Loch Leven Castle, 1301: Peth y Kinross. Durante la primera guerra por la independencia, los patriotas escoceses, posiblemente liderados por William Wallace, capturaron el castillo. Los ingleses pusieron sitio al castillo lago Leven en 1301, pero John Comyn llegó para levantarlo. Los ingleses retrocedieron en 1335, cuando Alan de Cipont los mantuvo afuera.

Historic Scotland administra ahora el castillo lago Leven, que puede ser visitado por barco. Es probablemente el más famoso por sus asociaciones con Mary, reina de Escocia.

Lochmaben Castle, nueve kilómetros al noreste de Dumfries, Dumfries y Galloway. Este castillo fue uno de los muchos que sufrieron una sucesión de asedios y asaltos. Capturado por Edward I de Inglaterra en su retorno de la Batalla de Falkirk, Robert I de Escocia lo recapturó en 1306, solo para perderlo a manos de los ingleses y reganarlo después de Bannockburn. En 1333, los ingleses estaban de nuevo en control, pero Archibald el Severo, conde de Douglas lo recapturó en 1384. James II recuperó el castillo de los Douglases en 1455, pero los nuevos propietarios, los Maxwells, proveyeron igualmente algunos problemas entonces James VI tuvo que asediar Lochmaben. Desde esa fecha ha estado tranquilo.

No es una sorpresa que el castillo esté en ruinas, pero puede ser visitado.

. . .

Lochmaben, 22 de julio de 1484: nueve kilómetros al noreste de Dumfries, Dumfires y Galloway. Después que los Douglases cayeran del favor real, el conde huyó a Inglaterra. El igualmente exilado duque de Albany, Alexander Stewart, quien entrego a Berwick a los ingleses y con derecho al trono escocés, junto pronto con él allí. En julio de 1484, Richard III de Inglaterra había dado soporte a Douglas y a Albany y los envió al norte con 500 hombres.

Los condes se dirigían para alcanzar el área de Lochmaben, donde la mayoría de la población estaba en una feria. Una rápida inspección de los hombres de Annandale mostró lo débil para repeler el asalto, pero cuando algunas tropas reales aparecieron los invasores fueron gradualmente empujados a través de Annan. Cuando los Maxwells locales se unieron, Douglas y Albany fueron derrotados. Robert y Edward Crichton, miembros de la rama Sanquhar de la familia, fueron más tarde premiados por su parte en la acción. Alexander Kirkpatrick tomo prisionero al conde y fue recompensado con tierras por valor de 100 libras al año «por instigar a otros… para realizar tales servicios en el futuro». Albany escapó a Francia y, luego, fue mortalmente herido en un torneo. La cercana cruz de Merkland conmemora la muerte de lord Maxwell.

Lochore Castle, Fife: situado en una isla en el ahora drenado lago. El folklore local dice que fue el sitio de la batalla entre los romanos y los celedonios. El nombre ha sido cambiado de Inchgall, «isla de los extranjeros», y lo que resta del castillo está en Lochore Meadowa Country Park.

Loch Arklet, 711: Trossachs, Central. Esta fue una batalla legendaria cerca de Inversnaid, en la cual los escoceses derrotaron a los británicos. Los *Anales de Tigernach* recuerdan a esta como la batalla de Loireclat. Este área parece haber sido poblada con legendarios encuentros para los que no existen evidencias reales, a instancias del caño de Baliressan en cercanías de Baliressan que se dice que fue el sitio de un encuentro entre romanos y celedonios. Hubo aun una tercera batalla legendaria en 717, en Minvircc o Minuirc, la cual puede referirse a Clach-na-Breaton, la vieja piedra límite entre la Escocia Dalriada y la Strathclyde británica. Como los dalriadicos bajo Selbach derrotaron nuevamente a los británicos de Strathclyde, puede haber otro relato para la misma batalla.

Lochryan, c 841: Dumfries y Galloway. La leyenda habla de una escaramuza aquí cuando el rey Alpin de Dalriada lideró un asalto dentro de lo que podría ser Strathclyde o posiblemente territorio nórdico. Es posible que hubiera sido una emboscada en una granja ahora llamada Little Laight, pero originalmente denominada Lacht Alpin, o tumba de Alpin.

Loch Ryan, 10 de febrero de 1307: Dumfries y Galloway. Este incidente en la primera guerra por la independencia fue más una masacre que una batalla. Alexander y Thomas Bruce, hermanos del rey, desembarcaron en Galloway con dieciocho barcos llenos de hebrideanos e irlandeses. Los Bruces fueron apoyados por *sir* Reginald Crawford y el sub-rey irlandés, Malcolm MacQuillan. Fueron atacados y derrotados por los Macdoualls bajo su jefe Dungall, aliados con los MacCanns. Los hermanos Bruce fueron enviados cautivos a Carlisle, donde Edward Plantagenet ordenó ejecutarlos junto con Crawford y MacQuillan.

. . .

Loch Sallachie, 1516: Sutherland, las Tierras Altas. Con el conde de Sutherland en Edimburgo, John Mackay de Strathnaver envió a sus hermanos William y Donald a asaltar sus tierras en Sutherland. John Murray, actuando en favor del conde reunió una fuerza y enfrentó a los Mackays en el Lago Sallachie. William y Donald Mackay estaban entre los muertos de Mackay, pero John Roy-Murray, hermano de John Murray, fue también asesinado.

Lon Harpasdal, 1426, Caithness, las Tierras Altas. Esta batalla ocurrió cuando Angus Dow Mackay incursionó en Caithness para saquear. Los hombres locales reunidos en Harpasdal y hubo una batalla con muchas bajas. El rey intervino y puso al hijo de Angus, Neil Mackay, en prisión en Bass Rock.

Lora, 573 DC, supuestamente librada en Kintyre, Strathclyde, esta batalla extremadamente oscura se presume que fue una derrota para Duncan MacConail MacCongail.

Loudon Hill, 1296: dos kilómetros y medio al este de Darvel, Ayrshire, Strathclyde. Esta es una colina prominente, aunque pequeña cerca de la A71. Durante las tempranas etapas de la primera guerra por la independencia, William Wallace reporta que ha derrotado a una fuerza inglesa en una escaramuza en este sitio. El poema de Blind Harry menciona pintorescos detalles, pero parece que Wallace emboscó una columna de abastecimiento para Ayr cerca del paso conocido como el Winny Wizzen y mató al comandante, un hombre llamado Fenwick.

· · ·

Loundon Hill, 10 de mayo de 1307; cerca de Darvel, Ayrshire, Strathclyde. Esta batalla de la primera guerra por la independencia fue significativa, y muestra que el rey Robert I pudo derrotar a un ejército inglés en campo abierto. Habiendo retornado al continente Escocia desde las Hébridas, el rey Robert ganó una escaramuza en Glentrool y se movió al norte a Ayrshire. Su paso siguiente para remover al inglés vino de Loundon Hill. Su oponente aquí fue Amyer de Valence, conde de Pembroke, el vencedor de Methven. El rey Robert posicionó su ejército en la cabecera de un angosto camino, con un área pantanosa a cada lado. Agregó una cantidad de zanjas entre el camino y el pantano para asegurar que los ingleses pudieran avanzar a lo largo de un frente estrecho. Entonces, formó a sus hombres en un cuerpo compacto y esperó.

Valence tenía alrededor de 3.000 hombres, ansiosos de pelear contra los escoceses. Cuando sus jinetes externos golpearon las zanjas, fue forzado a líneas más angostas, y el rey Robert hizo que los escoceses presionaran, rompiendo la organización inglesa. Los ingleses en la retaguardia comenzaron a correr primero, y luego el resto de la fuerza de Valence se quebró. Con Valence huyendo al Castillo Bothwell.

Loup Hill, mayo de 1689: Strathclyde. Esta fue una pequeña escaramuza en la primera guerra jacobita en la cual una fuerza Williamita dispersó a un pequeño grupo de jacobitas. Las bajas fueron mínimas, aunque el encuentro fue suficiente para empujar a los jacobitas de la península, la que permaneció firmemente en manos Williamitas por el resto de la campaña.

· · ·

Lumphanan, 15 de agosto de 1057, Deeside, Mar, cerca de 27 kilómetros al oeste de Aberdeen y tres kilómetros al noroeste de Torphins. Retornando del exilio en Inglaterra con un ejército inglés, Malcolm Canmlore y el rey MacBeth pelearon primero en Dunsinane y entonces, cuando Macbeth se retiró al norte, a Lumphanan. Parece que fue un asunto menor, pero MacBeth fue mortalmente herido y murió poco después. Malcolm Canmore fue rey y comenzó la larga agonía de remover la cultura gaélica de la corriente principal de Escocia.

El pueblo de Lumphanan tiene acceso al campo de batalla, y otros memoriales son el pozo de Macbeth y la piedra en la cual supuestamente fue decapitado. Hay también un mojón que marca donde Macbeth murió, terminando un reinado de diecisiete años. Aunque la versión de Shakespeare es la más conocida, parece que Macbeth fue un exitoso rey medieval.

Luncarty, alrededor del 998: cuatro kilómetros al norte de Perth. Aunque algunos historiadores tienen dudas que esta batalla haya tenido lugar, y no se han encontrado evidencias físicas, los porcentajes de tradición sin altos y parecen ha sido recordada más que otras que han tenido más importancia histórica.

De acuerdo con la tradición, Kenneth III derrotó a los daneses, que fueron sitiados en Perth. Como rey, Kennerh gobernó desde 997 a 1005, la batalla puede haber ocurrido entre esos años, si la tradición es correcta. La mayoría de las leyendas se centran en la parte jugada por una pequeña banda de hombres, quienes atacaron el ala derecha del ejército danés y torno una casi derrota en una victoria. El rey Kenneth después premió al líder de esta banda con tierras, y fundó la familia Hay. El cuento es al menos ciertamente apócrifo.

Más importante fue la parte jugada por el futuro rey Malcolm II, quien comandaba el ala derecha del ejército escocés. Si la batalla tuvo lugar o no, o cuando, la leyenda resalta el hecho que Malcolm II fue un guerrero. Otra tradición dice que los escoceses pelearon bajo el viejo estandarte real del jabalí salvaje, lo que indica una fecha anterior al uso generalizado del Saltire.

Lyne Water, 1308, fronteras escocesas. En esta escaramuza de la primera guerra por la independencia, James Douglas derrotó a una partida de hombres de Lothian, quienes estaban peleando por Inglaterra. Cuando los hombres de Lothian estaban escondiéndose adentro de un edificio al lado de Lyne Water, tres millas de Peebles, Douglas los emboscó. Mató a algunos, pero la mayoría escapó. En este encuentro, Douglas capturó a Alexander Stewart de Bunkle y Thomas Randolph, sobrino de Bruce. Ambos se convirtieron luego en prominentes luchadores por Robert I.

M

Mag Rath, c 637también conocido como Moira: Condado Down, Irlanda. Esta casi olvidada batalla fue significativa como marcados de la retirada de Dalriada de Irlanda. Parece que Dommall Brecc, rey de Dalriada, apoyaba a Congall, el rey de Dal nAraide, en esta pelea fue Aed, el Ui Neill Alto Rey de Tara. Es posible que Dal nAraide fuera del pueblo Cruthni, que lo habían hecho rey de los pictos,, quienes vivían en lo que hoy es Escocia, que tambіén eran conocidos como Cruithni.

Mair, the, 1548: también llamada St Niniam de Mair, cerca de St Monans, Fife. Mair era la pronunciación local de páramo. Esta escaramuza ocurrió durante la invasión del rey Henry VIII a Escocia. Lord Clinton lideró a las tropas inglesas desde su base en Inchkeith para desembarcar en la playa este de St Monans, probablemente intentando saquear por abastecimientos o, como Pitscotie dijo, capturar Pittenween y futura devastación en Fife. Algunos relatos dicen que hubo 1.200 soldados, otros dicen que eran tan pocos como 1.000 o como más de 5.000.

Cuando los hacendados locales sonaron un cuerno para advertir sobre el desembarco inglés, el lord James Stewart de diecisiete años con el terrateniente de Wemyss y el prior de St Andrews reunieron una pequeña fuerza para defender el área. Los escoceses usaron trincheras llenas de paja para crear un escenario de humo para bloquear a los arqueros ingleses mientras las mujeres locales se escondían detrás de una colina y hacían suficiente ruido para convencer a los ingleses del inminente arribo de refuerzos. Cuando los escoceses atacaron, los ingleses se retiraron. El reporte de bajas enlistado de algo de 600 ingleses se ve remarcadamente alto.

Mam Garb, 31 de julio de 1187: cerca de Inverness, las Tierras Altas, posiblemente Strath Garve, oeste de Strathpeffer. William I no fue el mejor de los reyes de Escocia, a pesar de ser el primero en llevar el león rampante en la bandera. No le fue bien en sus expediciones en Inglaterra, vendiendo la independencia del reino para asegurar su propia libertad, pero usualmente manejaba para sofocar cualquier rebelión con adecuada crueldad.

En la década de 1180, Donald MacWilliam, un descendiente de Malcolm Canm ore a través de su primera mujer, se levantó en rebelión. La rebelión se centraba en Moray y duró una cantidad de años antes que Roland de Galloway fuera enviado al norte con un ejército de trescientos hombres para cazar a Donald MacWilliam abajo. Roger de Howden relató como Roland se encontró con Donald en Mam Garb o el páramo de Mamgarvia y lo derrotó. Donald MacWilliam fue asesinado en la batalla, y sus hermanos colgados en el lugar. La cabeza de Donald fue entregada al rey como prueba de muerte.

· · ·

Man, 1158; Las *Crónicas de Man* dicen:

En el año 1158, Somerled vino a Man con 53 barcos y se unieron en batalla con Godred y los puso a pelear. Él arrasó la isla entera y se marchó.

Somerled parece que estaba seguro de sus reclamos sobre las Hébridas del sur, o quizás solo haciendo su marca.

Manau, 578: lucharon en una locación desconocida en la Isla de Man. Aedan Macgabhran de Dalriada ganó la batalla, posiblemente contra Baetan Mac Cairill de Dal Fiatach, otra pequeña escaramuza del reino irlandés. Es también posible que esta batalla fuera la misma que se libró en 582, con Aidan ganando también, después de la muerte de Beatan. A pesar de la falta de detalles, estas expediciones revelan el poder marítimo que poseía Dalriada.

Manau; Plain of, c 672: oeste de Lothian o Central. Como es común en este periodo, los detalles de esta batalla son escasos y los hechos remotos. La evidencia disponible sugiere que los northumbrianos anglos retuvieron alguna suerte de liderazgo sobre los pictos, pero en 672 los Pictos se levantaron en revolución. Los Northumbrianos los derrotaron en la planicie de Manau, la que puede haber sido el área cercana a Falkirk. Un relato dice que dos ríos fueran llenados con los cadáveres de los pictos muertos, entonces la batalla puede ser recordada como «la batalla de los dos ríos».

Manau, Plain of, 711. Esta batalla fue presumiblemente librada en Lothian oeste o Central, que parece haber sido una turbulenta área de frontera entre los Pictos y los

Northumbrianos. Aunque los Pictos habían vencido recientemente a los Northumbrianos en la batalla de Dunnichen, este asalto fue para Northumbria.

Mauchline Moor, alrededor de 787: Ayrshire, Strathclyde. La leyenda local menciona una batalla aquí entre un ejército Picto y uno de Strathclyde. Los hombres de Strathclyde ganaron aparentemente.

Mauchline Morr, 12 de junio de 1648: sur de Mauchline, Ayrshire, Strathclyde. La década de 1640 fue tiempo de turbulencia extrema en Escocia. En 1648, muchos hombres estaban descontentos con las autoridades escocesas que apoyaban a Charles II, y se quejaban acerca de su compromiso con la realeza. Alrededor de 2.000 de esos anti-compromiso reunieron en el páramo de Mauchline. Las autoridades enviaron al general mayor John Middlelton para monitorear los eventos, o posiblemente para romper la reunión. No es sorprendente que esto fuera un problema, y Middleton ganó el día, con alrededor de 30 muertos o heridos entre los dos ejércitos. Otros 65 anti-compromiso fueran tomados por Ayr para juzgarlos.

Hay una bandera covenanter colgada en la iglesia cercana a Mauchline.

Megray Hill, 15 de junio de 1639; norte de Stonehaven, Grampian, En esta escaramuza menos en el verdadero comienzo de la primera guerra del obispo, los aliancistas derrotaron al realista coronel William Gunn.

Cuando el rey Charles intentó introducir las prácticas episcopales a la iglesia de Escocia, los escoceses respondían a un planteo del acuerdo y juntando un ejército. Los terratenientes y lords realistas reunieron sus fuerzas en Aberdeenshire. Hubo alrededor de 2.500 realistas, principalmente infantería, y cuando se encontraron con los más profesionales covenanters de Aboyne en Megray Hill, una gran cantidad simplemente huyó. Fue una escaramuza con pocas bajas y los restantes del ejército realista se retiraron a Aberdeen.

Melrose, 1322: fronteras escocesas. Durante las últimas etapas de la primera guerra por la independencia, los escoceses fueron en ascenso. Sabiendo que Edward II había planeado una invasión, el rey Robert entró en Inglaterra, incendiando Preston y Lancaster, y retornaron para preparar a Escocia para los ingleses. Edward II marchó hasta Edimburgo, para encontrar el campo que había sido limpiada de cultivos y ganado para que su ejército sufriera de hambre. En su retiro, intentaron saquear la abadía de Melrose, pero Douglas los emboscó y mató a la mayoría de sus jinetes ligeros. El rey Robert siguió su retirada con un fuerte asalto en Rievaulx y Byland.

Melrose, 1378: fronteras escocesas. Cuando una fuerza inglesa arrasó en Escocia, Archibald el Severo, conde de Douglas, y el conde de March los derrotaron cerca de Melrose. Ellos rescataron a sus cautivos, lo que causó que los ingleses se quejaran. «El conde de March y Douglas, y el primo segundo de *sir* Archibald… habían arrasado las fronteras inglesas con encarcelamiento, rescates y otras cosas».

Merchiston, 1571: Edimburgo. Durante el largo asedio del castillo de Edimburgo, William Kirkcaldy de Grange, peleando por la reina Mary, bombardeó el castillo de Merchiston con una guarnición de Kingsman, Marchiston guardaba el sur aproximándose a la ciudad.

Merchiston, 5 de mayo de 1572: Edimburgo. Los Kingsmen de Leith apoyando al rey protestante James VI, repelió un asalto de los Queensmen de Kirkcaldy, quien apoyaba a la reina católica Mary. Ellos repitieron su éxito cinco días después. Sin embargo, no fueron todas malas noticias pata la reina, porque hubo otra escaramuza en Merchiston el 31 de mayo, cuando los Queensmen fueron vencedores.

Methven, 19 de junio de 1306: ocho kilómetros al este de Perth, Perthshire. Esta batalla fue librada durante la primera guerra por la independencia. Poco después de la coronación del rey Robert I en Scone, él reunió su ejército y busco desafiar la ocupación inglesa. De Valence, conde de Pembroke había tomado Perth. Barbour dijo que Bruce requirió que de Valence debía dejar las murallas de Perth y luchar una caballerosa batalla en campo abierto, pero los hombres ingleses se negaron, reclamando que ellos no peleaban en domingo. El rey Robert tomó las palabras de Valence y se retiró a su campo en Methven, donde los ingleses atacaron. Estos detalles pueden ser verdad, o meramente un intento de excusar una derrota escocesa causada por la falla de los puestos de vigilancia.

Barrow es probablemente más exacto cuando sugiere que el ejército del rey Robert fue dispersado, con algunos cosechando y otros en la cama cuando de Valence atacó. Los ingleses ganaron bien, asesinando a muchos y capturando una cantidad de hombres de alto rango incluyendo a Thomas Randolph y Alexander Fraser. Bruce se manejó para escapar con alrededor de 500 hombres, solo para caer víctima de los MacDougalls en Dalrigh. El profesor Barrow sugiere que estas dos batallas podrían haber salvado a Escocia volviendo a Bruce de un comandante ortodoxo a un magnífico líder de guerrilla en que se había convertido.

Mingary Castle; Ardnamurchan, las Tierras Altas. Este castillo en el promontorio más al oeste del continente escocés ha sido testigo de algunos eventos emocionantes. En 1515, *sir* Donald MacDonald de Lochalsh puso sitio a Mclain de Ardnamurchan en Mingary, pero fue repelido, para retornar y capturar el castillo en 1517. Nuevamente en 1588, durante una disputa de MacLean-MacDonald, *sir* Lachlan MacLean asedió Mingary. Unos cien soldados españoles lo ayudaron, parte de la tripulación de un barco que habían sobrevivido a la dispersión de los barcos de la Armada, y se escondieron en la Bahía Tobermory. Una fuerza de MacDonalds y sus aliados persiguieron a los sitiadores afuera. Los Campbell de Cawdor atacaron exitosamente a Mingary en 1612, y repelieron un MacDonald oponente en 1622. Sin embargo, Alastair MacColla MacDonald capturó Mingary en 1644, solo fue retomado por el General David Leslie en 1647.

Ahora es una pintoresca ruina, el castillo puede ser visitado.

Moiry Pass, 25 de mayo de 1315. Esta batalla de Edward Bruce fue peleada en Armagh, Irlanda durante la guerra por la independencia. Cuando los O'Neills de Ulster pidieron ayuda contra los ingleses, los escoceses vieron la oportunidad de abrir un segundo frente, usando el descontento irlandés contra sus señores ingleses y anglo-normandos. Edward Bruce y Thomas Randolph de Moray desembarcaron con una fuerza de expedición en Larbe y poco después ganaron la batalla del Paso de Moiry.

Monacrib, c 727. Esta batalla fue parte de una guerra civil entre varios demandantes por el trono de los pictos. Hungus, Oengus o Ungus de los pictos derrotó a Elpin, también de los pictos. Un tradicional sitio de batalla fue en Moncrieff en Strathearn.

Monadh-Carno; or Mornith Carno c 729: posiblemente cerca del lago Insch, Badenoch, las Tierras Altas, donde el rey picto Nechtan tradicionalmente libró al menos una batalla. Una versión establece que Oengus derrotó a Nechtan y los recaudadores de tributos de Nechtan fueron asesinados. Otra versión dice que la batalla fue librada en el Carse de Gowrie, en Moncur o castillo de Moncur cerca de las colinas de Sidlaw, y dice que Hungus derrotó a su rival Nechtan.

Mondynes, 12 de noviembre de 1094: cerca de veinte kilómetros al sur de Aberdeen. Después que el rey Malcolm III muriera en Alnwick, su hermano, Donald ,tomó el trono. Duncan, el hijo de Malcolm de su primera mujer, había vivido en la corte inglesa como rehén, y ahora retornaban con la ayuda anglo-normanda ayudando para deponer a Donald. Parece que Duncan no era popular en Escocia, posiblemente a causa de sus conexiones inglesas y un ejército liderado por el conde de mar local, el medio hermano de Duncan Edmund, respaldado por Donald, se enfrentó a él en Mondynes. No está claro cuanta ayuda anglo-normanda tuvo Duncan en esta batalla, pero fue claramente derrotado.

Hay una piedra erguida en un campo en el molino de Mondynes, una leyenda local dice que Duncan fue enterrado debajo. La misma leyenda dice que la piedra debe mantenerse blanqueada.

Mons Graupius: 84. La ubicación de esta batalla es incierta, pero fue presumiblemente en el este de Escocia norte de Dundee. Fue peleada entre los invasores romanos, bajo Agricola, y un ejército de celedonios, bajo un hombre conocido solo como Calgacus, el Espadachín.

En el 78 DC, los romanos estaban casi firmemente en control de la mayoría del sur de Britania. El gobernador de Britania, Julius Agrícola, comenzó una serie de campañas que fueron intentadas para completar la conquista del continente británico. Para el final del 83 los romanos parecen haber estado en el Mearns y habían construido una línea de fuertes junto al extremo sur de las Tierras Altas, centrado en la fortaleza legionaria de Inchtuthill al sur de Dunkeld. En el 84, los romanos nuevamente empujaron al norte, apoyados por su flota.

Los celedonios condujeron una guerra de guerrilla, golpeando posiciones aisladas del ejército romano, pero no enfrentando aun a los soldados profesionales en una batalla mayor. Un ataque Celedonio penetró en el campamento de la 9° Legión en Strathearn, e infringió algunas bajas antes de ser repelidos.

Calgacus eventualmente enfrentó a Agrícola en Mons Graupius. Los celedonios enviaron sus esposas e hijos a un lugar por seguridad y se juntaron en masa para detener al invasor. La batalla fue librada entre las colinas y el mar, con un denso bosque detrás de los celedonios. Tacitus, el yerno de Agricola y quizás no sea el más imparcial de los cronistas, dice que Calgacus tenía 30.000 guerreros. Agrícola tenía alrededor de 3.000 caballos en las alas y las legiones vestidas de hierro en el centro. La mayoría de los celedonios estaban en terreno elevado detrás de sus aurigas que estaban en el plano. En este periodo, los carruajes eran un anacronismo en la batalla, pero parece que los celedonios eran expertos en su uso. La infantería esperó, armada con lanzas o largas espadas y pequeños escudos.

Los romanos comenzaron con una volea de misiles que los celedonios evitaron y repelieron con una lluvia de lanzas propias. Es posible que la presencia de carruajes obstruyera los movimientos de la infantería celedonia, por lo que ellos descendieron lentamente de la colina, y entonces cargaron. No hay dudas sobre el coraje de los celedonios, pero los legionarios romanos eran profesionales en un ejército que se había hecho nombre derrotando pueblos indisciplinados. Las largas espadas celedonias eran pesadas ante los altos escudos y espadas punzantes de los legionarios y fueron forzados a retirarse. Ellos «huyeron a los bosques», pero retuvieron su espíritu, emboscando a cualquier romano que los siguiera.

De acuerdo con Tacitus, alrededor de dos tercios de los celedonios escaparon, incluyendo probablemente a Calgacus. Después de la batalla, Agrícola puede haber retornado a su base en la Escocia central.

Montrose, abril de 1644. Durante las guerras civiles de mediados del siglo XVII, una fuerza realista bajo Irvine de Drum y Nathaniel Gordon asaltó y capturó el pueblo.

Montrose, 1745: Angus. Durante el levantamiento jacobita de 1745, Montrose tendía a favorecer a la causa Stuart, o de los jacobitas. La armada real envió al HMS *Hazard* a bombardear al pueblo, pero los jacobitas, con la ayuda de

Francia, lograron capturarlo. En un encuentro posterior el HMS *Milford* hundió el barco francés *Le Fine* en el río North Esk en Montrose.

Monzievaird, 25 de marzo de 1005; posiblemente librada al norte de Crieff en Strathearn, Perthshire. Esta batalla parece haber sido una lucha dinástica directa entre Malcolm II y Kenneth III. Malcolm mató a Kenneth y a su hijo Giric en Monzievaird. Él aseguraba que su propia dinastía debía continuar eliminando también al nieto de Kenneth, y probablemente casi cualquier otra persona que pudiera reclamar el trono. Malcolm parece haber sido un rey despiadado, pero altamente exitoso que expandió y consolidó las fronteras de Escocia contra la oposición de los nórdicos y los ingleses.

Mortlach, 1010: posiblemente Mortlich 4 kilómetros al oeste de Dufftown, Moray. Esta fue una de las victorias de Malcolm II sobre los daneses. Una fuerza danesa había invadido Moray y capturado los castillos de Elgin, Nairn y Forres. Malcolm marchó a través de Glenfiddich para encontrarlos en Conval. Al ver a los escoceses, los daneses retrocedieron hacia el castillo de Balvenie con Malcolm persiguiéndolos. Los relatos tradicionales establecen que lo ejércitos se encontraron junto a Dullan Water, cerca de un afloramiento de rocas conocido como la silla del gigante. Parece que los daneses repelieron el ataque inicial escoces, matando a dos de los líderes escoceses, pero un segundo ataque fue más exitoso, y se dice que Malcolm arrojó a un líder danés de su caballo y personalmente lo estranguló. La tradición también dice que los escoceses cavaron hoyos donde fueron arrojados los cuerpos de los daneses, lo que suena sospechosamente como una repetición de la batalla de hoyos sangrientos.

. . .

Mount Blair, Angus, esta colina fue el sitio tradicional de una batalla entre los pictos y los vikingos en el siglo IX, pero desafortunadamente no hay evidencia histórica para respaldar el relato.

Moy, Rout of, 16 de febrero de 1746: Invernesshire. Este incidente ocurrió durante las últimas pocas semanas del levantamiento jacobita de 1745. Escuchando que el príncipe Charles estaba en Moy House, lord Loudon, en Inverness, con tropas gubernamentales, marchó para capturarlo. Los hannoverianos eran principalmente MacLeods, con un gaitero, Donald Ban Crimmon en la furgoneta. Lady Macintosh, quien estaba en Farquharson de Invercauld por nacimiento, corrió a través de Moy House en sus enaguas y ordenó a sus criados observar el ataque. Un herrero, Donald Fraser, y cinco hombres dispararon contra el avance hannoveriano y mataron al gaitero. Cuando los hombres de Loudon escucharon a los defensores recurrir a clanes imaginarios para ayudar, creyeron que serían superados en número y se retiraron.

Mugdock, 750: Stirlingshire, Central. Hay una tradición de una batalla aquí, con varias versiones y en efecto, nombres. En uno, Tuedebar de Strathclyde derrotó a Oengus MacFergus, rey de los pictos. En otra, los escoceses derrotaron a los pictos en Mygedawg, quien se supone que es Mugdock y en una tercera el rey Tuedebar derrotó a Talorgan de los pictos. Parece que Tuedebar de Strathclyde había derrotado al famoso Angus MacFergus de los pictos, quien en 756 se alió con Eadberrht de Northumbria y atacó de nuevo Dumbarton, solo para ser derrotado nuevamente.

. . .

Mulroy, 4 de agosto de 1688: Inverness-shire. Los MacDonnells de Keppoch y algunos Camerons derrotaron a los Macintoshes en la que puede haber sido la última batalla de clanes. Esta batalla fue librada en una pequeña altura arriba del puente Roy. Los Mackintoshes y los MacDonnells de Keppoch tenían una disputa, y Macintosh, con algunas tropas gubernamentales bajo el capitán Mackenzir de Suddie marchó a Brae Lochaber para llevar a los MacDonnells fuera del distrito. Los Macintoshes estaban ganando hasta que un hombre dio vuelta la marea, y los MacDonnells se animaron. Los Macintoshes huyeron, llevando a sus jefes prisioneros. Hay un mojón con una placa que conmemora este encuentro.

Muness Castle, 1608: cuatro kilómetros desde el muelle en Belmosnt, Unst; Shetland. Este castillo más al norte de Escocia fue construido por Laurence Bruce, *sheriff* de Shetland a finales del siglo XVI, pero él se cayó junto con su medio hermano, Earl Patrick Stewart. El conde invadió Unst con 36 hombres y cañones, intentando capturar el castillo, pero inexplicablemente cambió de idea y se retiró. En 1627, los franceses arribaron a Unst y quemaron el castillo.

Historic Scotland administra este muy interesante castillo.

Myton, 20 de septiembre de 1319, también conocido como «el capítulo de Myton: Myton-on-Swale», norte de Yorkshire, Inglaterra. Durante la primera guerra por la independencia, los ingleses, bajo el rey Edward II y el conde Thomas de Lancaster estaban asediando Berwick. El rey Robert I envió a *sir* James Douglas y el conde de Moray a una incursión profunda en Inglaterra como una desviación. Los escoceses se dirigieron casi hasta York, donde residía la reina de Edward II, Isabela. Temiendo la captura, ella huyó a Nottingham. El arzobispo de York reunió una fuerza de gentes del pueblo, sacerdotes y monjes y desafió a los escoceses en Myton en Swale.

Los ingleses pelearon bajo el crucifijo de plata del arzobispo, pero la contienda fue desigual. Douglas prendió fuego a los pajonales húmedos y dejó que el humo soplara en la cara de los ingleses y esperó en un *schiltron* por el avance inglés. Cuando los escoceses emitieron su grito de guerra los ingleses huyeron, los escoceses los persiguieron y cortaron la retirada inglesa en un puente sobre Swale. William Ayreminne, Edward el guardián de los Rolls fue capturado y el mayor de York fue asesinado. Cuando las noticias de la derrota alcanzaron el campamento inglés en Berwick, hubo serias disputas. El conde de Lancaster y una gran parte del ejército fue dejada para defender el norte de Inglaterra, y el rey Edward había abandonado el asedio.

N

Neidpath Castle, 1650: cerca de dos kilómetros al oeste de Peebles, Peeblesshire, fronteras escocesas. Durante las guerras civiles de mediados del siglo XVII, Heno de Neidpath, conde de Tweeddale, comandando un regimiento del rey Charles. Después de la batalla de Dunbar, el ejército de Cromwell atacó el castillo de Neidpath, que se rindió después de un breve bombardeo.

Hay un estacionamiento en este castillo, que está abierto al público.

Nesbit Muir, agosto de 1355: Berwickshire, fronteras escocesas. Después de una breve tregua, la segunda guerra por la independencia se reanudó en agosto de 13335 con asaltos y contra redadas a través de la frontera. William Ramsay de Dalhousie comandando el primer explorador escocés que tuvo tanto éxito que incluso luchó contra una emboscada y capturó a *sir* Thomas Gray, guardián del castillo de Norham y futuro historiador. William, lord de Douglas derrotó a la contrapartida inglesa en una pequeña lucha ordenada en Nesbit Muir en Berwickshire.

Nesbit Muir, 22 de junio de 1402. Berwickshire, fronteras escocesas. El siglo XV comenzó con una guerra entre Escocia e Inglaterra. Después que el desposeído conde de March hubiera liderado un asalto inglés en Lothian, *sir* Patrick Hepburn de Hailes tomó una fuerza de represalia al sur. Fue fieramente derrotado en Nesbit, cuando los ingleses capturaron muchos caballeros y nobles.

Neville's Cross, 17 de octubre de 1346, cerca de Durham, Inglaterra. Aunque esta batalla de la segunda guerra por la independencia es muy olvidada en Escocia, fue una derrota importante que mostró la captura del rey escocés. En los comienzos de 1346, los ingleses habían sido virtualmente expulsados de Escocia y el país estaba disfrutando un período de paz y optimismo. Hubo una tregua con Inglaterra, pero cuando los ingleses invadieron Francia con un ejército enorme, el rey Philip le imploró al rey David de los escoceses «recordar los lazos de sangre y amistas entre ellos». No por última vez, los escoceses se prepararon para sacrificar sus hombres por el bien de un aliado.

Después de un par de asaltos exitosos, el rey David II invadió Inglaterra con 12.000 hombres. Desde el principio, hubo problemas cuando las facciones rivales discutieron, pero David se dirigió al sur, saqueando y destruyendo, para mediados de octubre los escoceses estaban cerca de Durham, y los ingleses habían reunido sus propias fuerzas para oponerse a ellas. Henry Percy y Ralph Neville comandaron a los ingleses, apoyados por William de la Zouche, arzobispo de York. El rey David fue tan pobre como comandante que se olvidó de enviar exploradores y solo se dio cuenta de la presencia de los ingleses cuando su retaguardia atacó fieramente a una fuerza de búsqueda bajo William Douglas de Liddesdale.

Una vez informado, sin embargo, David formó a los escoceses en tres batallones de lanceros, pero él se ubicó donde el avance fuera dificultoso. Los ingleses estaban también en tres, aunque mucho más pequeños, batallones y por un momento ambos ejércitos se miraban unos a otros. Cuando los ingleses se movieron adelante y comenzaron la inevitable tormenta de flechas, los escoceses comenzaron un lento avance, amparados en su territorio. Tan pronto como las flechas y el terreno rompieron los apretados *schiltrons*, los escoceses fueron vulnerables para los hombres ingleses en las armas. Los Stewart y Patrick de Dunbar estuvieron entre los primeros en huir, pero David peleó todo lo que pudo, ignorando las flechas que se clavaban en su cuerpo, y, cuando él huyó, fue rodeado y capturado, peleando furiosamente. En coraje al menos fue hijo de su padre, pero el pagó su falta de habilidades militares con once años de cautiverio inglés.

Escocia había pagado un altísimo precio, con una gran cantidad de los Lores líderes asesinados como también un número desconocido de hombres de rango menor. Además, los ingleses capturaron la reliquia Black Rood de St. Margaret. Hay un camino marcado en el campo de batalla y paneles de interpretación en el campo.

Newburn, 28 de agosto de 1640, también conocido como Stella Haughs: Tyneside, Inglaterra. Esta escaramuza fue la única acción durante la segunda guerra del obispo, cuando el rey Charles I intentó imponer un sistema episcopal de religión en Escocia. Esperando cumplimiento, en cambio obtuvo a los covenants, ya que gran parte del país firmó un acuerdo para defender la fe presbiteriana.

Cuando el rey Charles continuó para forzar el asunto, Alexander Leslie lideró un ejército covenanter de unos 20.000 hombres sobre la frontera hacia Newcastle. Charles tenía una pequeña fuerza realista cerca de Newburn. Los covenants con cintas azules en sus bonetes sobre su oreja izquierda, marcharon con James Graham, conde de Montrose en la furgoneta. Leslie posicionó a sus mosqueteros alrededor del pueblo de Newburn y su artillería para cubrir el vado sobre el Tyne. Lord Conway, comandando las tropas reales, tenía órdenes explícitas de pelear. Cuando Leslie envió a un heraldo a pedirle permiso a Conway para cruzar pacíficamente, Conway rechazó, y sus soldados ingleses se burlaron cuando el heraldo regresó.

Cuando un solitario oficial covenant caminó hacia el vado, uno de los defensores lo mató. Leslie ordenó a un pequeño cuerpo de su caballería cruzar, pero los cañones realistas los repelieron. Los cañones escoceses abrieron fuego en un bombardeo de tres horas, los aliancistas dañaron fieramente las posiciones inglesas. La mayoría de los ingleses desertaron y Leslie envió otro cuerpo de caballería, a la que los ingleses contrarrestaron con una carga de caballería. Los escoceses se retiraron y continuaron con el bombardeo de artillería y, después, un avance general.

Una carga de caballería inglesa en el guarda vidas de Escocia fue repelida y la infantería inglesa huyó. Sus intentos de una emboscada fueron derrotados y los covenants escoceses habían ganado el día.

En un agudo contraste con la conducta posterior de los ejércitos ingleses, Leslie ordenó que los prisioneros deberían ser tratados bien y, luego, liberados, y a los ingleses que huían se les permitió escapar. Los covenants capturaron Newcastle y le dictaron términos al rey Charles.

La mayoría del lugar aún puede ser visitado.

. . .

Norham, 28 de agosto de 1513: Northumberland, en este preludio menor para la debacle de Flodden, James IV capturó el castillo Norham, cuyas ruinas siguen estando al lado del Tweed. English Heritage administra el castillo, que puede ser visitado.

North Inch, 1396: Perth. En una batalla más famosa en literatura que en historia, este encuentro parece haber sido un intento del rey para resolver una disputa con un torneo caballeresco. Dos clanes, descriptos como Chattan y Kay, o Mackay y Chattan, cada uno escogió 30 guerreros para pelear a muerte en North Inch; una pradera plana en el Tay en Perth.

Los relatos dados de esta batalla varían. Wyntoun dice que fue entre el clan Qwhewyl y el clan Ha, y los lados opuestos lucharon dentro de barreras y cincuenta combatientes o más fueron asesinados, pero no dice quién ganó. Bower, quien escribió alrededor de 1455, dice que el clan Kay y el clan Quhele acordó resolver su disputa ante el rey en Perth por un combate entre treinta hombres escogidos en cada lado, armados solo con sus arcos y flechas, espadas y sin sus tartanes. De los sesenta, todos menos uno del clan Kay fueron asesinados, pero once del clan Quhele sobrevivieron.

Maurice Buchanan en 1461 en el *Libro de Pluscarden* dijo que la lucha fue entre los capitanes de los clanes rivales y sus más valientes amigos, con espadas y arcos, cada uno teniendo no más que tres flechas. Él dice cinco en un lado y dos en el otro vivos.

Es aun posible que los clanes fueran Mackintoshes y Macphersons. Hay una tradición que el *feadan dubh*, el canto negro de los Macphersons, fue entonado para alentar al clan. El hecho que este clan acordara con el torneo dice algo acerca de la barbarie de la era. El hecho de que el rey Robert III y su corte observaron el torneo de gladiadores dice más; finales del medioevo en Escocia no era un lugar tranquilo en el cual vivir. El North Inch es ahora un parque público, con acceso abierto al sitio de la batalla.

○
___

Old Cockpool, abril de 1570: Dumfries y Galloway. Con la reina Mary en Inglaterra, hubo varios intentos en Escocia para conseguir su retorno. En orden de mantener los nobles pro-marianos tranquilos, la reina Elizabeth envió a Lord Scrope hacia la frontera para devastar sus tierras.

Scrope entró en Escocia el 18 de abril y acampo en Ecclefechan. El 20 de abril, envió a Simon Musgrave para despojar el país. Musgrave incendio su camino a través del sudoeste hasta que alcanzó Old Cockpool, donde tuvo la mejor escaramuza con Lord Maxwell y tomó 100 prisioneros escoceses antes que Maxwell se recuperara y volviera. En otro encuentro cerca de Cumertrees, Musgrave dijo haber capturado algunos terratenientes.

Orra, abril de 1583, también conocido como Aura: Ulster, Sorley Boy MacDonnell y el clan Donald derrotaron a O'Neill y los MacQuillans. Fue luchada en Slieve-an- Aura (Sieveanorra), la colina de la batalla.

Turlough O'Neill había contratado a una cantidad de hombres de MacDonnell para una guerra separada, entonces, los MacQuillans atacaron al clan Donald en Ulster. *Sir* Hugh o'Niall de Edenduffcarraig se unió a los Macquillans, quienes fueron ayudados también por dos compañías inglesas bajo el capitán Thomas Chatterton.

Sorley Boy MacDonnell tenía solo una pequeña fuerza de hombres livianamente armados, presumiblemente porque sus Gallowglass, infantería pesada, estaban luchando por O'Neill. Él engañó a los MacQuillans con una carga a través de un pantano donde sus cargados Gallowglass y la caballería inglesa tambalearon. La infantería ligera de MacDonnell los cortó. Hugh O'Niall y Chatterton se volvieron con el rabo entre las patas, pero los MacDonnells los atraparon y mataron a ambos. Rory MacQuillan fue también muerto en la persecución.

Otterburn, 15 de agosto de 1388: también conocido como Chevy Chase; esta batalla fue peleada un kilómetro al noroeste de Ottenburn en el norte de Inglaterra y fue menos un encuentro internacional que otro episodio en la disputa del cruce de fronteras entre los Precies ingleses y los Douglases escoceses, que en esta ocasión ganaron los Douglases.

James, el conde de Douglas, había tenido un ejército dentro de las tierras de Percy, en Northumberland, quemando todo lo que no pudo robar. Fue un asalto exitoso que redundó mucho saqueo y más prestigio, y Douglas también ganó el estandarte de Henry Percy, mejor conocido como Hotspur.

Los Percies fueron tan valientes como los Douglases. Hotspur llamo a sus seguidores y apoyaron a los escoceses hasta que los dos ejércitos chocaron en el páramo salvaje de Otterburn, no muy lejos de la muralla romana. Ningún bando había pensado en la paz, ni parece que en las tácticas, porque lucharon cara a cara a la luz de la luna. Y como siempre en una lucha cercana, los escoceses ganaron, pero pagaron un alto precio. La leyenda dice que Douglas y Percy pelearon mano a mano, y Douglas fue herido tres veces. Él murió en el campo de batalla, pero hizo que sus hombres llamaran «¡Douglas!» para mantener sus espíritus arriba y eventualmente los Percies fueron derrotados. Henry Pierce se rindió al arbusto que escondía el cadáver de su adversario y los Douglases retornaron a Escocia con su cuerpo. Quizás la *Balada de Otterburn* es muy amable al rememorar la caballería, pero no rehúye el derramamiento de sangre y la matanza que mancharon la antigua frontera.

Hay un estacionamiento fuera de la A696, una milla al noroeste de Otterburn. Está también la cruz memorial de Percy.

P

Palm Sunday, 1429: ubicación desconocida. Esta batalla de clanes fue librada entre los Mackintoshes y los Camerons. Como la mayoría de las batallas de clanes, esta es una de las confusas. Parece que los miembros del clan Cameron fueron ensamblados en una iglesia, y algunos de los Mackintoshes atacaron y prendieron fuego al edificio. Otro relato apunta que la batalla fue librada en este día, en el cual los Mackintoshes fueron vencedores, pero también tuvieron bajas.

Perth, 7/8 de enero de 1313: el rey Robert I capturó el pueblo. Durante la primera guerra por la independencia, los ingleses habían fortificado Perth con algún cuidado, sumando algunas paredes de piedra y torres a su foso y río. Perth estaba en una obvia situación estratégica como el punto de paso más bajo del río Tay. Aumentando la fuerza del pueblo estaba el calibre del gobernador. *Sir* William Oliphant había creado su fama cuando defendió el castillo Stirling contra el rey Edward I a favor del rey John Balliol. Liberado después de cuatro años en un calabozo inglés, tenía ahora a Perth para Edward II.

Cuando el rey Robert arribó al asedio fue por unas pocas semanas y les dio orden a los hombres de retirarse. Los defensores, escoceses e ingleses se burlaron, sus propios hombres se habrían quejado, pero Robert simplemente los hizo marchar unos pocos kiómetros y retornaron una noche oscura poco tiempo después. Liderando desde el frente, el rey Robert vadeó el invierno de Tay, trepando por las murallas y matando a aquellos de la guarnición que no se rindieron.

Tomando a Oliphant prisionero, ordenó que las murallas fueran derrumbadas.

Perth, 1339. Durante la segunda guerra por la independencia, *sir* Thomas Ughtres mantuvo Perth para la facción inglesa-Balliol. En abril de 1339, los Steward comenzaron el sitio de Perth, con una flotilla francesa asegurando que no llegaran los abastecimientos por el mar. El conde de March y un cuerpo de soldados franceses ayudaron a Stewart, los escoceses mataron de hambre a los defensores, drenando el foso y comenzando a enterrar minas debajo de las murallas. Ughtred resistió hasta que el país circundante fue devastado y hubo rumores de canibalismo. No fue hasta agosto que se rindió, y se les permitió a los soldados ingleses volver a casa.

Philliphaugh, 13 de septiembre de 1645: cerca de Selkirk, fronteras escocesas. Esta batalla fue la última de la campaña de Montrose de 1644 y 1645. Él había derrotado al ejército después de que los ejércitos aliancistas hasta que los Ulstermen y los escoceses de las Tierras Altas estuvieron saciados con el botín. Después de la victoria en Klisyth, muchos retornaron a casa, los Gordons se retiraron a

Aberdeenshire y Alasdair MacColla MacDonald llevó a la mayoría de sus Ulstermen hacia el oeste.

Con cerca de 500 Ulster MacDoanlds comandados por Magnus O'Cahan y quizás de 100 escoceses de caballería, Montrose se dirigió al sur, hacia la frontera. Alcanzó Pilliphaugh, cerca de Selkirk, y acampó. Fue ahí donde David Leslie lo encontró, los exploradores aliancistas localizaron a los realistas a pesar de la niebla que se deslizaba de las colinas fronterizas. Leslie tenía un ejército de 6.000, muchos de ellos veteranos de las campañas inglesas.

Montrose luchó. Su caballería cargó, para ser tragado por la caballería covenanting, de tal forma que la mitad fue asesinada o desmontada. Entonces, Leslie avanzó sobre las infanterías de los escoceses e irlandeses. Alrededor de 450 de los realistas fueron asesinados en la lucha, los restantes, luego de rendirse, en ordenes de los ministros que acompañaron al ejército de Leslie. Alrededor de 300 mujeres y niños, seguidores del campamento, esposas, hijos e hijas, compartían el destino de sus hombres. Montrose intentó pelear hasta el final, pero fue empujado a un caballo y enviado lejos mientras su ejército moría donde estaba.

Hay un mojón para conmemorar las victorias aliancistas en Pilliphaugh que se erigen al lado del Bosque Harehead.

Pinkie, 10 de septiembre de 1547: librada junto a Musselburgh, este de Lothian. Cuando Henry VIII decidió que su hijo bebé podría casarse con la infanta Mary; reina de Escocia, él no aceptaría ninguna negativa. Él envió sus ejércitos al norte para convencer a los escoceses del sentido del partido. En septiembre 1547, el conde de Somerset invadió con 18.000 hombres, parte para quebrar la influencia de Francia en Escocia, en parte para romper la voluntad de

Escocia. El ejército inglés marchó arriba al este de March con una flota guardando el flanco derecho, borrando todo lo que estaba en su camino.

El conde de Arran reunió un ejército de 30.000 y enfrentó a Somerset en Pinkie. Somemrset rechazó una solicitud del conde de Huntly para un duelo personal, y cuando los asaltantes fronterizos de Hume salieron, ellos fueron batidos en una pequeña escaramuza inteligente. El conde de Angus abandonó su posición ventajosa con flancos seguros y listos para el ataque. Mientras los barcos ingleses maltrataron a la izquierda escocesa con su cañón, los escoceses quebraron a la caballería inglesa, pero cayeron ante la artillería superior y el tiroteo. Otra vez las tácticas de largo alcance de los ingleses probaron ser superiores y, cuando los lanceros se redujeron, los ingleses retornaron para repartir a los sobrevivientes.

Muchos murieron en la retirada más que en la batalla, para los ingleses no hubo cuartel, y un estimado de 10.000 escoceses murieron, con otros 1500 capturados. Durante la batalla, la gente local de Tranent, escondida en los trabajos mineros, pero los ingleses prendieron fuego en las entradas y los sofocaron. Ellos mostraron más clemencia hacia Edimburgo, pero los escoceses habían sido derrotados en una batalla, no en una guerra, y se negaron a entregar a su reina a merced de un rey inglés quien claramente no tenía el concepto del significado de la palabra.

Fue el conde de Huntly, un participante en la batalla, quien hizo la broma sardónica «no me gusta este cortejo» y dio nombre a este período de las relaciones escocesas-inglesas con el de Cortejo duro. Pinkie fue la última batalla importante entre Escocia e Inglaterra. Los ingleses ganaron la batalla, pero, como es usual, al final perdieron la guerra.

Esta batalla fue influyente en Bretaña, ya que los ingleses tenían un ejército renacentista que combinaba caballería, infantería y artillería, mientras que los escoceses continuaban su lucha con tácticas medievales. Hay una piedra memorial en Crookstone Road en Musselburgh.

Piperdean, 15 de septiembre de 1436: cerca de Cockburnspath, Berwickshire, fronteras escocesas. Los escoceses, bajo William, segundo conde de Angus, derrotaron a los ingleses, bajo Percy y *sir* Robert Ogle. *Sir* Richard Percy fue asesinado y Ogle fue capturado junto con la mayoría de los ingleses que sobrevivieron. Esta batalla podría ser vista como un clásico conflicto escocés-inglés o una disputa familiar de cruce de fronteras, pero Henry, el segundo conde de Northumberland, llevó un ejército de alrededor de 4.000 hombres para invadir Escocia. William Douglas, conde de Angus, los encontró en Piperdean y hubo un conflicto sangriento. Junto a los escoceses estaba *sir* Adam Hepburn, condestable de Dunbar, quien pudo haber estado guardando sus tierras. Child sugiere que esta batalla, más que Otterburn, fue la que originó la balada *Chevy Chase*.

Pitgaveny, 1040: librada cerca de Elgin, Moray. Este es el sitio tradicional de una batalla donde Macbeth derrotó a Duncan I. Hay varias versiones de la historia, pero una dice que Duncan había liderado un ejército para asediar Durham en Inglaterra, pero fue repelido. Reunió otra fuerza y se dirigió a Moray, donde MacBeth lo mató en Bothnagowan, ahora conocido como Pitgaveny. Tanto si murió en acción como si fue herido y murió después en el castillo Elgin.

Pressen, 1338: cerca de Wark en Tweed, Northumberland. Durante la segunda guerra por la independencia, los condes de Salisbury y Arundel fueron sitiados en el castillo de

Dunbar. Desde su base en Midlothian, Alexander Ramsay de Dalhousie se comprometió en una campaña de guerrilla contra las columnas de abastecimiento inglés. Él derrotó a la fuerza inglesa en una escaramuza en Pressen y capturó al líder inglés, Robert de Manners. En este tiempo, las guerrillas escocesas fueron conocidas como «lobos grises».

Preston, 17-19 de agosto de 1648: se luchó en el páramo de Robbleton. Lancashire, Inglaterra, durante en compromiso con Escocia apoyado por el rey Charles contra Cromwell. Aunque él fue prisionero de Cromwell, el rey Charles I siguió manejando las negociaciones con los escoceses realistas. El rey estuvo de acuerdo con persuadir a su gente para que aceptaran el acuerdo con los escoceses ayudándolo a recuperar su trono. Escocia envió a los parlamentarios ingleses a demandar la liberación del rey, desbandando su ejército y aceptando el acuerdo. Los parlamentarios no quisieron contemplar los primeros dos y, aunque estaban casi de acuerdo con el tercero, no tenían intención de mantener su palabra.

Escocia levantó otro ejército y lo envió bajo el duque de Hamilton para invadir Inglaterra. El plan requería levantamientos en Inglaterra y Gales, pero cuando ellos llegaron vieron que eran débiles y fácilmente suprimibles. Unos pocos miles de ingleses se unieron a la fuerza de Hamilton de 15.000, pero estos no eran los mismos escoceses que habían peleado en Newburn y el páramo de Marston. Los ministros de Kirk habían eliminado a la mayoría de los mejores hombres, y tres mil de los mejores fueron dejados atrás, pero fue una pálida sombra de un ejército escocés que alcanzó Preston.

El general Cromwelliano Lambert atrajo a Hamilton, y Cromwell atacó en un largo día de escaramuza que terminó en unas cabezas en picas. Los ingleses realistas rompieron primero, luego los escoceses. Cerca de miles fueron muertos, el doble que el número de capturados que fueron enviados a las colonias inglesas como esclavos. Hamilton se rindió y, con su usual falta de humanidad, Cromwell lo asesinó públicamente decapitándolo con un hacha.

Preston, 1715: Lancashire, Inglaterra. Esta batalla fue librada durante el levantamiento jacobita de 1715. Mientras el conde de Mar reunió a los jacobitas en Escocia, hubo también algún soporte de un monarca Stuart en Inglaterra. El conde de Derwentwater levantó una cantidad de ingleses católicos, juntándose con algunos Borderers y esperando el apoyo escocés. Mar lo envió a Mackintosh de Borlum y dos mil hombres.

Mackintosh cruzó el Forth en una flota de pequeños botes y marcharon al sur. Después de un periodo de desaciertos o contramarchas, la fuerza combinada entró en Inglaterra, donde el MP de Northumberland, Thomas Forster se unió a ellos. Fue Forster quien sugirió una marcha en Liverpool, pero más que ganar reclutas, los jacobitas perdieron hombres por la deserción, y los hannoverianos marcharon en dos pequeños ejércitos hacia ellos.

Los jacobitas se agacharon en Preston y tiraron rápidas fortificaciones. Ellos repelieron el primer asalto de los escoceses Cameronianos, pero más soldados hannoverianos arribaron, y Forster perdió su coraje. Mackintosh y Derwentwater planearon una escapada, pero Forster se rindió mansamente.

Prestonpans, 21 de septiembre de 1745: este de Lothian. En esta primera batalla importante del levantamiento jacobita de 1745, los escoceses de las Tierras Altas mostraron que no habían perdido nada de su viejo entusiasmo. Después de desembarcar en Escocia, Charles Edward Stuart reunió un pequeño ejército de escoceses de las Tierras Altas y unos pocos de las Tierras Bajas. Marchó al sur en los nuevos caminos del general Wade, evadiendo al ejército hannoveriano que había sido enviado para atraparlos.

Después de una pequeña escaramuza, el ejército de Charles Stuart ocupó Edimburgo, pero fracasó al tomar el castillo. Mientras que los jacobitas deslumbraban en las viejas murallas grises, el general hannoveriano John Cope estaba en East Lothian con 3.000 casacas rojas.

Charles lideró menos que 2.000 jacobitas fuera de Edimburgopara dar batalla, pero el ejército de Cope estaba esperando. Ellos estaban en una posición segura, con sus flancos cubiertos por un pantano impasable. Sin embargo, un simpatizante jacobita, el joven Anderson de Whitburg guió a Charles a través del pantano y alrededor del flanco del ejército de redcoats de Cope.

El ejército de Cope esperó en las salinas de Preston, enfrentando la peor forma como que los jacobitas avanzaran en dos líneas, separadas por cincuenta yardas. Ellos se movieron en silencio, pero cuando fueron vistos, levantaron sus consignas y cargaron. Los casacas rojas se quebraron en una batalla de cinco minutos y, aquellos que no cayeron debajo de los sables, se rindieron. Los hannoverianos habían peleado malamente, con Cope en la furgoneta de los que se retiraban. El único casaca roja exitoso fue el coronel Gardiner de Bankton, que se mantuvo firme hasta que los jacobitas lo derribaron. En contraste con las acciones posteriores de los comandantes hannoverianos, los líderes jacobitas insistieron en que los prisioneros fueran tratados humanamente.

Hay dos monumentos para esta batalla, uno es en el lado sur del campo de batalla, y otro es el sudoeste conmemorando al coronel Gardiner, que se dice que parece que fue asesinado en el jardín de su propia casa.

Puddocky Ford, 1544: al lado de Edimburgo. Esta escaramuza ocurrió durante el Cortejo duro. El ejército del conde de Hertford desembarcó en Granton, que era entonces conocido como Grantaine Cragge, y marchó a través de Wardie Muir. Aunque el cardenal Beaton había puesto artillería en el vado de Puddocky para detenerlos, los ingleses dijeron que la artillería tuvo «poco efecto y menos resolución» y no hizo nada para detener el avance inglés. Los ingleses marcharon por encima de los defensores para robar y saquear en Leith.

R

Raith, 596: cerca de Kirkclady, Fife. La tradición local habla de una batalla que fue librada aquí entre una combinación de escoceses dalriadicos, británicos y pictos contra una fuerza invasora de anglos. Hay una pequeña posibilidad que la leyenda sea una corrupción de la históricamente más aceptada batalla de Cattraeth. Es también posible que sea una sombra de un asalto genuino a lo largo de esta costa.

Raploch Moss, 1307: tres kilómetros al este de New Galloway, Dumfries y Galloway. Durante la primera guerra por la independencia, el rey Robert I derrotó a una partida inglesa en una escaramuza aquí. Una piedra, conocida como la piedra de Bruce, cerca del lago Clatteringshaws, conmemora la acción.

Rath Castle, 1205: Ulster. En 1177, el anglo-normando John de Courcy invadió Ulster y construyó el castillo Dundrum, entonces conocido como castillo Rath, encima de la bahía de Dundrum. En 1199, Hugh de Lacy, otro anglo-normando, fue autorizado por el rey John de Inglaterra a remover a Courcy y tomar el control de Ulster. De Lacy fortificó Rath, pero de Courcy se dirigió a Reginald, regente de Man y a los Nodreys por ayuda. Reginald reunió una flota de alrededor de 100 galeras de Man y las Islas del Oeste, desembarcaron en Stragford y pusieron sitio a Rath. Walter de Lacy levantó un ejército de Gallowglasses, posiblemente de la Hébridas del sur, y atacando a Reginald en la retaguardia lo derrotaron.

Ratho, 596, Midlothian. La leyenda acredita esta batalla para el rey Aidan de Dalriada, quien fue el vencedor. Desafortunadamente, la leyenda no da mayores detalles.

Ravoabjorg, 1046: quizás fuera de Berry, isla de Hoy, Orkney. Esta batalla marítima fue librada entre dos condes rivales de Orkney, Thorfinn y su sobrino Rognvald. Rognvald tenía treinta barcos grandes de Noruega, Shetland y las Hébridas, mientras que los sesenta barcos más pequeños de Thorfinn venían de Caithness, Escocia y de las Hébridas. Los barcos fueron amarrados juntos como una plataforma flotante y un poeta, Arnor, quien fue un testigo visual, habló de la sangre que brotaba de los cascos de los barcos durante la batalla.

Los barcos grandes probaron ser mejores. Cuando él estaba perdiendo claramente, Thorfinn cortó las cuerdas que lo amarraban para disgregarse de la batalla. Retirándose para desembarcar a los muertos y los heridos, persuadió al observador Kalf Arnason, un noruego con seis barcos grandes que se uniera a él. Kalf estuvo de acuerdo y atacaron a los barcos más pequeños de Rognvald, cuando los noruegos de Rognvald vieron que su lado iba a perder, huyeron y Thorfinn ganó. Fue una victoria de corto plazo, sin embargo, porque muy poco después Rognvald regresó con un único barco e incendió la casa de Thorfinn.

Red Ford, (Ath Dearg) , 1294, Lorne, paso de Lorne, entre el lago Avich y el lago Scammadale. Esta batalla puede haber sido conocida como «Lago Avich». Este fue el supuesto sitio de una escaramuza entre los MacDougalls y los Campbells, que ganaron los MacDougalls. Si la batalla tuvo lugar, pudo haber sido significativa en la creación de la enemistad entre los Campbells y los MacDougalls, una disputa que decidió quien debía apoyar a Robert Bruce y quien a Comyn en las posteriores guerras por la independencia. En ese tiempo, los MacDougalls eran los Lores de Lorne, mientras que los Campbells no habían empezado a tener poder. Los MacDougalls, tradicionalmente liderados por John MacDougall el Cojo, hijo de Alexander, asesinó a el jefe Campbell Colin Mor.

Hay un mojón, Carn Cailean, para marcar donde murió el jefe Campbell, y se dice que el Piper's Knowe es donde el gaitero de Campbell tocaba durante la batalla.

Redhall Castle, sitio de, 1650: cerca de Colinton, Lothian. Durante la invasión a Escocia de Cromwell, *sir* James Hamilton, el terrateniente de Redhall, con sesenta hombres reportados, repelió una cantidad de asaltos Cromwelianos. Cromwell ordenó un bombardeo de artillería, y sitió la casa hasta que la pólvora de Hamilton se terminó, con lo que abrió las puertas y los atacó de nuevo. Después de una resistencia furiosa Redhall fue capturado y saqueado, pero Cromwell supuestamente liberó a Hamilton porque había dada una defensa corajuda. Si esto fue así, fue un raro momento de humanidad en los manejos de Cromwell con Escocia.

Reidswire, Raid of the, 7 de julio de 1575: cerca de Carter Bar, fronteras escocesas. Esta escaramuza tiene la distinción de ser la última en que los hombres escoceses pelearon con hombres ingleses oficialmente como naciones enemigas. La antigua frontera esta es sus propias leyes, como días de Truce en los cuales ambos lados se encontraban en paz para dirimir disputas y buscar compensaciones por injurias. Estos tiempos estaban destinados a ser sacrosantos, sin violencia de ningún lado.

Durante el día de Truce en julio de 1575, se levantó una discusión entre los oficiales ingleses y los escoceses sobre un Harry Robson, un destacado lanzador, extrañamente conocido como Farnstein. El guardián escocés, *sir* John Carmichael, guardián de Liddesdale, casi llega a las manos con *sir* John Forster, el guardián inglés de Middle March. Parece que los hombres de Tynedale empezaron la pelea, pero los escoceses respondieron rápidamente, particularmente cuando el contingente Jedburgh arribo, gritando repetidamente «los de Jethart aquí». Los ingleses se retiraron con bajas, los escoceses capturaron a Foster y un manojo de otros prisioneros, y todo el asunto se esfumó.

Renfrew, 1164: también conocido como Bloody Knock: Strathclyde. Somerled es una de las grandes figuras en la Escocia medieval. Su nombre se dice que significa «navegante de verano» y posiblemente se refiere a un hombre que era llevado en verano y permanecía en el hogar en invierno. Después que el reclamó Argyll y las Islas del Sur para los nórdicos, Somerled tuvo una relación difícil con el rey de los escoceses, algunas veces amigable, y algunas hostil. Como un caballero con tierras en Escocia y las nominales Hébridas propiedad de Noruega, Somerled tenía una incómoda posición, agravada por la notoria independencia de los isleños.

Por 1164, sus relaciones con Escocia se habían deteriorado en una guerra abierta. Había reunido una flota de 160 barcos, llenos con guerreros de las Hébridas, Argyll, Kintyre, Dublin y quizás Galloway, y desafío a Escocia. Relatos contemporáneos dicen que fue una batalla en la que Somerled, su hijo y la mayoría de su ejército perecieron. Aparentemente Somerled desembarcó en Renfrew y posicionó a sus hombres en una colina llamada Knock, entre Renfrew y Paisley. Se desconocen sus números, pero una figura de 15.000 parece alta. Walter Fitz Alan, los Steward de Escocia, lideró a los caballeros escoceses-normandos y la leva local para atacar a los isleños. No fue hasta el siglo XVII que empezó la tradición que Somerled había sido asesinado, pero las piedras de Argyll en Renfrew conmemoran su muerte.

Restalrig, 6 de noviembre de 1559: Edimburgo. Durante los problemas religiosos del siglo XVI, los franceses, el liderazgo de bajo Marie, reina regente de Escocia, ocuparon Leith. Las fuerzas de los Lores protestantes de la congregación, con ayuda inglesa, se esforzaron por expulsarlos. En esta escaramuza en Restalrig, los franceses fueron exitosos y los escoceses, fueron «conducidos a través del myre en Restalrig».

Restenneth, alrededor del 830: Angus. Hector Boece mencionó que hubo una batalla en Restenneth. El rey Alpin de Dalriada fue asediado en un fuerte en Forar, cuando Feredich, rey de los pictos, marchó contra él con un ejército.

Los dos pelearon en Restenneth, y Alpin ganó, matando a Feredich.

Rhunahaorine Point, 24 de mayo de 1647: cerca de Tayinloan, Kintyre, Strathclyde. Durante las guerras civiles de mediados del siglo XVII, Alastair MacColla MacDonald comandó un pequeño ejército realista de Ulstermen y escoceses. En este momento, se retiró abajo a la península de Kintyre, perseguido de cerca por una gran fuerza de aliancistas de David Leslie. Las fuerzas se encontraron en Kilcalmonell, en un encuentro conocido como «la batalla de Rhunahaorine Point». Leslie, quien había sido más que un comandante competente, derrotó a MacDonald, quien perdió alrededor de 80 hombres.

Roag, Skye: cerca de Roag y el lago Caroy, Skye. Cercade allí fue luchado lo que algunas veces se dice como la mejor batalla entre los Macdonalds y los MacLeods en Skye. De acuerdo con la tradición, los clanes lucharon en la niebla y su sangre teñía al brezo de un púrpura oscuro. La tradición dice también que dos piedras marcan el evento, pero estos son mojones de cámaras neolíticas. Hay reclamos alternativos para la última batalla de Skye.

Romano Bridge, 1° de octubre de 1677, fronteras escocesas. Inusualmente, dos clanes gitanos chocaron aquí en la que puede ser la única batalla de este tipo en Escocia. Ambas familias habían estado viajando desde la feria en Haddington, y algún desacuerdo apareció. Los Faas eran un clan gitano escocés bien conocido, con una cabaña en Yetholm como su palacio. El terrateniente de romano arrestó a aquellos que sobrevivieron, y Robert Shaw y sus tres hijos fueron colgados en Grassmarket de Edimburgo.

Roscobie, 1907: Fife. Edgar fue uno de los más extraños reyes de Escocia. Se dijo que derrotó al rey Donald Bane en la batalla de Roscobie para ganar el reinado, pero si fue así, es una acción fuera de lugar. Por el resto de su vida Edgar rehuyó el conflicto, por lo que fue conocido como Edgar el Pacífico. Fue tan pacifico que le permitió al rey Magnus de Noruega anexar las Hébridas y Kyntyre. Edgar también parece haber evitado a las mujeres, ya que murió soltero y sin hijos, una figura enigmática en una era de guerreros y lujuria.

Rosalina; 23 de febrero de 1303: Midlothian. Esta batalla en la primera guerra por la independencia ha sido denominada como la más sangrienta de toda la guerra, que no fue así, y se dice que los caballeros templarios habrían estado involucrados. La verdadera historia es bastante interesante y no necesita ningún embellecimiento.

Edward Plantagenet de Inglaterra ordenó a *sir* John Se grave confiar a los patriotas escoceses quienes mantenían fuera del oeste de Edimburgo. Seagrave avanzó en tres divisiones. Es poco probable que el anfitrión inglés contara con algo así como 30.000 hombres como dice la canción popular, pero aun así sería formidable.

Los escoceses se reunieron para encontrarse con ellos. En un tiempo cuando William Wallace fue reducido a poco más que un líder de guerrillas, y Robert Bruce no había ascendido aun la etapa de liderazgo, fue John Comyn y *sir* Simon Fraser quienes comandaban a la fuerza escocesa que avanzó desde Biggar. Ellos atacaron la división liderada por Seagrave en Roslin. Los escoceses fueron exitosos, matando a muchos de los ingleses, incluido Ralph Manton, guardián del vestaurio, y capturando al herido Seagrave y otros caballeros. La segunda división inglesa llegó a la acción, rescatando a Seagrave y otros pocos, pero los escoceses habían mostrado que, aun sin Wallace, el león todavía tenía garras. Esta batalla posee una pregunta interesante: ¿si un Comyn hubiera sido rey en lugar de Bruce, podría la fortuna final de la guerra, haber cambiado el camino de Escocia?

Hay muchos nombres de lugares en el área que sugieren que la batalla fue particularmente sangrienta. Por ejemplo, está el Killburn (muerto quemado), Shinbanes Field (campo de espinillas) y el Hewin (tallado a hachazos). Hay un pequeño monumento cerca de Dryden Farm, parte del Roslin Institute, donde la oveja Dolly fue clonada.

Rothesay Castle, 1228: Isla de Bute, Strathclyde. El castillo original en este sitio fue supuestamente construido por las órdenes de Magnus Barelegs, después que aseguró las Hébridas para Noruega. Es esos días, el castillo estaba en la costa, pero mucha tierra ha sido reclamada desde entonces. El castillo entró en los registros de la historia en 1228, cuando Olave el Negro lideró un ataque noruego para tomar el castillo de los Stewart de Escocia. Los escoceses se defendieron con flechas y vertiendo brea ardiente, pero de acuerdo con las *Anécdotas de Olave el Negro,* los nórdicos tallaron las paredes con sus hachas y las defensas colapsaron. Los nórdicos ganaron el castillo.

En 1263, los nórdicos se retiraron cuando el Reu Hakon lideró su flota al sur, pero que fue su última invasión. Los ingleses capturaron el cercano Rothesay, pero en 1306 Robert Boyd de Cunningham recapturó en un asalto anfibio. Los ingleses retornaron en 1334, hasta que los escoceses los echaron de nuevo. El conde de Ross fue el siguiente en 1462, y luego el master de Ruthven asedió las murallas de piedra en 1527, y el conde de Lennox en 1544, peleando por sus maestros ingleses.

Historic Scotland administra ahora las ruinas del muy reñido castillo Rothesay, que está abierto al público.

Roxburgh, fronteras escocesas: cerca de un kilómetro al oeste de Kelso, en el río Teviot. Una vez hubo un orgulloso castillo y un pueblo bullicioso. Ahora hay unos pocos muros, las ondulaciones del Teviot y los campos de un agricultor. Donde una de las más prominentes comunidades medievales de Escocia se erigía, las ovejas pastan. La ubicación estaba más cerca de la frontera y el castillo era muy práctico para la ocupación inglesa para sobrevivir. Algunas de las acciones en Roxburgh a continuación.

Roxburgh Castle: 19/20 de febrero de 1314. Fronteras escocesas. Durante la primera guerra por la independencia, los ingleses reconocieron la importancia de Roxburgh. Lo capturaron tan pronto como pudieron y lo sostuvieron con fuerza. En este tiempo, Roxburgh era coloquialmente conocido como *le Marche Mont* y, hasta 1314, parecía inexpugnable a los ataques escoceses. En una noche de febrero, *sir* James Douglas lideró a sus hombres en una escalada hacia los muros, con capas negras, camuflando su armadura. Usando escaleras de soga construidas por un hombre llamado Sim de los Ledows, los escoceses treparon los muros y cayeron en la guarnición. Aquellos que mostraban pelea fueron asesinados. El capitán, un gascón llamado Guillermin de Fennes, se rindió al día siguiente. Caballerosamente, Douglas permitió a los prisioneros regresar a Inglaterra.

. . .

Roxburgh Castle: 1322. Fronteras escocesas. Durante una escaramuza afuera de las murallas del castillo, Edward Balliol y los Desheredados capturaron a Andrew Murray, el guardián de Escocia, y al ingeniero flamenco John Crabbe.

Roxburgh Castle, 30 de marzo de 1342: fronteras escocesas. *Sir* Alexander Ramsay capturó el castillo para los ingleses en un asalto por sorpresa. Esta fue la última acción antes de ser secuestrado y matado de hambre por su rival, *sir* William Douiglas, el caballero oscuro de Liddesdale. Los ingleses tomaron el control del castillo en 1346, después de la derrota escocesa de la cruz de Neville.

Roxburgh Castle (cerca) 1356. Con los ingleses de nuevo en control de Roxburgh, los escoceses emboscaron sus columnas de abastecimiento. En esta ocasión, en 1356, el gobernador del castillo viajaba con una escolta por el bosque de Ettrick y William, conde de Douglas, los emboscó, matando a la mayoría de sus hombres.

Roxburgh Castle, agosto de 1460. Los escoceses habían retomado de nuevo el castillo de la guarnición inglesa. Con Roxburgh el único bolsillo restante de Escocia mantenido por los ingleses, el rey James II llevó un ejército al sur. Demolió a los ingleses dominando el pueblo de Roxburgh y poniendo sitio al castillo. Sin embargo, el 3 de agosto, uno de los cañones del sitio conocido como León estalló, la explosión arrancó la pierna del rey. Murió poco después y, dos días después, el castillo se rindió. Parece que no se tomaron prisioneros. Roxburgh permanece en ruinas, aunque los ingleses usaron el sitio como fortaleza durante la invasión de 1547.

Ruiag-Shansaid, 1437: Caithness, las Tierras Altas. Esta batalla fue también conocida como la persecución de Sandside o Upper Dounreay. Neil Wasse Mackay había sido apresado en el Bass Rock por su desenvolvimiento en una temprana invasión en Caithness. Tan pronto como fue liberado, reunió a los Mackays y de nuevo saquearon Caithness, llevando un cuerpo de hombres a Drum Hollistan como retaguardia.

Los hombres locales, posiblemente los Gunns, se reunieron en Dounreay, pero los Mackays los derrotaron y ellos se retiraron al Forss Water, donde los refuerzos llegaron, y fue que los Mackais giraron para retirarse. La retaguardia se unió a ellos en Sandside, donde los Mackays los atraparon, y hubo una horrible matanza cerca de un fuerte antiguo conocido como Cnog Stangar. Los hombres de Caithness huyeron con los Mackays en persecución.

Rullion Green, 28 de noviembre de 1666: Colinas de Pentland, cerca de Penicuik, Lothian. En la década de 1660, Charles II restauró a los obispos y otros elementos de la iglesia anglicana al Kirk de Escocia. Hubo mucha resistencia, particularmente en el sudoeste, y el rey respondió con una serie de actos dedicados a suprimir a los presbiterianos.

En un gran levantamiento espontáneo, cerca de 3.000 aliancistas pobremente armados, liderados por el coronel Wallace, marcharon desde el oeste de Edimburgo. Inseguro del procedimiento correcto, pero confiando en su rey, ellos intentaron presentar su caso de persecución de Charles o su representatividad. Cuando las autoridades de Edimburgo azotaron las puertas y tripularon las murallas contra ellos, los aliancistas huyeron. Después de una larga marcha en un clima desapacible, deserciones habían disminuido sus números hasta casi 1.000, y entonces el general Tam Dalyell marchó con el ejército regular para enfrentarlos en las pendientes de las colinas de Pentland.

Los aliancistas tomaron una posición en la colina Tumhouse y esperaron, cantando salmos con el ejército de casacas rojas, formado en línea. A pesar de su completa falta de conocimientos militares, ellos resistieron tres cargas de caballería antes de vencerlos. Cerca de cincuenta covenanters fueron asesinados, y aquellos que fueron capturados enfrentaron la soga o el transporte.

Hay una pequeña barandilla memorial cercana al sitio de la batalla.

Ruthven Castle, septiembre de 1594: Badenoch, las Tierras Altas. Durante las guerras religiosas que inflamaron el noreste de Escocia en la década de 1590, el conde de Argyll y su fuerza protestante asediaron el castillo del conde católico Huntly de Ruthven. El clan MacPherdon, bajo su jefe Andrew, retuvo Ruthven y forzó a Argyll.

Ruthven Barracks, 1745: Badenoch, las Tierras Altas. El castillo Ruthven cambió de manos una pocas veces durante las guerras civiles del siglo XVII, y fue también convertido en barracas militares. En 1745, contenía una compañía del 6° de infantería, un regimiento regular hannoveriano. Cuando el levantamiento jacobita estalló, la mayoría de la compañía marchó con el general Cope, dejando al sargento Molloy y catorce hombres como guarnición.

Doscientos jacobitas intentaron tomar las barracas ese año, pero Molloy y sus hombres defendieron. Sin embargo, en 1746, Gordon de Glenbucket llevó 300 jacobitas. Molloy aun resistió por tres días, batiéndose en un ataque determinante antes de rendirse. Como es usual, los jacobitas trataron bien a sus prisioneros una vez liberad el sargento fue promovido a teniente.

Situado a un kilómetro al norte de Kingussie, las ruinas de las barracas están abiertas al público. Historic Scotland administra el sitio.

S
———

Saint Andrews Castle, Fife. Situado en la cima de un acantilado, el castillo de St Andrews estaba muy protegido por un foso profundo en la roca en su lado de la tierra. El castillo original fue construido en los finales del siglo XII, pero fue muy alterado en el siglo XIV, en manos inglesas, la mayoría en la primera guerra por la independencia, los escoceses lo recuperaron en 1314, solo para perderlo de nuevo en la década de 1330. Andrew Murray lo recapturó y lo destruyó. Mucho después, en el siglo el obispo Walter Trail reconstruyó el castillo y fue usado como palacio del arzobispo de St Andrews.

En la década de 1540, las nuevas ideas del protestantismo habían llegado a Escocia. Después, el cardenal David Beaton ordenó que el protestante George Wishart fuera quemado en la hoguera en 1546, un grupo de protestantes capturaron el castillo, asesinando al cardenal, y colgaron su cuerpo de las murallas. El regente Arran prontamente sitió el castillo. Después de un periodo de minería y contra-minería, una flota de barcos franceses, bajo Leo Strozzi, apareció en la bahía de St Andrews. Los cañones franceses batieron el castillo y lo sometieron en una semana. Los defensores, incluían a John Knox, quien fue enviado a Francia como esclavo en las galeras.

Historic Scotland es propietario de lo que queda del castillo, el cual tiene un museo, comercios y una vista espléndida del mar.

St Tayre, Chapel of, 1464 o 1478. Ackergill, Caithness, las Tierras Altas; esta batalla es también conocida como «Tears» o «Tyer» o «Allt Nsn Gamhna» y fue librada entre los Keiths y los Gunns. Los clanes habían decidido resolver su enemistad de larga data con un combate de doce hombres por lado. George Gunn, el jefe del clan, llevó doce jinetes, pero George Keith de Ackergill puso dos hombres en cada caballo y atacó a los Gunns cuando ellos estaban rezando. No es sorprendente, que los Keiths ganaran.

Un sitio alternativo para la batalla es un arroyo llamado Altnagown. Al menos siete Gunns fueron asesinados, incluyendo George el Crowner. Los Gunns sobrevivientes se escondieron en Strathnaver y planearon vengarse. Nada queda ahora de St Tayres.

St Bride, 1010, Douglasdale, Lanarkshire, Strathclyde. En esta probablemente apócrifa batalla, Malcolm II se dice que derrotó una invasión danesa.

Sark, or Lochmabenstane, 23 de octubre de 1448: librada justo al sur de Gretna, Dumfries y Galloway. Cuando Escocia y Francia renovaron la Alianza Auld, una fuerza inglesa bajo el conde Percy de Northumberland invadió Escocia.

Hugh Douglas, conde de Ormonde y hermano del 8° conde de Douglas, comandó la fuerza escocesa que fue reunida para dar batalla. El ejército de Douglas de 4.000 hombres parece que estaba compuesto por hombres de las fronteras y el oeste, con Maxwells y lord Johnstone, el sheriff de Ayr y *sir* John Wallace. Percy tenía alrededor de 6.000, incluyendo un contingente de Gales, que adornaban la reputación de ser los luchadores más fieros del lado inglés. Los escoceses ganaron, con un estimado de 1.500 ingleses muertos o capturados, y algunos cientos ahogados en el río Sark.

El peñasco de Lochmaben era una antigua piedra erguida, parte de un círculo de piedras. Cayó en 1982, pero todavía se puede verla. Hay varias leyendas que conectan esta piedra con los druidas, Merlín o la piedra desde la cual el rey Arturo sacó a Excalibur.

Sauchieburn, 11 de junio de 1488: librada al sur de Stirling, Central. James III poseía el encanto de los Stuart, pero poco hierro para su nación. Él ganó Orkney y Shetland para Escocia como dote y disuadió a Edward IV de apoyar al clan Donald antes de lanzar las fuerzas reales contra las Islas, pero fue un príncipe del Renacimiento antes de ese tiempo y prefirió artistas a guerreros. Su búsqueda de riqueza irritó a los nobles, su uso de favoritos los enojó y conspiraron por el poder.

En 1488, los nobles se levantaron en rebelión y Escocia se dividió en dos. Usando al príncipe James de quince años como cabecilla, los nobles reunieron un ejército arrastrando a la mayoría desde los condados del sur de Escocia. El rey James III cabalgó para encontrarse con ellos con la espada del rey Robert en su cintura y un ejército políglota de hombres del pueblo y los escoceses detrás de él. Cuando la pelea comenzó en el arroyo Saughie, los rebeldes empujaron al ejército real atrás hacia el bosque Tor. El príncipe James se distinguió con una carga a través del puente de Stirling, pero un contra ataque de Ross de Montgrenan le enseñó a él que la impetuosidad de la juventud no era rival para una yarda de acero de los escoceses, y se retiró apresuradamente.

En el medio del caos, el rey James cayó de su caballo cerca de la colina de Beaton. Fundó un santuario en una cabaña y le pidió a una esposa de Dios por un sacerdote, pero el hombre que ella trajo era un asesino que apuñaló al rey hasta morir. El joven príncipe James nunca se olvidó de su parte en la muerte de su padre y usó una cadena de hierro toda su vida. Probablemente siguió usándola en el campo de Flodden.

La reina Victoria erigió un monumento sobre la tumba de James III en la abadía de Cambuskenneth.

Saughs, **Raid of,** posiblemente a finales del siglo XVII. Esta escaramuza fue librada cerca de la cabecera de Water de Saughs, Angus. Una partida de trece cateranos-ladrones de las Tierras Altas, asolaron el área alrededor de Fern, escapando con ganado y caballos. Un granjero local llamado Macintosh lideró los dieciocho hombres que los persiguieron. Cuando Macintosh los capturó, hubo una corta lucha y muy pocos cateranos sobrevivieron para huir.

Scaithmuir, o Skaithmuir, 1316: cerca de Coldstream, fronteras escocesas. En este periodo de la primera guerra por la independencia, los ingleses retuvieron Berwick bajo Tweed. Usaron mercenarios de varias partes de Europa, y en este caso, Raymond Cailhau lideró una partida de ochenta Gascones para arrasar por abastecimiento en Escocia. *Sir* James Douglas y alrededor de cuarenta de sus hombres vinieron a través de ellos en Scaithmuir por Coldstream.

Cailhau envió algo de su fuerza a Berwick con su saqueo y formó un *schiltron* defensivo. Douglas se retiró a un vado, desplegando su bandera y esperando. Viendo la disparidad de números, Cailhau atacó, y por un momento parece que pensó que podía ser exitoso. Sin embargo, cuando Douglas mató a Cailhau, los Gascones se desanimaron. El botín fue recuperado y la mayoría de los gascones fueron asesinados.

Sclatterford, noviembre de 1513: Roxburghshire, fronteras escocesas. Después de la batalla de Flodden, las fronteras escocesas eran perfectas para los asaltos ingleses. En uno, lord Dacre lideró una poderosa fuerza de Sclatterford, donde los escoceses los derrotaron.

Scone, c904: cerca de Perth, Perthshire. Constantine II fue uno de los gobernadores escoceses que más sobrevivieron de la Alta Edad Media, comenzando a reinar desde el 900 hasta el 943. El comenzó su reinado con una victoria sobre los nórdicos en Scone en 904.

Sherrifhallmuir, 1573: Dalkeith, Midlothian. En un tiempo cuando Escocia fue dividida entre los hombres del rey, quienes apoyaban al rey protestante James VI y los hombres de la reina, que apoyaban a Mary, reina de los escoceses, el regente Morton tuvo su base por un tiempo en Dalkeith. Un cuerpo de Queensmen intentó capturarlo, pero fueron derrotados. Porque la lluvia había dañado la pólvora, hubo pocas bajas en cada bando.

Sherrifmuir, 13 de noviembre de 1715: cerca de Dunblane, Central. Después que George el Primero ascendió al trono en

1714, los jacobitas intensificaron sus intentos para que los Stuarts retornaran al trono. El levantamiento jacobita de 1715 había sido una buena oportunidad para el éxito. La mayoría de Escocia estaba desilusionada con la unión y podía aceptar un monarca jacobita, miles de escoceses se habían salido, y los franceses estaban interesados en estar involucrados. Desgraciadamente, los jacobitas eligieron un pobre comandante militar.

Bobbing John Erskine, el conde de Mar mantuvo una supuesta partida de caza en Braemar y reunió apoyo de los jacobitas. Con alrededor de 8.000 hombres detrás de él, capturó Perth y se dirigió a Stirling y el Forth. El conde de Argyll, 'Red John de las Batallas', con alrededor de 3.000 hannoverianos se opusieron a él, pero Argyll fue un soldado y Mar solo un político.

Los ejércitos se encontraron en el Muir por encima de Dunblane y libraron una elaborada batalla. El ala derecha de cada ejército fueron vencedoras con los MacDonalds de Mar empujando atrás a la infantería hannoveriana, pero su izquierda cayó ante la caballería, Cuando el humo se disipó, Argyll tenía cerca de 700 bajas contra los 232 de Mar, pero Mar no había cruzado el Forth. A pesar que se había retirado a Perth, dejando el sur en manos hannoverianas. El levantamiento había terminado menos en el nombre.

Este campo de batalla tiene un monumento desde 1915 para el clan Macrae, y hay una roca conocida como la «Roca de la reunión», la cual tiene tradicionalmente asociación con la batalla. Es posible que los clanes plantaron sus estandartes en este lugar, pero la piedra es mucho más vieja. En 2002, la Asociación 1745 también erigió un claro mojón para conmemorar la batalla.

. . .

Skerries, febrero de 1316: lucharon en el condado de Kildare, en Irlanda. Después de la batalla de Bannockburn, algunos jefes irlandeses invitaron a los escoceses a ayudarlos a remover a los anglo-normandos de su país. Edward Bruce lideró una pequeña fuerza y ganó una cantidad de victorias, por lo que fue coronado como alto rey de Irlanda. Desgraciadamente, la hambruna golpeó el país y su ejército escocés-irlandés saqueó la comida que quedaba. Edward Bruce derrotó a los ingleses y a los anglo-normandos en el norte y, a comienzos de 1316, John de Hotham, canciller de Irlanda, reunió un ejército más grande y encontró a Edward Bruce en Skerries, cerca de Ardskull. Todas las probabilidades estaban con los ingleses y anglo-irlandeses, pero Edward Bruce los derrotó. Las noticias de la victoria alentaron futuros levantamientos irlandeses contra el gobernador inglés.

Skibo, c 1477: Sutherland, las Tierras . MacDonald de las Islas, entonces un aliado de Edward IV de Inglaterra, llevó un ejército de alrededor de quinientos hombres en Sutherland y acampó al lado del castillo Skibo. Es posible que viniera del mar, y si fuera así entonces este es una de las raras ocasiones que las galeras del oeste de las Tierras Altas navegaron esta costa. El conde de Sutherland envió a Neil Murray con una fuerza para remover a los MacDonalds. Cuando MacDonald comenzó a saquear la campiña, Murray los atacó, matando a Donald Dhu MacDonald y otros cincuenta. Los restantes se retiraron.

Skida Moor, alrededor de 980, Caithness, las Tierras Altas. Parece que hubo dos batallas en este páramo, ahora mejor conocido como el Moss de Wester, cerca de Watten. En el principio, alrededor de 980, Liotr derrotó a Magbiodr en lo que parece haber sido un encuentro puramente local. El segundo puede haber sido en el comienzo del siglo XI entre los nórdicos y los escoceses, en el que los nórdicos fueron vencedores sobre una fuerza escocesa comandada por un Magbiod, cuyo nombre es algunas veces dado como MacBeth. Sigurd, conde de Orkney estaba conectado con este último encuentro.

Skirimish Hill, ver Darnick.

Slains, c 1012: cerca de Peterhead, Aberdeenshire, Grampian. Parece haber habido una cantidad de encuentros entre los daneses y los escoceses en esta área. Una fue librada alrededor del 960, cuando una partida de vikingos fue derrotada en Aldie Hill cerca de Cruden. Alrededor de 1010, Malcolm II se supone que había derrotado a un ejército danés, y el nombre de Cruden convenientemente viene del nombre Croch Dane «matanza del danés». Una persistente leyenda dice que el cofre del pago danés fue enterrado aquí y nunca fue recuperado. Otra batalla o quizás el mismo que se volvió a contar, ocurrió alrededor de 1012, cerca de un kilómetros al oeste del castillo Slains, y nuevamente se vio una victoria escocesa, esta vez sobre Canute o Knut de Dinamarca. El campo de golf actual aparentemente es donde tuvo lugar la durísima batalla. Incidentalmente, el Slains actual es un reemplazo del castillo original, el cual estaba más al sur. El rey James destruyó la primera versión después de la revuelta de Huntly en los comienzos de la década del 1590. También intrigante, el presente castillo se dice que ha sido la inspiración para el *Drácula* de Bram Stoker. Es una ruina, pero vale la pena visitarlo por las asociaciones históricas y literarias, tanto como las amplias vistas.

· · ·

Sligathan ver Harta Corrie.

Sollas, 1849: norte Uist, Hébridas exteriores. Una de las más notorias instancias de las Autorizaciones cuando el propietario de Sollas amenazó a los inquilinos con la emigración forzada a menos que aceptaran el desalojo. El motín resultante llego a los periódicos, ya que lord Cockburn dio a los culpables frases cortas.

Solway Moss: 24 de noviembre de 1542, sur de Lochmaben, en el estuario de Solway. James V nunca fue popular con sus nobles. Él prefería la compañía de artistas e intelectuales más que de soldados, y excluía a sus grandes Lores de sus consejos. Cuando los ingleses invadieron y fueron derrotados en Haddon Rigg, James reunió primero un ejército, el cual se rehusó a cruzar la frontera, luego un segundo, el cual lideró hacia la frontera. Se desvió hacia Lochmaben, pero envió al ejército al sur.

Los escoceses eran alrededor de 10.000, liderados por lord Maxwell. La fuerza defensiva inglesa contaba con alrededor de 3.000, con *sir* Thomas Wharton, guardián de West March en comando, y lo que ocurrió fue la más extraña batalla de la historia escocesa.

Cuando el primer inglés fue visto en Solway Moss, Maxwell envió su caballería fronteriza a la escaramuza, y entonces Oliver Sinclair, favorito del rey James V, anunció que el rey lo había hecho comandante del ejército. El ejército no estaba feliz de luchar por James y moral y, probablemente se desplomó cuando el rey los había dejado, pero ahora no estaban a punto para pelear para nada. Nadie quería pelear por Sinclair. El verdadero concepto de la guerra sería extraño, en un tiempo de tumultos religiosos, muchos estaban inseguros acerca de si ellos estaban peleando por la Francia católica o por un rey impopular.

Los jinetes ligueros de Wharton de la frontera inglesa cabalgaron contra los escoceses y pocos tomaron represalias. No hubo peleas reales; simplemente un movimiento de regreso hacia Escocia o una rendición masiva. Se estimaron de siete a veinte escoceses muertos en la batalla, pero cerca de 1.200 se rindieron, principalmente a pesar del rey y su favorito. Los ingleses perdieron siete en la menos sangrienta de sus batallas. El rey James se retiró a Falkland y murió a los quince días.

Hay un panel de interpretación cerca de la iglesia de Arthret, pero no un monumento.

Soor Plums de Gala, 1373; también conocida como el «Asalto de Stane». Galashields, fronteras escocesas. Esta escaramuza ocurrió durante la segunda guerra por la independencia. Una partida de ingleses estaba alimentándose cerca de Galashiels, y los jóvenes del pueblo los encontraron recogiendo ciruelas en lo que hoy es el Syke de los ingleses. Los jóvenes de Galashiels atacaron y echaron a los ingleses. El incidente es conmemorado en el escudo de armas de la ciudad y en la muestra de equitación anual. El asalto Stane, y un árbol de ciruelas pueden ser vistos al costado de un estacionamiento en el estadio Netherdale del club de football Gala Fairvdean.

Sreith, 752, posiblemente peleado en el Mearns, Angus de Grampian. Los primeros relatos dicen que las dos fuerzas rivales pictas lucharon en esta batalla, pero los detalles son muy escasos.

· · ·

Stalc, 1468: cerca del castillo Stalker, Appin, Stratgclyde. Cuando los Stewarts y los MacDougalls estaban disputando las tierras de Appin y el terrateniente de Lorn, otros clanes fueron arrastrados ahí. En este incidente, una batalla fue peleada en las colinas cerca del castillo Stalker. Los StewAarts fueron vencedores y Allan MacDougall, también conocido como Alan MacCoul, jefe enemigo de los Stewarts, fue asesinado. Se dice que la batalla fue un asunto con cientos de hombres involucrados particularmente de los MacFarlanes.

Hay un monumento en el lugar.

Standard, the, 22 de agosto de 1138: también conocido como Northallerton; librada en el páramo de Cowton, cerca de Northallerton, Inglaterra. El rey David I de Escocia había invadido Inglaterra para apoyar a su pariente Matilda contra Stephen en la guerra civil de Inglaterra. El ejército escocés era una combinación de caballeros escoceses-normandos, lanceros de Lothian y guerreros de Galloway, si las crónicas inglesas son ciertas y no hubieran sido escritas como propaganda, el ejército escocés se comportó mal, rapiñando, pillando y matando en su marcha al sur.

Thurstan, el arzobispo de York lideró a los ingleses, quienes formaban una sólida masa de caballeros normandos desmontados, con una línea de arqueros en el frente y la milicia inglesa en los flancos. La batalla fue llamada después el estandarte de la sagrada hostia que flameaba desde el mástil de un barco en las posiciones inglesas.

El aparentemente desnudo hombre de Galloway empezó la batalla con una carga corajuda pero temeraria, pero fue asesinado por los arqueros. Los pocos que rompieron a través de los arqueros intercambiaron golpes con los caballeros armados. Los caballeros escoceses-normandos bajo el hijo de David,

Henry siguieron rompiendo los flancos ingleses y pudieron haber ganado la batalla si se hubieran vuelto contra el centro inglés. Sin embrago, un hombre inglés levantó una cabeza cortada, diciendo que era la del rey David, y el ímpetu del ataque titubeó.

Creyendo que su rey había muerto, los hombres de Galloway sobrevivientes se retiraron y los hombres de Lothian se unieron a ellos. El rey David, quien había hecho poco para ordenar la lucha. Su ejército se retiró en desorden.

Hay un pequeño monumento de piedra para la victoria inglesa.

Steeplegate Hill, alrededor del 1590, sudeste de Huntly, Grampian. En este tiempo el noreste estaba en fermentación con un grupo de clanes y familias aliadas contra el conde de Huntly. Las escaramuzas y el saque eran comunes. El clan Chattan había llegado a las tierras de Huntly para devastar y estropear, y Huntly los capturó en una colina cercana llamada Steeplegate, donde él los derrotó con alrededor de 60 bajas de Chattan.

Stirling, agosto de 1571: Central. En los comienzos de 1570, Escocia estaba dividida en una guerra civil entre los seguidores de Mary, la reina de los escoceses, y los seguidores protestantes del rey James VI. Aleccionados por el duro genio de Buchanan, James pasó la mayor parte de su niñez en Stirling. En 1571, el conde de Lennox estaba actuando como regente y guardián del infante rey James VI cuando el conde de Huntly y lord Claud Hamilton lideraron una fuerza de 400 hombres del pueblo y secuestraron al rey. Cuando los atacantes detuvieron el saqueo, los burgueses rescataron al rey, pero Lennox fue asesinado en la escaramuza.

. . .

Stirling, 12 de septiembre de 1648: Central. Esta escaramuza ocurrió durante el final de las guerras civiles. Después de que Hamilton había liderado al ejército escocés realista para destruir Preston, el conde de Lanark intentó defender Escocia para el rey contra el conde aliancista de Argyll, en ese tiempo un aliado de Cromwell. Cuando Argyll avanzó con un ejército improvisado de 1.300 hombres contra Stirling, *sir* George Monro, uno de los comandantes de Lanark, marchó contra él. Argyll huyó, pero algunos de sus hombres pelearon antes de que el resto se quebrara. Alrededor de 400 fueron tomados prisioneros y quizás 200 asesinados.

Stirling Bridge, 1297: Central. Sin ninguna duda una de las más significativas batallas de la historia de Escocia, Stirling Bridge fue librada durante el primer periodo de la primera guerra por la independencia. Los ingleses bajo Edward I habían invadido Escocia en los años previos, y pensaron que no había nada más que hacer, pero William Wallace lideró un movimiento de resistencia en el sur del país y Andrew Murray en el norte. Ae combinaron para liderar un ejército con unos pocos lords feudales pero un patriotismo asombroso para la época.

Edward Plantagenet tomo represalias enviando un ejército convencional bajo el conde de Surrey y Hugh de Cressingham. No debería haber tenido competencia, porque los ingleses eran expertos en la guerra y tenían excelentes soldados profesionales, mientras que los escoceses no lo eran. Los ingleses tenían caballeros anglo-normandos con mercenarios gascones, arqueros galeses y hombres ingleses armados. Los escoceses tenían lanceros y cualquier cosa que pudieran encontrar como arma.

Wallace y Murray tomaron posición en las laderas de la abadía de Craig, cerca de una milla al norte del estratégico puente de Stirling. Cuando los ingleses enviaron dos frailes dominicanos con una solicitud para que los escoceses cedieran, se dice que Wallace contestó:

> *Díganle a su comandante que no estamos aquí para hacer la paz sino para dar batalla para defendernos y liberar nuestro reino. Déjenlos que vengan y les daremos prueba de esto en sus propias barbas.*

Muy arrogante para usar el vado cercano, los ingleses avanzaron hacia el puente de madera de Stirling, el punto más bajo para cruzar el Forth. Los escoceses esperaron hasta que los ingleses estuvieran parcialmente cruzando el puente, y entonces lo cortaron, dividiendo muy bien al ejército inglés. Cuando la furgoneta inglesa estaba atascada en un área pantanosa, Wallace y Murray lideraron sus lanceros hacia adelante. Hubo una hora de horrible lucha cuando los lanceros atacaban a la caballería inglesa. Surrey giró la cola y hijo con el resto del ejército inglés.

Más de 100 caballeros ingleses murieron, y tuvieron pesadas perdidas de infantería especializada junto con los arqueros galeses. Stewart y Lennox, escoceses en el lado inglés, cambiaron de bando y atacaron el tren de equipaje, matando a muchos de los ingleses que huían, pero Andrew Murray fue severamente herido y murió en noviembre, Wallace se convirtió en guardián de Escocia.

El monumento a Wallace en la abadía de Craig marca el lugar donde tradicionalmente William Wallace se paró a mirar la batalla. Este es un monumento que vale la pena visitar por su importancia, con vistas impresionantes y diversas exhibiciones y artefactos fascinantes.

. . .

Stirling Castle es uno de los iconos de Escocia. Situado en la cintura de Escocia, está visto como conexión del este y el oeste, norte y sur. La mayoría de la historia de Escocia ocurre en y alrededor del castillo, con una estimación de dieciséis asedios o ataques. Historic Scotland administra este castillo, el cual está abierto al público y tiene una impresionante variedad de atracciones. Solo unas pocas de las batallas, asedios y escaramuzas están enumeradas a continuación:

Stirling Castle, 1297. En 1297 Stirling encaró un asedio escocés. Wallace tomó el castillo de William Fitz Warin, William de Ros y Marmaduke Tweng. Los ingleses se rindieron cuando se acabó su alimento. Los ingleses recuperaron el castillo después de Falkirk, y los escocés lo habían recuperado a finales de 1299, cuando John Sampson se rindió.

Stirling Castle, 1304. En uno de los más famosos asedios, *sir* William Oliphant y treinta hombres retuvieron el castillo para los escoceses durante la primera guerra por la independencia. Cuando Edward I demandó la rendición de Oliphant, los caballeros escoceses pidieron permiso para hablar con su señor feudal superior, *sir* John Soules, sobre el tema. El rey Edward se rehusó y esperó tres meses en el asedio. Oliphann ya no tenía el castillo para el rey ausente John Balliol, pero sí «para el león» El león rampante de Escocia. Fue inusual en este periodo para pelear por una abstracción, pero Edward Plantagenet no apreciaba la distinción y experimentó con un bombardeo de bolas de plomo, bolas de piedra. Fuego griego y posiblemente pólvora, antes que él usara una nueva máquina de asedio llamada Warwolf. Finalmente aceptó la rendición de Oliphant del 20 de julio.

. . .

Stirling Castle, 1337. En 1314, el castillo se rindió a los escoceses después de Bannockburn, pero los ingleses retomaron el control bajo el rey marioneta Edward Balliol, reconstruyendo las ruinas que los escoceses habían dejado. Un asedio escocés en 1337 fracasó, pero en 1342, el hambre obligó una vez más a la guarnición inglesa a rendirse.

Stirling Castle, 1571. En un tiempo cuando Escocia estaba dividida en facciones apoyando a Mary, reina de los escoceses o el joven rey James, el castillo fue mantenido para el rey. Y repelieron un ataque de los Queensmen en este año.

Stirling Castle, 1584. Un grupo de nobles rebeldes capturaron el castillo, pero cuando el rey James se acercó en mayo, se lo entregaron en silencio, para retomarlo en 1585, y nuevamente se lo retornaron.

Stirling Castle, 1651. En agosto, el general Monck y su ejército cromweliano puso sitio al castillo. La artillería del castillo replicó, pero Monck era un soldado experimentado. Con las paredes desmoronándose bajo la moderna artillería y proyectiles de mortero, la guarnición se rindió después de once días de bombardeo.

Stirling Castle, enero de 1746. Durante el levantamiento jacobita, los jacobitas ubicaron la artillería en Gowan Hill, pero la armería de la guarnición fue destruida por ellos.

. . .

Stonehaven, Raid of, 15 de junio de 1639. Durante las primeras etapas de las guerras civiles de 1639, Montrose, después de ser prominente para el rey, peleo para los aliancistas.

En esta ocasión, estuvo con Abone cuando el fuego del cañón aliancista dispersó una fuerza de Gordons y los escoceses de las Tierras Altas.

Stornoway, Isla de Lewis, Hébridas exteriores. El nombre Stornoway significa «bahía Steering», los puntos de naturaleza náutica de esta ciudad de las Hébridas con su puerto seguro. Los Nicolsons tenían la reputación de haber construido el primer castillo allí alrededor del 1100, pero pronto se perdió para los antecesores de los MacLeods. Sorprendentemente para Escocia, el castillo Stornoway no apareció en la historia hasta 1506, cuando el expansionista conde de Huntly redujo el castillo a favor de rey James IV. El conde de Argyll estuvo aquí en 1554, pero lo dejó sin éxito. Sin embargo, no fue hasta los últimos años del siglo que Stornoway saltó a la primera plana de los eventos nacionales.

James VI tenía la idea de plantar Lowlanders en las tierras gaélicas para erosionar la cultura gaélica y «civilizarlos». Le otorgó a Lewis un grupo de Lowlanders conocido como los «aventureros de Fife». Estos hombres llevaron un cuerpo de 500 soldados y mercenarios a las islas e intentaron «exterminar a los habitantes bárbaros» o arrebatar el control de los nativos MacLeods. Fue una temprana forma de genocidio. Algunos de los resultados son los siguientes.

Stornoway, 1599. Neil MacLeod con «200 bárbaros, bludie, and Wiket Hielandmen» armados con arcos, darloch, carcaj, espadas de dos manos, hachas, pistolas y otras armas atacaron a los Aventureros de Fife y mataron alrededor de veintidós.

Stornoway, 1601. Tormod MacLeod atacó el asentamiento de las Tierras Bajasen Lewis, los Lowlanders pelearon bien, pero se rindieron.

Stornoway, 1607. Neil MacLeod y 300 hombres atacaron al asentamiento de los Aventureros de Fife en Lewis. Los escoceses de las Tierras Bajas abandonaron el intento el siguiente año y los Mackenzies ganaron la isla de Lewis en su lugar.

Stornoway Castle, 1653. Lewis, Hébridas exteriores. Las fuerzas de Cromwell bombardearon, capturaron y destruyeron el castillo. El año siguiente, una fuerza de Mackenzies emboscó y derrotó a un cuerpo de la guarnición.

Strathardle, 903, Perthshire. A comienzos del siglo X, los daneses estaban haciendo disturbios en Escocia. Un cuerpo vino de la costa este de Escocia y marchó a Strathardale. Una fuerza escocesa los encontró en Tulloch en Glenfernate, empujando a los nórdicos atrás a Enochdhu, donde el líder de los escoceses fue asesinado según se informa.

Strathaven. Junio de 1679: Strathclyde. Durante los problemas religiosos de finales del siglo XVII, los aliancistas ganaron una batalla en Drumclog. Un relato dice que después de la batalla Graham de Claverhouse se retiró a través de Strathaveb y algunos ciudadanos trataron de bloquear su paso. Los dragoneantes redujeron a unos en su carga. El museo local en Strathaven tiene algunos objetos de los covenanates.

Strathcarron, 642; cerca de Larbert, Strathclyde. Los británicos de Strathclyde bajo Owen o Eugein derrotaron a los Dalriadanos y mataron a su rey. Domnall Brecc, que parece que tenía una habilidad para perder las batallas. Un poeta británico celebró la victoria escribiendo que «buitres mordisqueen la cabeza de Dommall Brecc». Esta batalla mostró un giro en el equilibrio del poder en el oeste de Escocia, con Strathclyde eclipsando a Dalriada por un tiempo.

Strathearn, 903: Perthshire. Después de dos años de campañas y saqueos en Escocia, los nórdicos fueron derrotados finalmente en Strathearn. Los escoceses pelearon más allá del crucero de Saint Columba. Es interesante especular si esta batalla puede ser la misma que fue librada entre los mismos adversarios en el mismo año y con el mismo resultado en Strathardle.

Strathfleet, Sands of, c 1477: Sutherland, las Tierras Altas. Poco después de la derrota de MacDonalds en Skibo, otra partida de MacDonalds arribo a Sutherland y comenzó a devastar Strathfleet. Robert Sutherland, hermano del conde, reunió un ejército y atacó a los MacDonalds en las arenas de Strathfleet. Los hombres de Sutherland fueron exitosos, matando a muchos de los MacDonalds y enviando de regreso a los restantes.

· · ·

Strome Castle, 1602: entre Fort William y Gairloch, lago Carron, Wester Ross, las Tierras Altas. Situado entre las tierras de los Mackenzies de Kintail y los MacDonalds en Lochalsh. El castillo Strone fue un obvio sitio de problemas. James V se lo otorgó a Glengarry MacDonalds en 1539, y desde la década de 1590 hasta 1602, los clanes rivales pelearon por el control.

El sitio de 1602 fue un evento en una disputa entre los Mackenzies de Kintail y los Glengarru MacDonalds. Después que los Mackenzies habían matado algunos MacDonalds, Kennerh Mackenzie de Kintail arregló una reunión ante la corte en Edimburgo. Glengarry prefirió un ataque más directo en las tierras de Mackenzie, pero Kintail obtuvo una comisión contra los MacDinalds e invadió Morar.

Los Mackenzies estaban sitiando Strome, lo cual fue mantenido hasta, de acuerdo con la tradición, algunas «tontas mujeres» desde el castillo vertieron agua en los cascos de pólvora. Un prisionero Mackenzie escapó con la información y los Mackenzies capturaron el castillo de los MacDonalds, y entonces explotó. Otra versión dice que el capitán del fuerte traicionó su confianza. Sin embargo, no hay discusión que los Mackenzies obtuvieron el castillo y lo explotaron. Solo hay ruinas fragmentarias, pero las vistas son dignas de visitar.

Strone Nevis, 1654: Lochaber, las Tierras Altas. Después que Cromwell invadió Escocia en 1651, eventualmente derrotó toda resistencia organizada. Los escoceses recurrieron a la guerra de guerrilla, con los Camerons de Lochaber bajo su jefe Ewan rehusando aceptar la guarnición que había sido puesta en su país. En esta escaramuza, Ewan Cameron lideró una pequeña fuerza que derrotó una fuerza cromwelliana mucho más grande de Inverlocky, ahora Fuerte William, quienes estaban devastando sus tierras. Muchas de las tropas cromwellianas fueron muertas. Al día siguiente el gobernador del fuerte se aventuró a salir con la mayoría de su guarnición, y Ewan Cameron intentó atraerlo a una trampa, pero los cromwellianos se retiraron a su base.

Sumburgh, Plains of, fecha desconocida, pero posiblemente en el siglo XVI: Mainland, Shetland. Después de asaltar Foula, una partida de hombres de Lewis navegó desde Foula hacia Sumburgh Head, en el extremo sur de Mainland. De acuerdo con Dr Samuel Hibbert, uno de los Sinclairs de Brow, reunieron a los hombres de Dunrossness en las Planicies de Sumburgh y atacaron a los invasores, que fueron fieramente derrotados. Se dice que esta fue la última de muchas batallas entre Shetlanders y Lewismen.

Summerdale, 1529: cuatro kilómetros al noreste de Stromness, Orkney Mainland. Después que Orkney fuera transferido del control de Noruega al de Escocia en 1468, la anterior propiedad del condado fue rentado al recaudador de impuestos, quien recolectaba las rentas, no todos eran hombres honorables. Cuando William Sinclair, recaudador de impuestos y diputado de justicia en Orkney, fue culpable de abuso de poder, un cuerpo de Orcadianos se apoderaron del castillo de Kirkwall para él. James y Edward Sinclair, primos de William, lideraron la revuelta.

William Sinclair apelado por John Sinclair, conde de Caithness y otro hombre del rey por ayuda. Juntos, levantaron un ejército de algunos 500 hombres e invadieron Orkney. James y Edward Sinclair reunieron los Orkneymen juntos. Los dos ejércitos pelearon en los páramos de Stenness en Summerdale, por el lago Kirbister. Parece que los Orkneymen estaban armados principalmente con herramientas de agricultura y piedras, pero una carga desesperada resolvió el problema.

Alrededor de 30 de los invasores fueron asesinados en la pelea, y cientos de ahogados cuando ellos huían hacia Scapa Flow. Es bueno saber que James Sinclair fue nombrado caballero después, y Edward fue oficialmente perdonado y no se pelearon más batallas en suelo Orcadiano.

Swinton, 1558, Berwickshire, fronteras escocesas, en un tiempo cuando Marie, la reina regente, gobernaba Escocia, y los escoceses, franceses e ingleses estaban discutiendo a lo largo de la frontera, Henry Percy lideró alrededor de 3000 Northumbrianos en Escocia. Quemaron Duns, raptaron huestes de ganado a fueron capturados por un pequeño ejército escocés cerca de Switon. Los ingleses ganaron la lucha, dispersaron a los escoceses, y Percy llevó su botín seguro a Inglaterra.

T

Talla Moss, 1488: cerca de Stirling, Central. Después de la batalla de Sauchieburn, el conde de Lennox lideró una insurrección menor con el lord Lyle contra aquellos que habían matado al rey. Fue derrotado en Talla Moss.

Tankerness, 1136: batalla naval fuera de Mull Head de Deerness, Orkney. En este tiempo, Orkney y Shetland estaban bajo el poder de los noruegos. El rey de Noruega le otorgó el condado a Rognvald, pero su primo Paul, tenía el control *de facto* y no estaba inclinado a cederlo.

Rognvald planeó un doble ataque, con una flota de barcos desde Noruega atacando Shetland, y una segunda flota desde las Hébridas atacando Orkney. La flota de Shetland fue capturada sin dificultad, pero la flota hebrideana dio más problemas.

Olvir Rosta, Roaring Oliver, comandaban a los hebrideanos. Sus barcos eran pequeños, pero tenían doce contra cinco de Paul. Los barcos de Olvir atacaron al conde Paul al este de

Mull Head, pero Paul, respaldado por luchadores hazañosos tales como Olaf Rolfsson de Gairsay y Sweyn Breastrope, pelearon duro, El gran barco de Olaf derrotó a tres de los pequeños hebrideanos, mientras Sweyn golpeo a Olvir por la borda. Paul persiguió a los hebrideanos al este de Mainland, pasando Ronaldsay y dentro del Estuario de Pentland; cinco de los barcos de Olvir fueron tomados y el resto huyó.

Tannach Moor, 1438 (discutido) también conocida como «Blar Tannie», cerca de Wick en Caithness, las Tierras Altas. En esta, la primera gran batalla recordada entre los Keiths y los Gunns, los Mackays parece que también estuvieron involucrados. Los dos clanes habían disputado inconclusamente por un tiempo, pero en 1438, los Gunns planearon una incursión mayor en las tierras de Keith con tantos aliados como pudieron reunir. Keith de Ackergill pidió ayuda a los Mackays y Neill Bass Mackay obligado con una fuerza considerable. El ejército combinado de Keith_Mackay se encontró con lo Gunns en el páramo de Tannach, tres millas de Wick y los Keiths fueron vencedores.

Tantallon Castle, 1491-1651: cerca de North Berwick, East Lothian. El castillo Tantallon es uno de los sitios más impresionantes de East Lothian, una fortaleza amurallada roja construida en un promontorio con vista al mar del Norte y el Bass Rock. Fue construido por William, el primer conde de Douglas cerca de 1358.

«Ding doon Tantallon» dice una vieja rima escocesa, «construye un bergantín para el Bass». Ambos eventos se consideraron imposibles, y una mirada a las gruesas paredes de doce pies y profundas zanjas defensivas mostrarán por qué. Sin embargo, en 1491, el quinto conde Douglas de Angus se volvió traidor y James IV marchó con un ejército a Tantallon para probar suerte. No fue muy exitoso, pero su hijo, James V volvió en 1528. Durante el cortejo duro, los Douglases tomaron el bando inglés. Con base en Tantallon, el embajador inglés escribió que el castillo era «de tal fortaleza que no necesitaba temer la malicia de mis enemigos».

Cuando Cromwell invadió en 1650, una banda de alrededor de 100 luchadores de guerrilla hizo base en Tantallon y creó un caos con la cadena de abastecimientos del invasor. Cromwell tuvo que desviar 3.000 hombres y la mayoría de su artillería para finalmente reducir el castillo, lo que habla de volúmenes para su fuerza residual.

Historic Scotland administra las ruinas masivas de Tantallon, y hay un estacionamiento, comercios y baños.

Tarbetness, o Torfness o Standistone: 14 de agosto de 1040, posiblemente lucharon en el sur del estuario de Moray, con tradiciones apuntando a Burgness. El conde Thorfinn de Orkney derrotó al Reu Duncan de Escocia. En este tiempo, el conde nórdico de Orkney controlaba la mayoría de Escocia al norte de Inverness.

De acuerdo con la *Saga Orkneyinga,* Duncan, llamado como rey Karl Hundasson, juntó un gran ejército para pelear con el Conde Thorfinn «y ellos se encontraron en Tarbatness en el sur del Moray Firth». Thorfinn fue vencedor. Hay una posibilidad que la batalla fuera peleada en Standing Stone en la parroquia de Duffus. Algunas autoridades creen que esta fue una batalla naval, pero la *Saga Orkneyings* no hace mención de barcos. En la saga se nombra a Duncan como Karl quizás porque es un insulto calculado, porque Karl significa posiblemente campesino, y Hundasson, hijo de un perro.

Las fuentes gaélicas dicen que Duncan fue muerto después de esconderse en la casa de un herrero.

Tay, 24 de agosto de 1332: estuario de Tay, Angus. Esta batalla fue librada durante la segunda guerra de la independencia. Después de la batalla de Dupplin, los ingleses y los Desheredados ocuparon Perth. Los patriotas escoceses comenzaron a bloquear el pueblo. Cuando los ingleses trajeron abastecimiento de los barcos navegando arriba el Tay, el ubicuo ingeniero flamenco, John Crabe, lideró una flotilla escocesa desde Berwick para atacar a la flota inglesa y completó el bloqueo. Aunque los barcos ingleses superaban en número a los escoceses por ocho a uno, los escoceses capturaron al buque insignia inglés *Beaumondscogge* y mataron a la tripulación. Sin embargo, este fue su único éxito. Usando su superioridad numérica, los ingleses aplastaron el ataque escocés y los escoceses sobrevivientes se retiraron.

Thorton Castle. 1548: East Lothian. El duque de Somerset capture y destruyó este castillo de lord Home durante el cortejo duro.

Threave Castle, 1455: cerca de un kilómetro al oeste del castillo Douglas, Dumfries y Galloway. Cuando la familia Douglas comenzó a amigarse con los ingleses, el rey James II mató al 98° conde. El rey asedió Threave por dos meses. A pesar de que usó artillería pesada, una pieza conocida como Mong Meg, el castillo solo se rindió cuando James recurrió al soborno. Hubo otro sitio en 1640, cuando los Covenanters tomaron el castillo después de trece semanas de asedio.

Historic Scotland administra el castillo que está situado en una isla en el río Dee. Las ruinas pueden ser visitadas en bote.

Thurso, 1040: Caithness, las Tierras Altas. En un tiempo cuando los condes nórdicos de Orkney controlaban la mayoría del norte de Escocia, el rey Duncan envió hasta un ejército para intentar arrebatar Caithness de su poder, o al menos forzar al conde a pagar tributo por él. De acuerdo con la *Saga Orkneyinga,* Moddan, sobrino de Duncan, había sido nombrado el conde de mar de Caithness. Él comandaba el ejército escocés. Thorkell Fostri y un ejército desde Caithness y Orkney sorprendieron y derrotaron a Modden cerca de Thurso. Thorkell entonces lideró su ejército al sur para unirse a Thorfinn, conde de Orkney, en su victoria sobre Duncan en Tarbatness.

Thurso, 1196: Caithness, las Tierras Altas. Esta batalla fue librada cerca de un kilómetro y medio al este de Thurso. El gobernador local era Harald Maddason, quien era renombrado por su crueldad. En 1196, Harald tomó las tierras de otro Harald llamado el Joven, quien había reclamado el condado. Ambos hombres levantaron armas y pelearon en las afueras de Thurso. Harald Maddason asesinó al joven Harald y derrotó a su ejército. Antes de continuar su terror, en el siglo XVIII, *sir* John Sinclair construyó una torre en el sitio de la muerte del joven Harald.

Thurso, 1612: Caithness, las Tierras Altas. Cuando un hombre de Thurso llamado Arthur Smith fue acusado de crimen capital de falsificación, el rey James VI ordenó a Donald Mackay de Farr, John Gordon de Gospeter y John Gordon el hijo de Gordon de Backies arrestarlo. Los lords llevaron treinta y seis hombres a la torre. John Sinclair de Skirkag, sobrino del conde de Caithness, reunió a la gente del pueblo para resistir el arresto y hubo una escaramuza en las calles. John Sinclair de Skirkag y Arthur Smith fueron asesinados y muchos fueron heridos de ambos bandos.

Thurso, 1649: Caithness, las Tierras Altas. Los Mackays de Strathnaver habían planeado asaltar Thurso en un domingo cuando la gente buena estaba en la iglesia. Los hombres locales enterados de las intenciones de los Mackays e idearon represalias. Se juntaron dentro de la Iglesia de Old St Peter, cantando el primer salmo y secretamente sin dejar de esperar una emboscada. Cuando los Mackay llegaron, los hombres de Thurso los atacaron, enviando de regreso a los sobrevivientes, y retornando a la iglesia por el resto del servicio.

Tillyangus, 1561: Clatt, cerca de 33 millas al noroeste de Aberdeen, Aberdeenshire, Grampian. En la década del 1570, Escocia estaba dividida entre los principalmente católicos seguidores de Mary, Reina de Escocia, y los principalmente protestantes partidarios del Rey James VI. Los Gordons eran el pilar de La Reina Mary en Aberdeenshire y se enfrentaron con los Forbeses.

En este encuentro Adam Gordon lideró una fuerza más pequeña contra Black Arthur Forbes, quien se fue posicionando en una serie de atrincheramientos en la ladera de Tillyangus. Los Gordons atacaron con éxito y la fuerza de los Forbes se quebró y huyó. Los Gordon encararon entonces al Catillo Druminner.

· · ·

Tioram Castle, cerca de Acharacle, Lago Miodart, las Tierras Altas. Parece que esta área fue la escena de una batalla en el siglo XII, cuando Somerled derrotó al noruego Torquil en un vado a través del río Shiel. Somerled fue vencedor. Ese mismo siglo el castillo Tioram fue construido y se convirtió en el hogar del clan Ranald MacDonald. El castillo fue atacado durante una disputa de clanes en 1554 y los hombres de Cromwell lo capturaron en 1651, luego en 1715 Alan MacDonald de Clanranald lo incendió para prevenir que los hannoverianos lo usaran como guarnición.

Las ruinas de este castillo están cerradas al público, pero pueden ser vistas desde cerca.

Tippermuir or Tibbermore, 1° de septiembre de 1644: tres millas al oeste de Perth, Perthshire. Esta batalla de la guerra civil fue la primera victoria del marqués de Montrose sobre los aliancistas. Habiendo prometido 10.000 hombres del conde de Antrim, él recibió 1.600 y estaban mal equipados y armados. Sin embargo, él tenía experiencia en las guerras irlandesas y lideró con la fiereza del veterano Alasdair MacColla MacDonald. Muchos eran MacDonalds de Ulster o Hebrideanos con resentimiento. Cuando Montrose los encontró, estaban a punto de luchar con los clanes Atholl locales, pero Montrose los persuadio a ambos ejércitos que se combinaran bajo su liderazgo, y llevó a los 3.000 juntos contra los ejércitos del acuerdo. Bereft de artillería y con uno de las rondas de cada uno de sus mosqueteros, Montrose ordenó a sus hombres arrojar rocas como misiles. Su oponente inmediato fue lord Elcho con 6.000 hombres de infantería y alrededor de 800 de caballería liderados por lord Drummond. La caballería estaba espléndidamente armada con cuatro pistolas cada uno, como también una carabina y una lanza. Estaba también la milicia de Perth de David Grant y una cantidad de cañones. Un cuerpo de burgueses de Perth llegó a mirar la batalla cuando los ejércitos formaban en el nivel plano de Tippermuir, debajo de la Colina Methven.

Los aliancistas gritaban «Jesús y sin cuarte»' y capturaron al maestro de Maddertie que Montrose había enviado como heraldo. Elcho comenzó la acción enviando adelante a la caballería. Alasdair MacColla contraatacó con sus MacDonalds, empujando a los hombres de Drummond. Cuando Montrose siguió con una carga completa de escoceses, la artillería huyó. Los escoceses entonces quebraron a los mosqueteros aliancistas cuando los MacDonalds de Ulster se colocaron en el centro de los aliancistas. Dispararon su única volea y se cerraron, apoyados por aquellos Highlanders que tenían solo piedras y puro coraje.

Cuando los aliancistas huyeron Montrose lideró a sus hombres para ocupar Perth. Solo *sir* James Scott de Rossie intentó formar una retaguardia, pero los Atholl Highlanders los hicieron a un lado. Los aliancistas perdieron 2.000 muertos, la mayoría en la persecución, pero Montrose también tomo 1.000 prisioneros por la pérdida de un hombre muerto en acción y otro que murió por sus heridas.

Torbhean Ridge, 1187: también conocida como Tomhahurich, cerca de Inverness, las Tierras Altas. La tradición habla de una batalla aquí entre Donald Bane, «un jefe hebrideano», y Duncan Mackintosh, hijo del gobernador del castillo de Inverness. La historia dice que Mackintosh salió con parte de la guarnición del castillo de Inverness para combatir a Donald Bane. Ambos líderes y la mayoría de sus seguidores se dice que murieron. Este puede ser un relato confuso de la batalla de Man Garbh, en la cual Roland de Galloway asesinó a Donald MacWilliam. Donald Bane parece ser la misma persona que Donald MacWilliam, nieto de este

Donals Bane, hermano del rey Malcolm quien perdió su derecho a la corona con Duncan hijo de Malcolm

Tobanarael, 1543: Trossachs, Stirlingshire, Central. En 1543, el conde de Menteith celebró su fiesta de bodas en Inchnahome, en el lago de Menteith. Sin embargo, esta sincronización fue desafortunada una partida de cateranos que pasaba, liderada por el Tutor de Appin, conocido como Donald del Martillo. Los cateranos venían retornado de un raid en Stirlingshire, pero la tentación pudo más y ellos se detuvieron a saquear la fiesta.

William Graham, conde de Menteith reunió una pequeña fuerza y siguió a los cateranos a Tobanareal, en una cresta entre Menteith y Strathgartney. Otros relatos dicen que ellos se encontraron en Craigvad. El conde atacó a los cateranos y en la batalla, él y sus hombres fueron asesinados, mientras solo Donald del Martillo y un hombre de los cateranos escaparon vivos. Una versión un poco diferente de este cuento dice que el conde de Menteith era un invitado a la boda y la batalla fue luchada en Tyepers Well en los Trossachs.

Torran-Dubh, 1517: cerca de Rogart, Sutherland, las Tierras Altas. Esta batalla es también conocida como Torran Dobhach. Esta batalla de clanes fue peleada entre Alexander Sutherland y John Mackay.

En 1514, John el 9° conde de Sutherland murió y su hermana Elizabeth se convirtió en la 10° condesa de Sutherland. Ella esperaba casarse dentro del clan Gordon, entregando a los Gordons el condado de Sutherland, así como el de Huntly. John Mackay, jefe del clan, no quería que los Gordons tuvieran tal poder.

En 1517, el conde de Sutherland viajó a Edimburgo, dejando a su cuñado, Alexander Sutherland para gobernar sus tierras. John Mackay de Strathnaver tomó la oportunidad de reunir toda su mano de obra y alguno más que quisiera seguirlo y saqueó Sutherland.

Alexander Sutherland, junto con John Murray y William Mackames recolectaron a todos los hombres que pudieron y enfrentaron a los Mackays en Torran Dubh cerca de Rogart. Sutherland primero empujó a la vanguardia de los Mackay hacia atrás, y entonces un selecto número de hombres atacó a los Mackays, con su hermano Donald Sutherland a la carga en el cuerpo principal. Los Mackays pelearon duro, pero los hombres de Sutherland ganaron al final. John Mackay sobrevivió, pero perdió más de 200 de sus hombres en la batalla, incluido Neil Maclan Angus de Assynt, y más fueron asesinados en la persecución. Alexander Sutherland perdió unos 38 muertos registrados, que parecen pocos comparados con las pérdidas de los Mackay.

Toubacanti, 15 de febrero de 1700: Darien, América central. En los finales del siglo XVII, Escocia sufrió una serie de malas cosechas. El país tenía también dificultades en el comercio, particularmente debido a la unión de coronas en 1603, lo que obstaculizó las relaciones con algunos de los viejos socios de Escocia. Los escoceses intentaron formar un comercio entre puertos en América Central, pero se encontraron en desacuerdo con España que reclamaba el área.

Cuando los españoles atacaron a la colonia escocesa, Campbell de Fonab lideró una fuerza escocesa, ayudado por los hombres de las tribus locales, dentro de la jungla repelieron el ataque. Los escoceses y los hombres de Darien derrotaron a los españoles en lo que fue la última victoria escocesa como una nación independiente. Este fue un ataque preventivo contra una fuerza española superior en una posición defensiva, pero los escoceses eventualmente habían dejado a Darien. La pérdida de dinero y confianza llevaron a Escocia hacia la Union de 1707 con Inglaterra.

Towie Barclay Castle, mayo de 1639: cerca de Fyvie, Aberdeenshire, Grampian. Esta escaramuza menor ocurrió cuando los realistas atacaron el castillo, pero fueron repelidos. Davis Pratt tenía la no deseada distinción de convertirse en el primer hombre muerto en una guerra civil que duró años e involucró eventualmente a todas las naciones de las Islas Británicas.

Traigh Gruinart, 5 de agosto de 1598, Isla de Islay, Strathclyde. Al final del siglo XVI, los Macleans de Duart estaban en una disputa con los MacDonalds de Islay. *Sir* Lauchland Maclean intento reclamar Islay para él mismo, como Angus MacDonald era un hombre viejo y su hijo, *sir* James muy joven para resistir. Los Macleans invadieron Islay a la fuerza, y *sir* James MacDonald ofreció presentar el caso al rey para que arbitrara, o compartir las islas entre ellos. Maclean se opuso y se preparó para la batalla.

Aunque los Macleans sobrepasaban en número a los MacDonalds, muchos de los últimos tenían experiencia en las guerras irlandesas contra los ingleses. Las dos fuerzas se encontraron en la cabecera del Lago Gruinart en un lugar conocido como Traigh Gruinart. *Sir* James MacDonald empujó su vanguardia hasta que el sol estuvo en sus espaldas, brillando en los ojos de los Macleans, y llevó su vanguardia atrás dentro de su cuerpo principal. Después de una fiera pelea, *sir* Laughlin Maclean y ochenta de sus capitanes y alrededor de 200 otros de su clan fueron asesinados. El hijo de MacLean Lauchlan Barrach fue herido y se retiró a sus galeras con el resto de su ejército. *Sir* James MacDonald fue también herido, por un disparo de flecha, y hubo cerca de treinta MacDonald muertos y sesenta heridos.

Cuando el rey James escuchó acerca de la batalla, ofreció Islay a los Campbells y puso a James MacDonald en el castillo de Edimburgo. Cran-nan Oighre en Beinn Bhan se dice que el lugar donde está enterrado un guerrero de la Isla de Arran que cayó en la batalla, mientras Clach Mhic ilean, la piedra de MacLean, una corta distancia más lejos, es tradicionalmente donde el jefe MacLean muerto yació por un tiempo. Hay también una leyenda que Dubh Sith, el hada negra se encontró con la vecina Jura y se ofrecieron para ayudar a los Macleans, pero el jefe la rechazó con insultos. El hada rápidamente cambio de bando y se unió a los MacDonalds. Presuntamente fue su flecha la que mató al jefe de los MacLeans.

Tranent, 1797: East Lothian. A finales del siglo XVIII, Britania estuvo en guerra con la República Francesa. El gobierno aprobó una ley de Milicias, la cual llamaba a los hombres a servir en la milicia. La mayoría de los escoceses estaban en desacuerdo con la ley por dos razones, primero aunque estaban ostensiblemente dirigido contra los franceses, la milicia también podía ser usada contra la gente escocesa, y en segundo lugar porque la carga caía principalmente en la clase trabajadora.

Los escoceses unidos, un grupo radical que hizo campaña por una república independiente escocesa a lo largo de las filas francesas, ayudó a organizar la resistencia a la ley. Hubo revueltas en varias partes del país y, en Tranent, la organización envió un mensaje para aquellos empoderados a hacer cumplir la ley a no cooperar. Los escoceses unidos hicieron una lista de prominentes unionistas y planearon quemar sus casas.

En East Lothian los mineros se juntaron detrás de un tambor, gritando « »No milicia». La reacción fue predecible cuando los Dragoneantes de los cinco puertos cargaron sobre ellos matando once e hiriendo a doce, antes de saquear y robar en los pueblos de los mineros. Las protestas no tuvieron éxito y Escocia continúo poniendo a sus hombres en la guerra contra la República Francesa.

Tullich, Pass, 1652: cerca de Braemar, Grampian. Esta escaramuza entre el general Lilburn del ejército cromwelliano y los Camerons ocurrió durante la ocupación cromwelliana de Escocia. Ewan Cameron, el joven jefe del clan, fue prominente resistiendo a los invasores. Los Camerons fueron parte del ejército realista de Glencairn y se les ordenó mantener el paso de Tullich para demorar o resguardar Lilburn del ataque de las fuerzas realistas. Hay dos versiones de esta acción, pero parece que Lilburn finalmente pasó a través del paso, pero muy tarde para dañar a los hombres de Glencairn.

Trot of Turriff. 14 de mayo de 1639. Aberdeenshire, Grampian. En esta temprana acción de la guerra civil, los realistas liderados por el coronel William Johnson, *sir* George Ogilvy y *sir* John Gordon Forzaron a los Covenanters fuera del pueblo. Alrededor de 2.000 Covenanters se habían formado en Turriff, pero los Gordons ensamblaron cerca de 800 hombres y algo de artillería. Alcanzaron Turriff al amanecer del 14 de mayo, e inmediatamente sonaron trompetas y tambores y abrieron con los cañones. Después de una muy corta defensa, los Covenanters se retiraron.

Parece que hubo aun un reducido encuentro en Turriff el 14 de febrero cuando una fuerza realista bajo Huntly encontró una cantidad de Covenanters, pero no hubo disparos ni derramamiento de sangre en esta ocasión.

Trumpan, se dan varias fechas desde el siglo XV a 1578; Isla de Skye, Highland. Esta batalla de clanes fue una de una serie entre los MacDonalds y MacLeods. La tradición dice que ocho galeras de MacDonals cruzaron desde Uist a Skye y desembarcaron en Ardmore. Los MacDonalds se movieron tierra adentro e incendiaron la iglesia, con los fieles adentro. Tanto los MacLeods en Dunvegan vieron el humo, o una joven niña escapó de la iglesia con las noticias, pero los MacLeods reunieron y atacaron a los MacDonalds. Cuando los MacLeods estaban ganando, los MacDonalds corrieron a sus galeras, pero la marea baja los dejó varados. Los MacLeods asesinaron a toda la fuerza MacDonald, los alineó debajo de un dique y los tiró por encima de ellos. Este incidente dio a la batalla su nombre alternativo, Blar Milleadh Garaidh; batalla del despojo del dique. El cementerio de Trumpan todavía existe.

Trumpan, Skye: las Tierras Altas. Unos pocos años después del despojo del dique, los MacDonalds asaltaron de nuevo. De nuevo los MacLeods los capturaron y derrotaron en Trumpan. El herrero MacLeod se debilitaba por la pérdida de vidas cuando su esposa gritó «vuélvete a mi», pero cuando lo hizo un MacDonald lo mató. Una aparente tercera batalla en la misma área estaba yendo mal para los MacLeods hasta que desplegaron la bandera del hada y sus números parecieron duplicarse por lo que ganaron la pelea.

Tuach Hill, cerca de Kintore, Aberdeenshire. Esta legendaria batalla fue peleada entre el rey Kennerh II y los daneses. De acuerdo con la historia, Kenneth venía teniendo un duro tiempo con los daneses cuando los residentes locales condujeron un rebaño de ganado cubierto con hojas a los daneses. El ganado rompió las líneas danesas y los escoceses ganaron.

Tuacks, Bloody, alrededor de 1529: Westray, Orkney. Los hombres de Lewis habían arrasado Orkney, pero los hombres de Westray lo derrotaron. No hubo sobrevivientes de Lewis. Es muy posible que esta sea una alternativa para la batalla de Summerdale, peleada entre los mismos oponentes en el mismo año, con el mismo resultado.

Tullimoss, Perthshire, 1489, ver Talla Moss.

Tuitean Tarbhach, c1400: sudoeste Sutherland, las Tierras Altas. Se dice que el nombre significa el campo de gran matanza, y la batalla fue peleada entre los MacLeods y los Mackays. Sin embargo, hay al menos dos versiones de la historia.

En una, el tutor de Mackay, Hugh Dubh Murray, maltrató a la hermana de Malcolm Macleod de Lewis. La hermana de MacLeod era la hermana de Angus Mackay de Strathnaver. Los MacLeods naturalmente arrasaron Strathnaver, pero en su regreso los Mackays liderados por Hugh Mackay y Alexander Murray de Cubin los atacaron. Los Mackays ganaron la batalla, con el usual cuento de un solo sobreviviente MacLeod.

Una segunda versión dice que la hija de MacLeod estaba casada con Lain Caol y MacLeod arrasó para vengar un insulto a ella, con el mismo resultado.

Two Rivers, 671: sitio desconocido. Ecgfrith de Northumbria derrotó a los pictos que se habían rebelado contra el gobernador Northumbriano. Después de la batalla hubo una década de paz.

U
___

Urquhart Castle, Drumnadrochit, las Tierras Altas. Situado en un promontorio en el lago Ness desde el siglo XIII, Urquhart ha tenido muchos asedios. Las fuerzas de Edward Plantagenet de Inglaterra fueron las primeras en capturarlo, pero los escoceses lo recuperaron en un par de años, solos para que los ingleses lo reganaran en 1303. Los escoceses lo tomaron de nuevo cuando Robert I derrotó a los Comyns. En 1644, los aliancistas saquearon Urquhart. Y se dice que el último asedio fue en 1690, cuando los Grants, peleaban por los hannoverianos, derrotaron al sitio Jacobita.

Hoy en día, Historic Scotland administra estas pintorescas ruinas con instalaciones para turistas y tablas de información, aunque es mejor conocido como un sitio para observar al Monstruo del lago Ness. Hay también una sala de exhibición y una demostración audiovisual de la historia del castillo.

V

Verneuil, 17 de agosto de 1424: Normandía, Francia. Escocia y Francia fueron frecuentemente aliados contra la agresión inglesa, con una nación o la otra dando apoyo para repeler una invasión. En esta instancia los escoceses estaban ayudando a Francia durante la guerra de los cien días. El ejército franco-escocés contenía franceses, escoceses e italianos, mientras el conde de Bedford lideraba a los ingleses. Los franco-escoceses superaban en número a los ingleses, que estaban desmontados y con sus temibles arqueros en los flancos.

Archibald Douglas lideró a los aliados. Era conocido como Tineman por su hábito de aparecer en el lado perdedor en todas las batallas. Los ingleses avanzaron primero, pero una carga de caballería francesa barrió a los arqueros ingleses. Sin embargo, más que golpear los flancos del centro inglés, ellos después atacaron el equipaje, donde alrededor de mil arqueros ingleses recortaron el puntaje de ellos hacia abajo. Los ingleses avanzaron sobre los aliados y se dirigieron al centro francés desde el campo. Como en Cravant, los escoceses buscaron su terreno, a pesar de que los franceses e italianos habían desertado. Rehusándose a rendirse, los escoceses pelearon hasta el final. La mayoría de los 6.000 murieron, incluyendo cincuenta caballeros, con solo unos pocos heridos siendo capturados.

W

Weardale, 1326/1327: Durham, Inglaterra. Durante la primera guerra por la independencia, *sir* James Douglas había liderado un asalto profundo en Inglaterra. Un ejército inglés, incluyendo el futuro rey Edward III había intentado atraer a la fuerza escocesa más pequeña a una batalla, pero Douglas, los superó en una serie de escaramuzas. En una ocasión, Douglas lideró a los escoceses en un ataque nocturno al campamento inglés, matando un estimado de 300 hombres. Durante este ataque los escoceses gritaban «A Douglas, A Douglas, tú vas a matar a todos los Lores de Inglaterra». Douglas probó que era un maestro en la guerra de guerrillas, y corrió al desigual inglés sin enfrentarlos en una batalla a gran escala. Esta campaña fue el último clavo en el ataúd de los intentos de Edward II de derrotar a Escocia y el año siguiente vio el Tratado de Edimburgo que reconocía que Escocia continuaba siendo independiente.

Worcester, 3 de septiembre de 1651: Worcestershire, Inglaterra. Después de la victoria de Cromwell en Dunbar y el avance de su ejército hacia el norte, el rey Charles II lideró otro ejército realista escocés en Inglaterra. Había 14,000 hombres, con David Leslie como comandante militar, pero a pesar de las esperanzas del rey, pocos ingleses recogieron el estandarte real. La propaganda parlamentaria inglesa volvía al pueblo inglés y al pueblo gales contra los escoceses, a pesar de cualquier sentimiento por la realeza latente. Una vez más, los escoceses estaban solos. El 22 de agosto, Charles estaba detenido en Worcester. Cromwell había reunido sus fuerzas. Sin dudas consiente que David Leslie había probado su táctica maestra alrededor de Edimburgo, Cromwell reunió un ejército de 28.000 tropas regulares cerca del doble que las fuerzas escocesas. También tenía otros 3.000 milicianos.

Los realistas se hicieron fuertes en Worcester y esperaban por refuerzos. Cromwell planeo atacar en ambos lados del río Severn. El teniente general Middleton lanzó un contra ataque, pero un inglés traidor había delatado el plan y Middleton fue mandado de regreso.

El 3 de septiembre, los hombres de Cromwell avanzaron por el banco oeste del río. Hubo una dura pelea a lo largo del Teame, con el cromwelliano Lambert lanzando un equipo de asalto a través, solo para encontrar una fuerza de escoceses de las Tierras Altas que lo forzaron a retroceder. Cromwell avanzó con tres brigadas en los flancos de los Highlanders y los escoceses retrocedieron.

Charles y el duque de Hamilton lideraron un contra ataque que hizo retroceder al ala derecha de Cromwell, pero Cromwell llamó a retirada a sus tres brigadas y estabilizó su posición. Los realistas se retiraron hacia Worcester y siguió una pelea callejera mientras el masivo ejército cromwelliano se inundaba. El rey Charles escapó con el duque de Buckingham y Lord Wilmar, mientras la mayoría de los comandantes escoceses pelearon hasta que fueron asesinados o capturados. Como es usual hubo muy poca piedad para los prisioneros escoceses. Muchos fueron enviados como esclavos a las Indias del oeste. Sin embargo, todavía hubo júbilo en Escocia cuando Charles II retorno como rey después que Cromwell murió.

Worcester tiene muchos recuerdos de la batalla, desde las cicatrices dejadas por el cañón en la Iglesia Powick a los restos de la fortificación de la artillería realista en Fort Royal. Merece la pena visitar el centro de visitantes de la guerra civil en la comandancia en el centro de la ciudad.

Y

Yester Castle, 1547: cerca de Gifford, East Lothian, durante el cortejo duro de Henry VIII, los ingleses atacaron el castillo Yester. El 4° barón de Yester repelió el primer ataque inglés y los ingleses se retiraron, pero retornaron en 1548 y capturaron el castillo. Historic Scotland administra ahora las ruinas de las que se dice que están embrujadas.

PARTE TRES

UNA LINEA DE TIEMPO ESCOCESA

AD 80: Julius Agricola, gobernador romano de Britannia, invadió lo que hoy es Escocia.

AD 84: Batalla de Mons Graupius. Los romanos derrotaron a los celedonios.

AD 90: los romanos se retiran al sur del Forth.

AD 121-129: c es construida la muralla de Hadrian.

AD 139: c Es construida la muralla de Antonine.

AD 209: Campaña de Severus.

AD 297: Primera mención de los pictos.

AD 360: Primera mención de los escoceses.

AD 367: Redadas importantes de los escoceses y pictos en la Britania Romana.

AD 397: St Ninian es recordada como el comienzo del cristianismo en Galloway.

AD 408: c los romanos dejan Britania.

AD 490. Si el rey Arthur hubiera existido, es alrededor de este tiempo.

AD 503: Alrededor de este tiempo, Fergus Mor MacErc se alega que estableció Dalriada.

AD 563: St Columbus es establecida en Iona .

AD 600: Alrededor de este tiempo, los británicos cabalgaron para derrotar en Cattraeth.

AD 603: Batalla de Degsastan, los anglos derrotan a Aedan de Dalriada.

AD 638: Los anglos de Bernicia capturan a Dun Eidyn, Edimburgo.

AD 685: Los pictos derrotan a Northumbrianos en la batalla de Dunnichen/Nechtansmere.

AD 697: La ley de los inocentes protege a las mujeres y a los no combatientes.

AD 732: Oengus MacFergus es vencedor en la guerra civil picta.

AD 795: Primer asalto vikingo recordado en Iona.

AD 843: c Kenneth MacAlpin se convierte en el primer rey de la unión de escoceses y pictos.

AD 850: Alrededor de este tiempo, la capital de Escocia estaba en Scone, y la capital religiosa estaba en Dunkeld.

AD 870: Los nórdicos capturaron Alcluid/Dumbarton después de un asedio.

AD 875-878: Ataques extendidos de los nórdicos en Escocia.

AD 903: Los nórdicos fueron derrotados en Strathearn .

AD 937: Athelstan de Inglaterra derrota a los escoceses y un ejército aliado en Brunanburh.

AD 971: Alrededor de este tiempo; Lothian fue agregada a Escocia.

AD 973: Batalla de Luncarty, el rey Kenneth II derrotó a los nórdicos.

AD 1005: Batalla de Monzievaird, Malcolm II se convierte en rey.

AD 1006: Malcolm II es derrotado en Durham.

AD 1018: Batalla de Carham, Malcolm II derrotó a los ingleses, confirmando a Tweed como la frontera sur de Escocia. Strathclyde fue anexada.

AD 1040: Batalla de Pitgaveny, fue asesinado el rey Duncan.

AD 1057: Batalla de Lumphanan, el futuro Malcolm III derrota a MacBeth.

AD 1072: Malcolm III se casa con Margaret; las influencias normando-inglesas comienzan.

AD 1093: Malcolm III muere en Alnwick.

AD 1138: Batalla del estandarte, los ingleses derrotan a David I de Escocia.

AD 1156: Somerled gana las islas del sur en una batalla naval de Islay. Fue el progenitor del clan Dougall, clan Donald y los MacRuaridhs.

AD 1157: La frontera sur de Escocia es ahora en Tweed y Solway.

AD 1164: Somerled derrotado en Renfrew.

AD 1165: El rey William I, su estandarte del león rampante rojo se convierte en el estandarte real de Escocia.

AD 1174: Después de ser capturado en Alnwick, William I acordó permitir a Inglaterra superioridad feudal sobre Escocia.

AD 1189: Quitclaim de Canterbury, Escocia le devuelve la libertad al Rey Ricardo Corazón de León.

AD 1192; La Iglesia de Escocia comienza a ser una «hermana especial» de Roma.

AD 1230: Los nórdicos atacan y capturan el Castillo de Rothesay en un intento de retomar el control sobre las Hébridas.

AD 1249: Alexander II muere mientras intenta arrebatar las Hébridas de Noruega.

AD 1263: Batalla de Largs: Alexander III derrota a los nórdicos.

AD 1266: Escocia gana las Hébridas en el Tratado de Perth.

AD 1286: Alexander III muere en un accidente. Escocia queda sin un rey en los finales de la Era Dorada.

AD 1286: La nieta de Alexander, Margaret, la doncella de Noruega es reina. Tiene tres años de edad.

AD 1290: Margaret, la doncella de Noruega, muere en camino a Escocia.

AD 1291/2: Los escoceses le piden ayuda a Edward Plantagenet de Inglaterra para seleccionar un nuevo monarca. Él elige a John Balliol y demanda ser «Señor» de Escocia.

AD 1295: Escocia firma el Tratado de Paris con Francia, y comienza la Alianza Auld.

AD: 1296: Edward I invade Escocia, saquea Berwick y derrota a los escoceses en Dunbar; John Balliol abdica y deja su reino en manos de Esward Plantagenet. Edward demanda que los nobles escoceses firmen lealtad con él. Muchos están de acuerdo. Inglaterra roba los registros escoceses, el crucifijo negro de St Margaret y la piedra del destino.

AD 1297: William Wallace y Andrew Murray lideraron la resistencia escocesa. DDerrotaron a los ingleses en el puente de Stirling.

AD 1298: Wallace se convierte en guardián de Escocia; Batalla de Falkirk. Edward I y sus arqueros galeses derrotaron a Wallace.

AD 1303: Los escoceses maltrataron a los ingleses en Roslin.

AD 1304: Edward Plantagenet capturó el castillo Stitling.

AD 1305: Wallace es traicionado por los ingleses, que lo matan después en tortura pública.

AD 1306: Robert Bruce asesina a John Balliol y luego es coronado rey de Escocia.

AD 1307: Los ingleses asesinos a dos de los hermanos del rey Robert; Robert gana las batallas en Glen Trool y Loundon Hill.

AD 1314: El rey Robert derrota a los ingleses en Bannockburn.

AD 1315: Edward Bruce es coronado rey de Irlanda.

AD 1318: Declaración de Arbroath, la primera de este tipo en el mundo.

AD 1326: El parlamento escocés se reúne, alrededor de este tiempo la servidumbre muere fuera de Escocia.

AD 1328: El Tratado de Edinburgh finaliza la primera guerra por la Independencia. Este tratado fue ratificado luego en Northampton.

AD 1329: El rey Robert muere. Su hijo de cinco años David II es rey.

AD 1332: Edward III de Inglaterra envía un ejército bajo Edward Balliol, los escoceses son derrotados en Dupplin. Edward Balliol es coronado rey, bajo control inglés.

AD 1332: Comienza la segunda guerra por la independencia; Edward Balliol es exiliado del país.

AD 1333: Edward III derrota a los escoceses en Halidon Hill y captura Berwick. David II es enviado a Francia.

AD 1335: Batakka de Culblean, los escoceses derrotan las fuerzas de Balliol.

AD 1338: Balck Agnes desafía a los ingleses en Dunbar.

AD 1346: El rey David II es derrotado en la cruz de Neville.

AD 1349: La muerte negra, «La muerte asquerosa de los ingleses» mata aproximadamente una quinta parte de la población escocesa.

AD 1356: Edward Balliol vende su reclamo al trono de Escocia al Edward III.

AD 1371: Robert II, es el primer monarca Stuart.

AD 1388: Batalla de Otterburn; Douglas derrota a Percy.

AD 1390: Alexander Stewart; el Lobo de Bdenocj, destruye la catedral de Elgin.

AD 1396: Batalla de clanes en Perth.

AD 1402: El joven príncipe James es enviado a Francia por seguridad, pero los piratas ingleses lo capturan. Los ingleses lo mantienen prisionero hasta 1422.

AD 1411: Batalla de Harlaw cuando Donald de las Islas pelea con el conde de Mar.

AD 1412: Se funda la Universidad de St Andrews.

AD 1422: Batalla de Bauge; peleada en Francia, los escoceses derrotan a los ingleses.

AD 1424: Es coronado el rey James I.

AD 1427: El rey James comienza un movimiento anti-gaélico.

AD 1429: El lord de las Islas se rebela e incendia Inverness.

AD 1437: James I es asesinado en Perth.

AD 1440: El conde de Douglas es asesinado en Edimburgo.

AD 1451: Se funda la Universidad de Glasgow.

AD 1452: James II asesina al nuevo conde de Douglas en Stirling, revuelta de Douglases.

AD 1455: James II calma la rebellion Black Douglas.

AD 1457: James II prohibe el football y el golf, Escocia lo ignora.

AD 1460: James II es asesinado por una explosión del cañón en el sitio de Roxburgh.

AD 1469: Cuando James III se casa con la princesa noruega Margaret, Orkney y Shetland se comprometieron a Escocia con su dote.

AD 1472: Orkney y Shetland comienzan a ser parte de Escocia.

AD 1482: Los ingleses invaden: capturan Berwick, que permanece en manos inglesas por un periodo indefinido.

AD 1488: Batalla de Sauchieburn, los nobles derrotan al rey James III.

AD 1493: El rey James IV remueve al señorío de las Islas del clan Donald.

AD 1494: Se funda la Universidad de Aberdeen.

Ad 1495: Se menciona la primera destilería de whisky.

AD 1496: Ley de educación.

AD 1502: Se firma un Tratado de Paz Perpetua con Inglaterra. El rey James se casa con la princesa Margaret de Inglaterra.

AD 1507. Se introduce la imprenta en Escocia.

AD 1511: Es botado *Michael* en Newhaven, posiblemente el barco más grande en Europa.

AD 1512: Un nuevo tratado con Francia, doble nacionalidad entre ambas naciones.

AD 1513: Cuando Inglaterra ataca a Francia, James IV invade Inglaterra, es derrotado fieramente y asesinado en Flodden.

AD 1528: Patrick Hamilton es asesinado en la hoguera en St Andrews por convertirse en protestante. James V escapa de los Douglases.

AD 1532: Se establece el colegio de justicia.

AD 1538: El rey James V se casa con la francesa Marie de Guise.

AD 1540: El rey James V navega alrededor de las islas para imponer respeto a los jefes hebrideanos.

AD 1542: Batalla de Solway Moss, los ingleses derrotaron a los escoceses; Mary, reina de Escocia, había nacido. Batalla de Haddon Rigg.

AD 1543: Tratado de Greenwich: Mary debe casarse con el hijo de Henry VIII, su heredero gobernará ambos países.

Cuando los ingleses fallan al ratificar el Tratado, los parlamentarios escoceses retroceden.

AD 1544: Henry VIII envió ejércitos a Escocia para persuadir a los escoceses a casar a Mary con su hijo. Este episodio fue conocido como el cortejo duro.

AD 1545: Batalla de Ancrum Moor: los escoceses derrotaron a los ingleses.

AD 1546: El cardenal Beaton quema en la hoguera al protestante George Wishart en St Andrews. Los protestantes tomaron el castillo, ejecutaron a Beaton y aguantó bajo asedio.

AD 1547: Barcos franceses y artillería capturaron el castillo de St Andrews; Batalla de Pinkie, los ingleses derrotaron a los escoceses.

AD 1548: Los ingleses invaden de nuevo. Francia envió un ejército para ayudar a los escoceses en un acuerdo que la reina Mary podría casarse con Francois, hijo del rey Henry II de Francia.

AD 1551: Después de una amarga lucha, los ingleses se retiraron de Escocia.

AD 1552: La sociedad de St Andrews se formó para jugar golf.

AD 1557: El primer pacto cuando los escoceses comienzan a volverse protestantes debido a los abusos de la iglesia católica romana.

AD 1558: Mary se casa con Françoise. Cualquier niño es Escocia y Francia sino hay niños Francia será dueña de Escocia.

AD 1559: John Knox predica su primer sermón en Perth.

AD 1559: Mary se convierte en reina de Francia, al lado de su marido, el rey Françoise.

AD 1560: Tratado de Edimburgo. Las fuerzas inglesas y francesas dejaron Escocia; el parlamento escocés comenzó la reforma protestante, Cuando el rey Françoise murió; Mary perdió su poder en Francia.

AD 1561: La católica Mary se convierte en reina de la Escocia protestante.

AD 1562: Batalla de Corrichie; la reina Mary derrota al conde de Huntly.AD 1563: La brujería de la reina Mary. Las brujas deben ser quemadas en la hoguera como herejes.

AD 1565: Mary se casa con lord Darnley en una ceremonia católica. Nace el rey James VI.

AD 1567: Darnley es asesinado cerca de Edimburgo; cuando Mary se casó con el conde de Bothwell, uno de los sospechosos, perdió apoyo. Mary lo envió al exilio. Fue encarcelada y luego abdicó.

AD 1568: Mary derrotada en la batalla de Langside; huyó a Inglaterra y fue puesta prisionera.

AD 1570: La guerra civil que iba a durar por tres años.

AD 1572: John Knox murió.

AD 1573: Se rinde el castillo de Edimburgo, los partidarios de Mary habían perdido.

AD 1578: James Vi de doce años de edad toma el control del país.

AD 1579: Es impresa la primera Biblia en Escocia.

AD 1582: Se funda la Universidad de Edimburgo.

AD 1587: Se aprueba la ley para aquietar las fronteras, tierras altas e islas.

AD 1589: El rey James se casa con Anne de Dinamarca.

AD 1591: El rey James comienza una campaña anti-brujas en Escocia.

AD 1593: Se funda el Marischal College, Aberdeen.

AD 1596: Una alianza con Inglaterra cuando James Vi es nombrado el siguiente en la línea del trono inglés.

AD 1597: Los Aventureros de Fife intentan colonizar Lewis
AD 1603: James VI hereda la corona de Inglaterra con la muerte de Elizabeth. Batalla de Glen Fruin con MacGregors derrotando Colquhouns.

AD 1609: Estatuto de Iona: James continua su asalto en la cultura gaélica, también envió escoceses a Ulster para mantener tranquilos a los católicos.

AD 1610: Los obispos restauraron la iglesia Escocesa.

AD 1611: James VI tiene la versión de la Biblia del rey James publicada.

AD 1611: John Napier inventa los logaritmos.

AD 1616: La iglesia de Escocia intenta abrir una escuela en cada parroquia en el país, con la idea de leer y escribir en inglés.

AD 1617: James VI intenta introducir las prácticas anglicanas de la iglesia de Escocia. Da clases de escocés sobre la superioridad de la cultura inglesa.

AD 1633: el Rey Charles fue coronado en Scone.

AD 1637: Disturbios en Edimburgo sobre los intentos de angustiar el Kirk.

AD 1638: Miles firman el Pacto Nacional que declara que el Kirk era independiente del control exterior.

AD 1639: La primera guerra de obispos termina sin mucha pelea. La pacificación de Berwick.

AD 1640: Segunda guerra de obispos. Los escoceses tuvieron éxito en Newburn.

AD 1642: Después de una revuelta católica en Ulster, una fuerza aliancista cruzó para defender a los colonos escoceses.

AD 1643: Los escoceses se ofrecen a ayudar al parlamento inglés si ellos prometen aceptar el Pacto de la solemne liga, los ingleses estuvieron de acuerdo.

AD 1644: El ejército aliancistas de 20.000 partidarios del parlamento inglés, ayudaron a derrotar a los realistas en Marston Moor. El marqués de Montrose comenzó su campaña escocesa por el rey.

AD 1645: Batallas de Inverlochy, Auldearn, Alford, Kilsyth y Philliphaugh; Escocia se convertía en una teocracia, la peste sigue a raíz de la guerra.

AD 1646: El rey Charles se rinde a los escoceses.

AD 1647: Los escoceses dan una mano al parlamento inglés.

AD 1648: Los aliancistas moderados deciden apoyar al rey, invaden Inglaterra y pierden en Preston.

AD 1649: Los ingleses ejecutan al rey Charles I. Los escoceses proclaman a Charles II como rey.

AD 1650: La última campaña de Montrose termina en derrota en Carbisdale, Charles II llega a Escocia y firma el pacto: Cromwell invade, ganando la batalla de Dunbar.

AD 1651: Es coronado Charles II, batallas de Inverkeithing y Worcester, Monck devasta Dundee.

AD 1652: Ocupación cromwelliana y unión forzada.

AD 1653: Levantamiento de Glercairn en las Tierras Altas; los Camerons resistieron la invasión.

AD 1660: Restauración de Charles II.

AD 1661: Es impuesto en gobierno episcopal en Escocia; los Covenanters permanecían en el sudoeste.

AD 1666: Levantamiento en Pentland.

AD 1672: Se funda la Corte de Justicia Mayor.

AD 1679: Batallas de Drumclog y Puente de Bothwell.

AD 1680: Nacimiento de los Cameronianos radicales: Batalla de Airds Moss.

AD 1682: Se funda la biblioteca de defensores.

AD 1684: Los tiempos de matar anti-presbiterianos comienzan.

AD 1685: Muere Charles II; sus últimos años los había pasado persiguiendo a los aliancistas. James VII, un católico, lo sucede. El conde de Argyll falla en un levantamiento presbiteriano.

AD 1687: La indulgencia de James VII permite una completa tolerancia religiosa.

AD 1688: El gobierno ejecuta al presbiteriano James Renwick en Edimburgo;

El príncipe James Francis Edward, el Viejo Pretendiente, nace;

James VII es echado a Francia por convertirse al catolicismo.

AD 1689: William y Mary son elegidos como monarcas conjuntos. La iglesia presbiteriana de Escocia es garantizada, el parlamento escocés otorga nuevos poderes, a los soldados escoceses para pelear las guerras de William: Levantamiento jacobita; batallas de Killiecrankie y Drunkeld.

AD 1690: Escaramuza en Cromdale, final del levantamiento jacobita. La religión presbiteriana es establecida formalmente.

AD 1691: William busca un armisticio con los jefes escoceses.

AD 1692: Massacre de Glencoe.

AD 1695: Es fundada la compañía de Escocia; es fundado el banco de Escocia.

AD 1696: Ley de educación; añoso del rey William III.

AD 1698: Primera flota navega para Darien.

AD 1699: El rey William prohíbe a los ingleses y a las colonias inglesas comerciar con Darien. La Sociedad de Propagación de Conocimiento cristiano comienza la campaña anti gaélica.

AD 1700: Batalla de Toubacanti, Darien abandonado, hay hambruna en Escocia.

AD 1701: Problemas entre escoceses y parlamentarios ingleses sobre la cuestión de la sucesión. Cuando James VII muere, los franceses reconocen a su hijo como rey James VIII de Escocia y III de Inglaterra.

AD 1702: El rey William muere, Anne Stewart se convierte el reina.

AD 1703: Acta de seguridad aprobada; los escoceses dicen que no podían tener el mismo monarca que Inglaterra. Acta concerniente a la paz y a la guerra.

AD 1704: Los parlamentarios escoceses amenazan con traer de vuelta a los soldados de Francia a menos que Anne acepte la ley de seguridad.

AD 1705: La ley de extranjería inglesa amenaza el comercio escoces, el uso de amenazas fuerza a Escocia a negociar con la Unión.

AD 1706: Las negociaciones de la unión admiten amenazas de Inglaterra y los disturbios anti-unión en Escocia.

AD 1707: El Tratado de la Unión; Escocia unida con Inglaterra como Gran Bretaña; disturbios en Escocia, posibles sobornos de los comisionados y promesas de más comercio para llevar alguna prosperidad a Escocia; Escocia tenía 45 MPs, Inglaterra tenía 513.

AD 1708: Amenaza de levantamiento jacobita. Flota francesa en el Forth.

AD 1712: El gobierno ataca a la iglesia presbiteriana con el acta de tolerancia y patronato.

AD 1713: Proyecto de ley para derogar la unión derrotado por solo cuatro votos en la Casa de los Lores.

AD 1715: Con el rey George en el trono, altos impuestos, comercio pobre, los soldados escoceses peleando en Europa, se cierra la Casa de la Moneda y la Ley de Escocia está subordinada a la Casa de los Lores, la mayoría de los escoceses están en desacuerdo. Levantamiento jacobita, batalla de Sherrijmuir.

AD 1719: Pequeño levantamiento jacobita; batalla de Glenshiel.

AD 1723: Se crea la sociedad de Mejoradores para modernizar la agricultura.

AD 1725: Disturbios contra el Impuesto a la Malta en Glasgow, la ley de Desarme para pacificar a los escoceses; campaña de construcción de caminos en las tierras altas, se formó Black Watch.

AD 1727. Se funda el Banco Real de Escocia.

AD 1728: Se funda la Escuela Médica de Edimburgo.

AD 1739: Comienza la emigración desde las tierras altas a Norte América.

AD 1736: Disturbios portentosos en Edimburgo.

AD 1743: Se introduce la papa en las tierras altas.

AD 1744: Se funda la compañía de Golfers de Edinburgh.

AD 1745: Levantamiento jacobita. Batalla de Prestopans, los jacobitas alcanzan Derby.

AD 1746: Batalla de Falkirk y Culloden; Levantamiento jacobita colapsa; el duque de Cumberland muere, heridos y salvajes escoceses.

AD 1747: Ley de proscripción ataca la cultura gaélica.

AD 1754: Es fundada la sociedad de Golfers de St Andrews.

AD 1759: La ferretería Carron se establece cuando la revolución industrial se acelera: los regimientos escoceses están fuertemente involucradas en las guerras británicas.

AD 1767: Empieza el clásico nuevo ayuntamiento de Edimburgo; el Nuevo Testamento es impreso en gaélico.

AD 1770: Los Lores del Tabaco en Glasgow tienen enormes ganancias de las colonias americanas, comienzo de la profundización de Clyde.

AD 1771: Se finaliza el volumen de la Enciclopedia Británica publicado en Edimburgo.

AD 1773: Los emigrantes dejan lago Broom para Nova Scotia: primera ola de despejes a toda velocidad.

AD 1775: Es fundada la Destileria Glenturret, la más antigua de Escocia.

AD 1782: Ee repite el Acta de Proscripción.

AD 1786: Burns publica *Poemas Principalmente en Dialecto Escocés* en Kilmarnock: la industria del algodón es bastamente importante en el centro oeste de Escocia.

AD 1787: Se construye Lighthouse en Kinnaird Head.

AD 1790: Son abiertos Forth y canal de Clyde.

AD 1793: Se activa Amigos de la Gente: Guerra con Francia.

AD 1797: United Scotsmen, disturbios de la milicia.

AD 1801: Se publica una versión gaélica de la Biblia.

AD 1802: *El Charlote Dundas* motorizado a vapor opera en Forth y el Canal de Clyde.

AD 1807: Comienzo de las notorias Autorizaciones de Sutherland.

AD 1815: Batalla de Waterloo, la guerra francesa termina.

AD 1818: Se redescubren los honores de Escocia en el castillo de Edimburgo.

AD 1820: Levantamiento republicano escocés, guerra radical.

AD 1822: Se abren los canales celedonianos.

AD 1831: Primer ferrocarril de pasajeros escoceses.

AD 1832: Primera reforma de la ley.

AD 1833: Ley de Fábricas.

AD 1838: Reina Victoria.

AD 1843: La disrupción. Es fundado el Free Kirk de Escocia.

AD 1846: La hambruna de papas en las Tierras Altas. Se deroga la Ley del Maíz.

AD 1869: *Cutty Sarlk* es botada en Clyde: Escocia es una importante constructora naval, de ingeniería nación industrial.

AD 1872: Primer juego de Football internacional del mundo celebrado en Edimburgo.

AD 1879: Desastre del puente Tay.

Ad 1881: Desastre de Eyemouth, se funda la Universidad College Dundee.

AD 1882; Batalla de los Braes en Skye.

AD 1885: Se funda Scottish Office.

AD 1886: Ley de Mantenimiento de Arrendatarios.

AD 1887: sSe abre el Monumento a Wallace.

AD 1888: Los Liberales escoceses están de acuerdo que Escocia debe tener un gobernador. Keir Hardy funda el Partido Laboralista Escocés.

AD 1890: Es abierto el puente de ferrocarril Forth.

AD 1914: Comienza la Primera Guerra Mundial.

AD 1915: Huelga de alquiler en Glasgow.

AD 1916: Batalla de Somme.

AD 1918: Termina la Primera Guerra Mundial, entre 125.000 y 150.000 escoceses murieron.

AD 1919: Disturbios en Glasgow; el gobierno envía al ejército; la flota alemana se hundió en Scapa Floe.

AD 1919: Primera aeronave hace un vuelo transatlántico desde Drem.

AD 1928: Las mujeres activan la igualdad de franquicia con los hombres: es fundado el Partido Nacional de Escocia.

AD 1930: La población de St Kilda es removida, desempleo masivo en Escocia, y masiva emigración.

AD 1934: Es fundado el Partido Nacional Escoces: *el Queen Mary* es botado en Clyde.

AD 1938: *Queen Elizabeth* es botada.

AD 1939: Empieza la Segunda Guerra Mundial: Batalla de Forth.

AD 1941: Clydeside Blitz.

AD 1945; Termina la segunda Guerra Mundial: alrededor de 59.000 escoceses murieron; SNP gana por elección en Motherwell y Wishaw.

AD 1947: Empieza el festival de Edimburgo.

AD 1949: Pacto Nacional por Gobernador propio.

AD 1950: Cuatro nacionalistas recuperan la piedra del destino de Londres, retorna en el año siguiente.

AD 1952: Los escoceses descontentos con que la reina Elizabeth debiera llevar el título «La segunda», ya que ella es la primera reina Elizabeth en Escocia.

AD 1964: Se abre el puente Forth Road.

AD 1965: Se abre la estación hidroeléctrica de Cruachan.

AD 1966. Se abre el Puente Tay Road.

AD 1967: Es botado el *Queen Elizabeth II*.

AD 1972: Escocia anexa Rockal.

AD 1974: SNP tiene 30% de votos, pero solo 11 escaños.

AD 1975: Los laboristas proponen una Asamblea Escocesa; la petrolea North Sea llega a tierra.

AD 1978: Es aprobada la Ley de Escocia, pero el 40% de la población debe aceptar la devolución.

AD 1979: Escocia vota afirmativo por la Devolución, pero cae 0,8% por debajo del nivel del 40%, Margaret Thatcher se convierte el Primer Ministro, ella no es amiga de Escocia.

AD 1988: Desastre de Piper Alpha, desastre de Lockerbie.

AD 1989: Se reúne la Convención Constitucional Escocesa; Thatcher usa a Escocia como chanchito de Indias para el impuesto al voto (contra los artículos de la unión).

AD 1995: Se abre el puente Skye.

Ad 1996: Se clausura Ravenscraig, Escocia ya no fabrica acero; la piedra del destino retorna a Escocia, 700 años después que fuera robada.

AD 1997: Los laboristas vuelven al poder. No hay asientos conservadores en Escocia. '

AD 1999: el nuevo parlamento de Escocia abre con el poder doméstico en Escocia, pero el control sobre todo permanecía en Westminster.

AD 2004: Abre el edificio del nuevo parlamento escocés.

AD: 2014: Referéndum, 45% a favor de la independencia, 55% en contra.

AD 2015: SNP gana 56 de los 59 escaños de Escocia.

BIBLIOGRAFIA ELEGIDA

Cientos de publicaciones fueron chequeadas para escribir este libro, y algunos son mencionados en el texto. La lista siguiente contiene solo un ejemplo de los trabajos consultados.

FUENTES PRIMARIAS

Anderson, A.O: *Early Sources of Scottish History,* volúmenes 1 y 2 (Stamford 1990)

Anglo- Scottish Relations, 1174- 1328 Selected Documents, editado por E.L.G.

Stones, 1965

Bannerman, J: *Studies in the History of Dalriada,* (Edinburgh 1974)

Barbour, John; *The Bruce,* traducido por A.A.H. Douglas, 1964

Bede: *A History of the English Church and People,* traducido por Leo Sherley- Price:

(Harmondsworth, 1955)

Boece; Hector, *The Chronicles of Scotland,* editado por E. Batho y W. Husbands, 1941

Bower, Walter, *Scotichronicon,* editado por D. E. R. Walt, 1887-1993 *Calendar of Border Paper,* volúmenes 1 y 2 (1560-1603)

Dickinsin, W. Croft, Donaldson, Gordon & Milne, Isabel; *a Source Book of Scottish History, Volume Two from 1424 to 1567* (Edinburgh 1953)

Fordun, John: *Chronicle of the Scottish Nation,* (editado por William Skene, publicado en Edinburgh 1872)

Egil's Saga, traducido por C. Fell y J.Lucas (London 1975)

Froissart, Jean, *Chronickes:* traducidas por Berners, (London 1963)

Laxdoela Saga: traducida por M. Press, (London 1965)

Njals Saga: traducida por Magnus Magnusson & Hermann Palsson, (Harmondswirth 1974)

Orkeneyinga Saga: The History of the Earls of Orkney, traducido por Hermann Palsson & Paul Edwards (London 1978)

The Annals of Tigernach, editado por Whitley Stokes, volúmenes 11 y 12

The Annals of Ulster, editado por W. M. Hennesy y MacCarthy (Dublin 1893-1901)

The Anglo-Saxon Chronicle: editors D. Whitelock, D. C. Douglas y S.I. Tucker,

(London 1961)

Spalding, J. *The history of the troubles and memorable transaction in Scotland, from the year 1624 to 1645,* impreso por T. Evans, London

The Chevalier De Johnstone: *Memoirs of the Rebellion in 1745* (London 1746)

The Regimental Records of the Royal Scots (Dublin 1915)

FUENTES SECUNDARIAS

Adams, Frank: *The Clans, Septs and Regiments of the Scottish Highlands* (London 1928)

Anderson, M. O: *Kings and Kingship in Early Scotland* (Edinburgh 1973)

Archibald, Malcolm: *Scottish Battles* (Edinburgh 1990)

Armstrong, R, B. *The History of Liddesdale* (Edinburgh 1883)

Barrow, G. W. S: *Robert Bruce and the Community of the Realm of Scotland* (Edinburgh 1976)

Black, C. Stewart Scottish Battles (Glasgow, 1936)

Brander, Michael. *The Making of the Highlands,* (London , 1980)

Buchan, John: *Montrose* (London 1928)

Campbell, Alastair, *The battle of Brunanburgh* (1938)

Chadwick, N. K. *Celtic Britain* (London 1963)

Chadwick, H. M: *Early Scotland: The Picts, The Scots and the Welsh of Southern Scotland,* (Cambridge 1949)

Christianson, Philip, *Bannockburn: a Soldier's appreciation of the battle* (Edinburgh 1966)

Christianson, Philip, *Bannockburn, the story of the battle* (Edinburgh, 1960)

Crawford, B: *Scandinavian Scotland,* (Leicester 1987)

Davidson, James; *Scots and the Sea,* (Edinburgh 2003)

Dent, John, Rory McDonald, and Council Scottish Borders, *Warfare and fortifications in the Borders,* (Melrose 2000)

DeVries, Kely, *Infantry Walfare in the 14th Century,* (Woodbridge, 1996)

Dillom, Myles & Chadwick, Nora: *The Celtic Realms* (London 1973)

Donnachie, Ian 6 Hewitt, George: *Dictionary of Scottish History* (Glasgow 2001)

Duncan, A. A. M: *Scotland: the Making of the Kindom* (Edinburgh 1975)

Ellis, Peter Beresford & Mac A'Ghobhainn, Seamas: *The Scottish Insurrection of 1820* (Edinburg 2001)

Fenton & Palsson (editors). *The Northern and Western Isles in the Viking World*

(Edinburgh 1984)

Fraser, George MacDonald: *The Steel Bonnets* (London 1971)

Grant, I. F: *The MacLeods* (London 1959)

Grimble, Ian: *Clans and Chiefs* (London 1980)

Henderson, Isabel; *The Pictis* (London 1967)

Henderson, J. *Scottish Battles* (New Lanark 2004)

Jackson, Kenneth Hurlstone (translator): *A Celtic Miscellany.* (London 1951)

Jones, G: *A History of the Vikings,* (Oxford 1968)

Keltie, John S: *History of the Highland Clans and Regiments* (London 1897)

Laing, L: *The Archaeology of Late Celtic Britain and Ireland c 400-1200 AD* (London 1975)

Lindesay, Robert Lindesay of Pitscottie. *The History and Chronicles of Scotland,* editado por Aenas J. G. Mackay, (Edinburgh 1899-1911)

Loyn, H. R: *The Vikings in Britain* (London 1977)

Mackay, W (editor): *Chronicles of the Frasers* (Edinburgh 1905)

Mackenzie, W. C : History of the Outer Hebrides (1903)

Mackie, R. L: *A Storu of Scotland* (Harmondsworth 1964)

McCorry, Helen: *The Thistle al War* (Edinburgh 1997)

Maclean, Fitzroy, Highlanders: A History of the Highland Clans, (London. 1995)

Marren, P. *Grampian Nattlefields: the historics battles of North East Scotland from AD 84 to 1745* (Aberdeen, 1990)

Matthew, Rupert, *England versus Scotland, the Great Brittish Battles,* (Barnsley, 2003)

Menzies, Gordon (editor); *Who are the Scots? A search for the origins of the Scottish nation* (London 1971)

Paterson, Raymond Campbell: *For the Lion, A History of the Scottish Wars of Independence 1296-1357* (Edinburgh 1996)

Phillips, Gervase, *The Anglo. Scottish wars 1513-1550: a military history, Warfare in history* (Woodbridge, 1999)

Prebble, John: *The Lion un the North* (London 1971)

Reid, Stuart: *Auldearn, 1645: the Marquis of montrose's Scottish campaign* (Oxford, 2003)

Ridpath, George; *The Border History of England and Scotland* (Berwick 1858)

Rixson, Denis: *The West Highland Galley* (Edinburgh 1998)

Robson, J, *Border Battles and Battlefields,* (Kelso. 1897)

Roger, H. C. B. *Battles and Generals of the Civil Wars, 1642-51* (1968)

Sadler, J. Scottish Battles: from Mons Graupius to Culloden (Edinburgh 1996)

Skene, W.F: *Celtics Scotland: A History of Ancient Alban* (volumenes 1-3) (Edinburgh 1886-1890)

Smout, T. C: *A History of the Scottish People 1560-1830* (London 1969)

Smyth; Alfred P: *Warriors and Holy Men: Scotland AD 80-1000* (Edinburgh 1984)

Tough, D.L.W. *The Last Years of a Frontier* (Oxford 1928)

Wainwright, F.T (editor): *The Problem of the Picts* (Edinburgh 1955)

Warner, Philip, *Famous Scottish Battles,* (London 1995)

Querido lector,

Esperamos que hayas disfrutado leyendo *Danza si puedes*. Tómese un momento para dejar una reseña, incluso si es breve. Tu opinión es importante para nosotros.

Atentamente,

Malcolm Archibald y el equipo de Next Chapter

Danza Si Puedes
ISBN: 978-4-82410-026-9

Publicado por
Next Chapter
1-60-20 Minami-Otsuka
170-0005 Toshima-Ku, Tokyo
+818035793528

24 Agosto 2021